"中国地方法制研究与开发研究基地" 项目书系　中国地方法制研究中心书系

中国当代公法研究文丛

ANALYSIS OF CONTEMPORARY CHINESE PUBLIC LAW

行政裁量基准
适用技术研究

郑　琦／著

中国政法大学出版社

2022·北京

图书在版编目（ＣＩＰ）数据

行政裁量基准适用技术研究/郑琦著. —北京：中国政法大学出版社，2022.1
ISBN 978-7-5764-0318-3

Ⅰ.①行… Ⅱ.①郑… Ⅲ.①行政法－研究 Ⅳ.①D912.104

中国版本图书馆 CIP 数据核字(2022)第 018407 号

出　版　者	中国政法大学出版社
地　　　址	北京市海淀区西土城路 25 号
邮寄地址	北京 100088 信箱 8034 分箱　邮编 100088
网　　　址	http://www.cuplpress.com (网络实名：中国政法大学出版社)
电　　　话	010－58908586(编辑部) 58908334(邮购部)
编辑邮箱	zhengfadch@126.com
承　　　印	固安华明印业有限公司
开　　　本	720mm×960mm　　1/16
印　　　张	14
字　　　数	250 千字
版　　　次	2022 年 1 月第 1 版
印　　　次	2022 年 1 月第 1 次印刷
定　　　价	59.00 元

总 序

不少学者断言，21 世纪是公法的时代，笔者不知道这种判断是否妥帖，但讨论公法的问题在近几年的确变成了某种学术时尚，而对当代公法问题的研究显然属于其中的焦点。择主要者就有：罗豪才先生主持的"公法名著译丛""行政法论丛""现代行政法论著丛书"；贺卫方教授主持的"司法文丛"；谢晖教授主持的"公法研究"；张树义教授主持的"公法论丛"；陈兴良教授主持的"刑事法评论"等。各文丛均有所侧重，一部部重头的著作，使得中国法学的学术一时间似乎进入了"公法时代"，这一切当然令吾辈欢欣鼓舞。

众所周知，公法与私法的划分最早可追溯到古罗马时期。古罗马法学家乌尔比安首先提出："公法是关于罗马帝国的法律，私法是关于个人利益的法律。"查士丁尼对这一经典性的定义加以肯定："法律学习分为两部分，即公法与私法。公法涉及罗马帝国的政体，私法涉及个人利益。"罗马法学家这种关于法的部门的划分对后世产生了极大的影响，这种划分在法律技术方面使立法变得无比清晰。作为古代世界最完善、最发达的法律体系，罗马法对后世法律制度最重要的贡献就是公法与私法分立的理念及其制度安排。按德国学者梅迪库斯在其《德国民法总论》中的说法，当今各国对整个法律材料所做的一个根本性的划分几乎无一例外地就是将法律分为公法与私法。可以说，公法与私法的区分是当今整个法律制度基本的分类，当然也是首要的分类。宪法、刑法、行政法、国际法为公法；民法，广义上包括商法、劳动法和其他民事特别法为私法。笔者以为公、私法的划分乃是人类社会文明发展的重大成果。德国著名学者基尔克断言，公法和私法的区别是现代整个法秩序的基础，日本学者美浓部达吉也认为，公法和私法的区分是现代法的基本原则。

在过去相当长的一段时间里，由于受到苏联的影响，我国法学界对划分公法、私法的问题大多持否定或回避的态度。至少在笔者读大学的那个年代，就不接受这种划分。主要原因是列宁在 1922 年说过的一段话："目前正在制定新的民法。……我们不承认任何'私人的'东西，在我们看来，经济领域中的一切都属于公法范围，而不是什么私人的东西。"[1]现在看来，这种认识受到了单一的公有制和计划经济思想的影响。改革开放以来，人们的思想解放，特别是市场经济体制确立后，许多法律问题突显出来：

市场经济的法律基础是什么？国家宏观调控属于什么性质的法律规范？建立社会主义市场经济法律体系究竟应以什么作为基本结构？如何规范公权力？法治政府该如何实现？法治政体又该如何架构？在此情况下，公私法之分重新被摆上了法学论坛。时至今日，公法和私法的划分传统为当今各国普遍接受并被视为立法科学中的常识。这种划分传统是立法实践的历史产物，也是立法实践的历史选择。

但笔者认为，当下的公法还是相对不发达的，是与我们正在建设的伟业不完全相匹配的。中国正在努力担负大国的责任，正在跨越"百年民族悲情"年代；而"思在历史，心在当下"正是公法学人应有的态度。为此，我校宪法与行政法学科提出"阅读经典，关注现实"的学科发展思路，并在法律出版社和中国政法大学出版社的支持下公开出版了两套丛书——"中国近代公法丛书"和"中国当代公法研究文丛"。"经典"是人类思想的结晶，是伟大思想家给人类留下的一座座思想"富矿"。牛顿把自己在科学领域的成就归于站在巨人的肩膀上，我们也可以站在前人经典之作的肩膀上，通过阅读文化经典或者经典解读，提升我们自己的人文素养。素质不是知识，是仁义礼智，是孟子的"四心"，即是非之心、羞恶之心、恻隐之心、辞让之心。深入经典，学术才有宽厚坚实的基础；而关注现实，学术才有正确的指向。体悟生活，思想才能打动人心。有生命的思想是需要讨论的，思想争论是一个民族、一个国家走向成熟的标志，不管是左还是右，是新还是旧。我们欣赏也期待带有强烈中国问题意识的公法思想的表达。公法思想是人类法

---

〔1〕《列宁全集》（第 36 卷），人民出版社 1984 年版，第 587 页。

学思想的精华，也是精神标杆，它高居于人类法学思想的金字塔尖，如果它缺失了，就是人类法学思想高度的缺失。

西南政法大学宪法与行政法学科于 1992 年经国务院学位委员会批准获得硕士学位授予权，属于全国较早一批设立硕士学位授予点的法学二级学科。本学科于 1996 年被确定为校级重点学科，2000 年被重庆市确定为省部级重点学科，2004 年被批准为博士学位授权点，2005 年开始单独招收博士研究生，2009 年开始招收博士后研究人员，是重庆市"十五"和"十一五"重点学科。学校历来重视宪法与行政法学科点的建设，在王连昌教授、贺善征教授、郑传咸教授、姚登魁教授、文正邦教授等老一辈学者的创建、经营、带动和培养下，薪火相传，生生不息。经过多年的辛勤劳作，本学科点造就了一批优秀的教学科研人才，并持续保有一支具有探索精神的学术梯队，在中国近代公法制度、行政法基础理论、行政程序法、比较行政诉讼法等领域做出了自己的贡献，形成了自己的专业特色。

"中国地方法制研究中心"是我校宪法与行政法学科下设的校级研究中心。该中心成立于 1994 年 7 月，是一个以公法制度为主要研究领域的学术机构，中心成员以西南政法大学宪法和行政法两个教研室的教师为主，并邀请了国内外部分公法学者加盟，中心首任主任是中国行政法学创始人之一——王连昌先生。自成立以来，中心倡导对于公法制度进行跨学科、多角度的综合研究，强调学术研究与司法实践之间的对话与互动，力求通过中心的研究成果及学术活动推动公法研究领域的学术繁荣。这套"中国当代公法研究文丛"正是展现中心研究成果及国内外公法制度研究成果的窗口。2009 年 3 月12 日，中心申报了中央与地方共建项目——"地方法制研究与开发研究基地"，并于同年 9 月获得批准。"中国当代公法研究文丛"的出版获得了中心及该项目的大力支持。该"公法研究文丛"是一个持续性的园地，入选作者以西南政法大学宪法与行政法学科学者为主，同时也欢迎国内外公法学界符合中心学术旨趣和成果标准的优秀成果，本文丛的宗旨和学术理念是"用真方法、解真问题、求真作品、做真学问"。

其实，生命的个体往往渺小，而思想则能直达苍穹。我们都是从原点出发去感悟着属于自己的人生。一本书，一个傍晚，一杯清茶，或窗前，或树下，伴着书页唰唰翻过的声音，享受着属于自己的流淌的生命，此为人生最为高远的快意。

唯愿此文丛于我国公法之建设，有所贡献！

是为序。

王学辉

2012 年 11 月 4 日于重庆渝北回兴

序

PREFACE

　　"行政法治的核心在于裁量之治",这是本书开篇之语,也道出了客观实际。在此前的研究中,既有学者认为,"行政法的精髓在于裁量",更有学者直指行政裁量乃是"行政法根本问题的缩影",并且认为,"行政裁量就像身体中的细胞一样遍布于行政的各个领域。缺少行政裁量,行政将无以运转,行政法亦将黯然失色"。但笔者以为,前述描述都有一个共同的但未言明的前提,即行政法治成为国家与行政本身的一种追求,并且有基本的宪制架构和社会基础为其提供制度与社会两方面的条件。在此基础之上,才能说"行政法治的核心在于裁量之治"。

　　行政法治视野之中的行政裁量,其根本的、最终的目的何在呢? 应该说是实现个案正义,进而言之,实现实质正义。可以说,绝大多数行政裁量问题都是围绕如何实现个案正义展开的。无论是行政裁量的存在本身,还是其性质、效力等问题,或是适用与逸脱适用等问题,甚至是行政裁量中隐含的行政、立法与司法三者之间的关系问题,均以实现个案正义/实质正义为其原点与归宿。何以如此? 因为行政裁量本质上是行政执法过程中如何更好地(第一次)适用法律的问题,而所有将法律适用至具体个案的过程,都应以实现个案正义为目的。即便是针对不同个案的平等对待,本质上仍以实现个案正义为其鹄的。正因如此,蔡志方教授认为,裁量权的行使,属于行政权完成法律赋予行政追求具体正义的必要过程。

　　一直以来,裁量之治主要被寄托在行政裁量基准这一行政系统内部控制措施之上。戴维斯早已指出:"限定裁量权的主要希望并不在于颁布法律,而在于更广泛地制定行政规则。"在我国这样一个行政主导、行政权强势,行政法治依然面临制度和文化等多层困境的背景下，行政权主动以行政裁量基准治理裁量问题就显得尤为必要、重要和值得称道。

研究行政裁量的文献，早已不是戴维斯教授在写作其名著《裁量正义》时所描述的"窘窿"状态，而是浩如烟海、不计其数。量的积累虽然不完全等同于质的提高，但也足以表征对于行政裁量问题的研究之深广。这种研究的深广意味着，想要对现有研究有所超越，既是困难的，又是必要的。从我国的情况来看，以往的研究多集中在行政裁量基准的制定、在我国的生成史及其法治意义这些问题上——这些研究都是极为重要的——但是对于现实中每天都在频繁发生的对行政裁量基准的适用问题，则未受到足够的重视，甚至不少学者认为这是一个"不成问题的问题"，这种态度多少令人遗憾。

行政裁量基准在我国的发展历程已为学界所熟知，于此不再赘述。这里想说的是，若从 2004 年 2 月金华市公安局开始推行《关于推行行政处罚自由裁量基准制度的意见》起算，经过近 20 年时间的发展，我国各级政府及其部门制定的行政裁量基准文件在我国可谓爆炸式增长。从"北大法宝"所收录的情况来看，截至 2022 年 2 月 2 日，以"裁量基准"为标题进行搜索，现行有效的部门规章共 7 部，地方法规则高达 593 部；若是仅以"裁量"为标题进行搜索，现行有效的部门规章多达 26 部，而地方性法规（除去 7 件地方司法文件）则高达 2454 件。而这仅仅是已被"北大法宝"所收录的。从领域来看，遍及公安、民政、土地管理、农业行政、水行政等各个领域；从事项来看，则以行政处罚为主体，也有不少关于行政许可事项的行政裁量基准文件。可以说，行政机关制定的行政裁量基准文件在我国已经是名副其实的"海量"。面对如此海量的行政裁量基准文件，无论其间的同质性有多高，其适用问题都已然成为一个极为重要的理论问题了，应该得到足够的重视和研究。针对行政裁量基准的制定及性质、效力乃至于司法审查等相关问题的研究，已经取得了长足的进步。而对行政裁量基准问题的研究，早已到了需要挣脱以往桎梏的阶段。

问题是学术的生命之源，实践是问题的生发之本。郑琦博士自身即处于行政实践之中，同时又具有敏锐的洞察力和扎实的行政法理论功底，这是做学问所难得的，因为经常的情况是实践与理论的"厚此薄彼"。郑琦博士从方林富炒货店在广告宣传用语中违法使用顶级词汇行政处罚案中，敏锐地觉察出行政执法实践中在适用裁量基准上所存在的问题，遂首先产生了明确基于中国实践的问题意识，进而产生了理论超越的勇气，提出了在行政裁量基准领域极具价值的理论思考——即"对行政裁量权的规制不应仅限于行政裁量基准的制度化设定上，而应把目光聚集于行政裁量基准的技术化适用上"。这一思考不仅"真实"，而且"中国"，因为其源自中国行政执法部门在实践中所遇到的具有典型性、代表性和影响力的具体案例，而且笔者相信，类似的案例在行政执法实践中应不在少数，只是并未吸引太多的目光而已。

本书所选择的问题，如其所说，从前期成果，到开题、预答辩及答辩阶段均受到不同程度和方向的质疑。面对这些质疑，郑琦博士在书中已经做了必要的回应。笔者想说的是，行政裁量基准作为沟通法律与具体个案的"规则"，无论进行何种程度上的"情节细化"与"效果格化"，其依然是根本区别于具体个案的"规则"。简言之，与法律相比，其或许显得格外具体，但若是较之具体个案而言，则仍显得非常抽象。如此，适用问题就永远成其为一个学术上之真问题。从根本上来说，这是语言本身的局限所决定的，只要裁量基准所确立的裁量规则多以文字而不是以一义性的数字表达，就不可能不存在适用问题。何况，为了保障行政裁量基准的能动性从而有效实现个案正义，行政裁量基准本身亦不宜过细。

本书中提出的许多新观点，不仅对裁量基准的适用具有重要意义，即便是对于更为宏大的法规范的适用亦具有难得的启发。如其在本书第六章提到的"证据补强"技术中认为："在适用裁量基准时需收集和运用案内证据与案外事实来共同证成裁量基准适用的合理性，案外事实虽然与行政相对人违法行为的事实无任何关联，但是却会对裁量基准适用合理性的证成起到辅助作用，可以补充或强化裁量决定的合理性。"何止是在适用裁量基准时需要如此，在适用任何法律时这种证据补强在必要的情况下都具有重要的补充或强化法律决定的合理性和可接受性的重要功能。在这种意义上，本书很多思考具有更为宏观层面的法理意义。可贵的是，郑琦博士本身的思考也并未局限于裁量基准适用，而是经由对裁量基准适用技术问题的研究，溯源至"法律方法论"的理论问题，初步搭建起了行政法律方法论的"研究体系与框架"，这种"理论升格"的精神值得高度赞扬。

需要指出的是，本书也绝非完美无瑕。如在框架的协调性问题上似仍有值得进一步改良的余地，如第二章"行政裁量基准适用正当性实现的技术保障"与第三章"行政裁量基准适用有效性实现的技术支撑"分别论述正当性问题与有效性问题，但第四至六章先谈了实现有效性的三项技术（适用技术的主体部分），而在第七章又回过头谈了实现正当性的三项技术（适用技术的补充部分）。另外，在很多章节，专门以一个或多个部分介绍域外的相关理论，比较法学研究的此种实现方式似乎也有值得改进之处。然而，"白璧微瑕，不掩其瑜"，本书对行政裁量基准问题的研究所作出的理论突破，以及借由对该问题的研究而提出的对行政法律方法论研究体系与框架的初步搭建与展望，具有重要的价值，相信也能够得到其应有的认可。

郑琦自 2002 年跟随笔者研习行政法，迄今已经有 20 年了。在笔者的认知中，他一直心怀梦想，是一个比较纯粹的人，也是一个有情怀的人，适合当老师，却选择从事行政法治实务近 20 年，工作中从没有停止对行政法治建设中具体问题的思考，时不时会有一些好文章面世，其博士论文即将付梓，甚为高兴，值得祝贺！

是为序。

西南政法大学行政法学院二级教授

博士研究生导师

王学辉

前 言

　　行政法治的核心在于裁量之治，对行政裁量权的规制不应仅限于行政裁量基准的制度化设定上，而应把目光聚焦于行政裁量基准的技术化适用上。裁量基准适用的技术问题，即裁量基准如何非机械化地、有技巧性地适用于行政执法实践，使行政决定更趋于合法、合理、精准，更具有理性、可接受性，应是规范裁量权行使的核心与归宿。以方林富炒货店在广告宣传用语中违法使用顶级词汇行政处罚案为例证，说明裁量基准适用理由的技艺、衡平裁量基准适用中利益冲突的技巧、运用行政证据补强裁量基准适用的技能以及逸脱适用、收缩适用、选择适用裁量基准的相关技领等法规范的适用技术，统摄着行政执法的价值、事实、规范与程序，联结着个案正义的追求，决定着实质法治的具体实现。裁量基准适用技术溯源于"法律方法论"的理论体系，探索建构行政法的法律方法论，为行政法规范的适用方法提供系统性的理论支撑与体系化的技术供给，应成为我国行政法学研究的使命与行政法学发展的时代课题，更为重要的是，其将为我们开启一条以"法律方法论"为维度的技术法治之路。

　　行政机关对裁量权规制的重心有必要从单一地制定裁量基准的行为转移至研究裁量基准生成之后如何技术化地适用上来，这一问题意识源于对裁量学理的借镜、对执法实践的因应、对法治进路转向的判断与对学科理论盈充的意愿。以法律方法论的学理为指导构建裁量基准适用技术及其相应理论，并以裁量基准适用技术及其理论的研究成果为借鉴建构行政法律方法论的研究体系与框架，具有理论意义、实践价值与创新性。基于对裁量基准适用技术研究现状的归纳，研究的着力点应是融入行政执法的实践完整地对裁量基准适用技术进行梳理与提炼，应是贴近法规范适用的本源背景抽离式地对裁量基准适用技术进行思考，应是置身于行政法律方法论的大框架对裁量基准适用技术进行研究。

第一，行政裁量基准适用技术的逻辑。裁量基准适用技术在"确定标准"上，既应当涵盖有关"控制行政权行使方面的技术手段与规则"，又需要囊括有关"规范行政规则运用方面的技术方法与原理"。裁量基准适用技术在"体系构成"上，由适用技术的"主体体系"与"补充体系"所组成，前者包含裁量基准适用说明理由、利益衡量、证据补强的技术手段及其运用规则，偏重解决"裁量基准适用有效性实现的技术支撑"问题；后者包括裁量基准逸脱适用、收缩适用、选择适用的技术方法及其运用原理，侧重解决"裁量基准适用正当性实现的技术保障"问题。两大类技术体系所函括的裁量基准适用技术及其相应理论共同为裁量基准的正当、有效运作提供方法论上的实质性解决方案。

第二，行政裁量基准适用正当性实现的技术保障。裁量基准的存在及适用虽然具有事实上的合理性，但却未必具有法治框架内的正当性。裁量基准及适用的正当性在域外源于对"限制性授权理论"的突破，在我国则源于宪法法律对"行政立法权"的直接规定与对"法律绝对保留原则"的明确限定。严格规则与自由裁量之间存在的悖论会使这一正当性的实现受到掣肘，裁量基准逸脱适用、收缩适用、选择适用的技术可以从悖论消解的角度为裁量基准及适用正当性的实现提供技术保障。

第三，行政裁量基准适用有效性实现的技术支撑。裁量基准在正当性的轨迹上运行是否会产生适用效力，涉及"裁量基准适用的有效性"问题。裁量基准因作为行政机关内部的一种行政职权命令，其内部适用效力有效性的实现自是理之当然。裁量基准外部适用效力有效性则以"裁量逾越""裁量滥用""裁量怠惰"等为检验标准，基于这一标准，有必要在裁量基准适用中引入说明理由、利益衡量、证据补强的技术手段，以此为裁量基准外部适用效力有效性的实现提供技术支撑。

第四，行政裁量基准适用"说明理由"的技术。以方林富炒货店在广告宣传用语中违法使用顶级词汇行政处罚案为缩影，当前行政机关在说明裁量基准适用理由上存在技术误区。裁量基准适用说明理由是行政机关的普遍义务，这一义务的遵循能为技术误区的纾解提供有效方案。说明裁量基准适用理由在说理程度上、效果上、逻辑上、时效上均有着具体的技术要求。为达致或满足说理的技术要求，就需要施以一定的技术手段以引导和规范说理的行为过程。

第五，行政裁量基准适用"利益衡量"的技术。利益衡量技术构成裁量基准适用技术的核心。利益衡量的目标应是"妥当性"标准下的平衡，利益衡量技术的建构应以实现这一目标为主线，为此，不仅需要通过甄别、评价、重新配置利益等技术手段的展开确立利益衡量的具体操作方法，引入行政法之一般法律原则作为利益衡量技术方法应用的工具，统筹考量影响和制约利益衡量的各种内外案涉因素，而且还需要在利益衡量过程中引入并构建体现"交往"范式的程序公开性与程序参与性制度作为利益沟通的实现机制。

第六，行政裁量基准适用"证据补强"的技术。在适用裁量基准时需收集和运用案内证据与案外事实来共同证成裁量基准适用的合理性，案外事实虽然与行政相对人违法行为的事实无任何关联，但是却会对裁量基准适用合理性的证成起到辅助作用，可以补充或强化裁量决定的合理性。裁量基准适用证据补强技术的构建受裁量基准适用合理性目标的支配，围绕合理性目标的实现，证据补强的技术体现在行政证据收集、证明责任承担、证明标准运用的具体技术之中。

第七，行政裁量基准适用的补充技术。裁量基准逸脱适用应遵从"向轻规则"，逸脱适用的条件要素和控制因素共同决定着逸脱适用的必要性、可行性、合理性。以危险防止型行政领域为例，裁量基准收缩适用需符合特定的构成要件，需秉持持重的立场。裁量基准存在选择适用的问题，裁量基准在层级体系中的选择适用以及在规范变更后的选择适用都涉及相关的技术方法与原理。

另外，人工智能技术的运用并不会使裁量决定的作成不再需要行政裁量、裁量基准适用及适用技术，或使之不复存在。人工智能技术的引入会给裁量和裁量基准适用带来实质性影响，使裁量基准适用技术发生迭新与变革，丰富其内涵与外延。此外，裁量基准适用技术溯源于"法律方法论"的理论体系，法律方法论及行政法律方法论的研究和应用对于执法实践与法治进路的转向具有现实意义，探索建构行政法律方法论可行性的切入点与解决方案在于首先需搭建起行政法律方法论的"研究体系与框架"。

目 录 CONTENTS

INTRODUCTION

导 论

一、研究的缘起

近十多年以来，以行政裁量基准规制裁量权的行使在我国行政系统内部业已达成共识，但现实中行政机关却普遍将"设定""制定""修订"裁量基准作为规制裁量权的整体与全部内容，而对于自己制定出来的裁量基准如何非机械化地、有技巧性地适用于行政执法实践，使行政决定更趋于合法、合理、精准，更具有理性、可接受性，却缺乏应有的关注与重视。易言之，对裁量权行使的治理，一直囿于创制裁量基准而止步不前。基于此，本书的问题意识就在于，行政机关对裁量权规制的重心有必要从单一地制定裁量基准的行为转移至研究裁量基准生成之后如何技术化地适用上来，裁量基准适用的技术问题应是规范裁量权行使的核心与归宿。

本书的前期成果《行政裁量基准适用技术的规范研究——以方林富炒货店"最"字广告用语行政处罚案为例》[1]即持此观点，但在该论文发表之后饱受争议，随后本书作为博士学位论文的选题，在开题之初和预答辩及答辩之时也多被诟病，质疑主要来自四个方面：一是认为裁量基准自身"情节细化"与"效果格化"的构造模式已然是一种相对精细化的技术产物，因而对裁量基准直接"拿来"适用即可，再谈适用技术，是否具有必要性；二是认为裁量基准本身就是一种对法规范进行适用和对裁量权加以规制的技术，那么研究"技术之技术"是否存在"叠床架屋"之弊；三是认为法学研究青睐的对象向来是"形而上"的理论性命题，而有关"技术"之类实

---

[1] 参见郑琦："行政裁量基准适用技术的规范研究——以方林富炒货店'最'字广告用语行政处罚案为例"，载《政治与法律》2019年第3期，第89~100页。

用性、操作性问题的研讨旨趣则非"阳春白雪",为何不加以回避以"弃暗投明";四是认为即使文章论题成立,基于博士学位论文的定位,行政执法人员又何以能从理论性预设较强的文章中获取实用性的"指南",相反,倘若文章为取悦实务而缺乏理论纵深又何以符合博士学位论文的期待。对于这些诘问,在以下对"研究缘由"和"研究特点"的叙明中将逐一回应。

（一）裁量学理的借镜

一直以来,对行政裁量权的控制在两大法系中都堪称行政法学界的"哥德巴赫猜想",20 世纪美国最重要的公法学者之一戴维斯（Kenneth Culp Davis）对裁量权的运用如何实现正义的研究,无论是在广度还是在精度方面都具有弥久的价值,影响巨大。回顾其关于"裁量正义"的理论,闻弦歌而知雅意。戴维斯认为:"裁量权既可能失之于宽泛,亦可能失之于狭隘。倘若过于宽泛,正义就面临专断或不平等之虞。倘若过于狭隘,正义就面临具体化不足之虞。"[1] 对于过于宽泛的裁量权的防范,戴维斯提出核心的解决办法是对裁量权加以限定、建构和制约。[2] 具体而言,"裁量之限定"是指取消和限制裁量权,理想目标是使所有不必要的裁量权都在界限之外,使必要的裁量权都不超越界限,并且划定明确的界限。同时,戴维斯提出:"限定裁量权的主要希望并不在于颁布法律,而在于更广泛地制定行政规则。"其原因在于,"我们制度中可矫正的典型障碍并不是立法机关授予标准模糊的宽泛裁量权;而是行政官员怠于诉诸规则制定权以便用清晰取代模糊"。[3] "通过制定规则,行政机关往往可以从模糊或压根就不存在的法律标准转向相当明确的标准,然后随着经验和认识的发展形成指导性的原则,最后在相关问题容许的情况下形成明确详尽的规则。"[4] 对于"裁量之建构"则是指

---

〔1〕［美］肯尼斯·卡尔普·戴维斯:《裁量正义》,毕洪海译,商务印书馆 2009 年版,第 56 页。

〔2〕参见［美］肯尼斯·卡尔普·戴维斯:《裁量正义》,毕洪海译,商务印书馆 2009 年版,第 59、245 页。对于"裁量之制约"即一般意义上的行政监督与司法审查,在此不再赘述,参见戴维斯书,第 160 页以下。

〔3〕参见［美］肯尼斯·卡尔普·戴维斯:《裁量正义》,毕洪海译,商务印书馆 2009 年版,第 59~61 页。

〔4〕［美］肯尼斯·卡尔普·戴维斯:《裁量正义》,毕洪海译,商务印书馆 2009 年版,第 249 页。另外,戴维斯指出,"规则"是法律的具体规定,而"原则"则不如规则具体而且更宽泛,"标准"则更不具体而且往往相当模糊。行政官员立法行为的产物被称为行政"规则"或"条例",可能同时包括前述意义上的规则、原则以及标准。见戴维斯书,第 60 页。

如何建构裁量权的运用，即"如何使其有条理、如何加以组织、如何形成秩序，从而提升影响个别当事人之决定的公正程度"，[1]"建构"虽然与"限定"存有交集，那就是"无论就裁量权之限定还是建构而言，制定行政规则都是一项极为重要的工具：确立裁量权界限的规则可以对其进行限定，而明确行政官员在界限范围内之所作所为就是对裁量权的建构"。[2]但是在本质上两者却迥然不同，"建构"是立意于在界限范围内控制行使裁量权的方式，"限定"则是旨在保证裁量权不超越规定的界限。因而，面对裁量权，"限定"与"建构"既不可或缺其一也不可偏颇其一。而且，从"建构"的题中应有之义来理解，"建构"的落脚点并不是在于"建"，而是在于"构"，即"建构"最终诉诸"行政规则"（"行政裁量基准"）的适用。因此，对裁量权的规制显然不能只停留在裁量基准制定层面，应进阶为对裁量基准的技术化适用。并不能因为裁量基准作为"情节细化"与"效果格化"的技术成果，就不存在更深一步的技术化适用问题。可以认为，对裁量基准适用技术进行理论研究与方法建构，非但具有必要性，而且对裁量权控制的现状而言意味着是"亡羊补牢"。

（二）执法实践的因应

在实务中，通常而言，裁量基准生成之后，行政执法人员面对裁量基准首先需要解决的就是基准如何适用的问题，并进一步通过适用过程中的技术性操作以追求行政决定的正当性。但是，反观我国法治建设的过往，对于裁量权的控制，历来只注重"限定"，比如，以裁量基准的形式完成了"限定"即意味着完美地完成了控权，至于裁量基准生成之后如何"建构"对其技术性适用的体系以达至控权的实质效果却成了可欲的愿景。而长期以来由于对行政效率的追求和受执法人员自身认知水平等因素的制约，在实践操作层面对这一问题的破解，执法人员热情不高，难度也较大。同时，裁量基准的技术化适用是"行政自制"的行政权内部控制模式对积极行政的应然要求，只有执法人员主动、自觉地对自身权力行使进行控制、约束才是相对最有效的控权方式。另外，因为传统行政法学仅注重行政过程的结果或只关注

---

〔1〕　参见［美］肯尼斯·卡尔普·戴维斯：《裁量正义》，毕洪海译，商务印书馆2009年版，第108页。

〔2〕　参见［美］肯尼斯·卡尔普·戴维斯：《裁量正义》，毕洪海译，商务印书馆2009年版，第108~109页。

作为行为形式末端的法律效果，对于行为的过程即法律效果形成的过程却并不关心，然而现实的行政过程是以一个整体性、能动性地样态存在的，[1]其各阶段之间具有关联性，因而需要"将行政法作为有关行政法律关系的动态过程的法律来把握，以有关行政主体与相对人之间行政中特殊的权利义务的形成或消灭过程的法律为中心，对有关行政的法律现象进行动态的考察"。[2]所以，就行政裁量本身而言，如若追求裁量结果的合理性，就需高度重视对裁量过程的规范与控制，[3]就需充分关注执法过程中裁量在各阶段的合理性，[4]分析裁量基准如何适用。而本书的立意与任务也正是在于此，即本书试图建构起一个能够为行政执法实践所接受和所应用的裁量基准适用技术的方法体系和与之相应的理论构成，以使执法人员可以从字里行间择取任一技术或任一技术中的某一项技术要素作为行为的"指南"，并且同时可以明晰这一技术或技术要素所对应的内在原理，既知其然也可知其所以然。

（三）法治进路的转向

庞德（Roscoe Pound）在其提出的"法令—技术—理想"的法模式论中指出："法律包括各种法令、技术和理想：即按照权威性的传统理想由一种权威性的技术加以发展和适用的一批权威性法令。当我们想到……法律时，我们大概会单纯地理解为一批法令。但是发展和适用法令的技术、法律工作者的业务艺术，都是同样具有权威性的，也是同样重要的。"[5]可见，法的适用"技术"是法不可或缺的成分之一，相较于其他两种成分为法的实现输出应然性方案而言，技术要素则旨在为法的实现提供实然性保障，其所涵括的法的运用或适用的技艺、技巧、技能、技领等"形而下"的实践性问题，对于行政执法实务则更具有直接有效的指导意义。更为重要的是，当今，在中国特色社会主义法律体系形成之后，对于法治的促进，已从依托于立法转向依靠对法律技能运用有较高要求的精细化的执法与司法。这好比伯尔曼（Harold J. Berman）所认为的"无论是在理论上还是实践上，20 世纪的法律

---

〔1〕 参见［日］盐野宏：《行政法》，杨建顺译，法律出版社 1999 年版，第 38 页。

〔2〕 塩野宏「行政作用法論」公法研究第 34 号（1972 年）179 页参照。

〔3〕 塩野宏『行政過程とその統制』（有斐閣，1989 年）19 页参照。

〔4〕 山村恒年「現代行政過程論の諸問題（七）」自治研究第 60 卷第 7 号（1985 年）98 页参照。

〔5〕 参见［美］罗斯科·庞德：《通过法律的社会控制》，沈宗灵译，商务印书馆 2010 年版，第 25 页。

都越来越不被看作是一个连贯一致的整体、一个体系和一个法令大全（corpus juris）了，而越来越被视为一盘大杂烩，一大堆只是由共同的'技术'联结起来的支离破碎的特殊的判决和彼此冲突的规则"。[1] 从这个意义上讲，在从中国特色社会主义"法律体系"迈向建设中国特色社会主义"法治体系"的进程中，更应关注法治是一门实践的技艺这一向度。基于此，本书对裁量基准适用技术的研究虽非决意高远、叙事宏大，但与法治进路转向的现实需求相契合；虽以"技术"二字作为论题，但对"技术"研究的眷顾并非全然没有"思想"寓于其中。本书正是在这样的"切题"之中实现裁量基准适用技术学理构成与方法构建上的"破题"。

（四）学科理论的充盈

在法学基础理论中，法律方法是法律人在法律运用过程中运用法律、处理法律问题的手段、技能、规则等的总和。[2] 法律方法属于一门技艺，一种法规范适用的技艺，是使用技艺阐明规范的内容以及认识"规范意旨"。[3] 基于方法论的视域，法律方法的研究和应用可以实现对法的续造，疏解法的刚性，明确法的尺度，弥补法的抽象性与个案具体性之间的缝隙，因而极为关键。行政裁量基准适用技术是"法律方法"具体运用的体现，其所重点研究的具有实践指向的裁量基准适用的技艺、技巧、技能、技领及其规则、原理等，溯源于"法律方法论"的理论体系。但是，到目前为止，国内学界对法律方法论体系还没有系统深入的研究，对作为部门法的行政法的法律方法论的研究则更少，还尚未形成一整套关于行政法规范适用方法的理论体系，这已成为掣肘行政法治的沉疴。为此，探索建构行政法的法律方法论，为行政法规范的适用方法提供系统性的理论支撑与体系化的技术供给，应成为我国行政法学研究的使命与行政法学发展的时代课题。本书即是运用法律方法论的学理对行政裁量基准适用技术及其相应理论进行构建，并以此作为建构行政法律方法论研究体系与框架的引玉之砖。

---

〔1〕［美］哈罗德·J. 伯尔曼：《法律与革命——西方法律传统的形成》，贺卫方等译，中国大百科全书出版社 1993 年版，第 44 页。

〔2〕黄竹胜："法律方法与法学的实践回应能力"，载《法学论坛》2003 年第 1 期，第 104 页。

〔3〕参见［奥］恩斯特·A. 克莱默：《法律方法论》，周万里译，法律出版社 2019 年版，第 6~7 页。

二、研究的意义

（一）理论意义

当前学界围绕裁量基准的研究已蔚为深入，但是唯独在"裁量基准适用"及"裁量基准适用技术"的研究上鲜见展开，这导致对于在具体执法实践操作中如何技术化地适用裁量基准缺乏理论回应与支撑。有鉴于此，针对理论供给的脱节，本书"站在巨人肩膀上"通过对行政裁量、行政裁量基准基础理论前见研究成果的统合运用与吸收转化，着力于对行政裁量基准适用技术的理论化、体系化研究，并试图取得实质性突破，为扩展裁量基准理论体系的丰沃内涵提供学术增量。

同时，裁量基准适用技术以"法律方法论"为理论的逻辑起点和归宿，然而检视现状，国内学界与实务界对于法律方法论及行政法律方法论的研究和应用却差强人意，特别是涉及行政法律方法论方面的问题较少有人关注，相关的材料也不多，"短板"明显。为此，本书尝试以法律方法论为理论背景和理论基础研究并构建裁量基准适用技术，同时以此为探索，提出建构行政法律方法论研究体系与框架的初步设想，此为本书研究指向的理论附加价值所在。

（二）实践价值

卡多佐（Benjamin N. Cardozo）在《法律的成长》中所秉持的观点是："法律是一个由规则、原则和行为标准组成的有机整体，当面对新的案件时，需要对它进行梳理、筛选和重塑，并根据特定的目的加以适用。"[1]作为行政法规范"重塑"结果之一的裁量基准亦然如此，而且其侧重点应是在于如何"适用"上。章志远教授在对裁量基准课题未来研究的展望中也认为，应从专注裁量基准的基本理论研究转向提升裁量基准质量、保障裁量基准实施的研究，应从专注裁量基准高层立法动向转向对基层裁量基准现实运作的跟踪研究，通过转向，能够进一步提炼当下中国正在发生的裁量控制技术，从而对行政裁量控制这一世界性难题作出真正具有中国特色的学术贡献。[2]

---

〔1〕［美］本杰明·N. 卡多佐：《法律的成长》，李红勃、李璐怡译，北京大学出版社 2014 年版，第 64 页。

〔2〕参见章志远："行政裁量基准的理论悖论及其消解"，载《法制与社会发展》2011 年第 2期，第 159 页。

本书的研究与之契合，并可视作是对其观点的响应。

本书择取"方林富炒货店在广告宣传用语中违法使用顶级词汇行政处罚案"（以下简称"方林富案"）等典型案例作为分析工具贯穿于立论之中证立本书的论题，以期冀通过对案件条分缕析地梳理，还原行政执法机关在适用裁量基准时因对裁量基准适用的技术掌握不甚娴熟甚至缺失而最终导致行政决定因正当性、合理性、精准性无法显现而缺乏理性、可接受性的全过程，为诠释裁量基准适用技术提供鲜活的实证样本，进而相对完整地呈现出裁量基准适用的相关技艺、技巧、技能、技领及其规则、原理等，为现实执法实践中裁量基准的运作寻求实质性的解决方案，并充分证成裁量基准适用技术的运用保障着裁量基准施行的效度与信度，左右着裁量权行使的成果，统摄着行政执法的价值、事实、规范与程序，联结着个案正义的追求，决定着实质法治的具体实现，这也正是本书的实践意义所向。

三、研究的现状

（一）现有研究的概况

行政机关的"行政裁量"属于法律理论中最多义的和最棘手的概念。[1]"裁量"在本质上意味着某种限度的"自由"，而"基准"则代表着一定程度的"羁束"，从语义的内涵与概念的外延来看，两者是相对立的，"基准"在词义上注定承载着控制"裁量"的使命，故而行政裁量基准是因抑制行政裁量而生，因此，在逻辑上，"行政裁量"是先在概念，"行政裁量基准"为后在概念，而"行政裁量基准适用"则是"行政裁量基准"的下位概念。在这一系属结构框架之下，目前国内外学界对"行政裁量"的研究已相当全面且"精致"，对"行政裁量基准"的研究则在关于裁量基准的概念内涵与外延、生成路径、功能范围、性质定位、形式与实质渊源、正当性基础、规范效力、内在结构、设定义务与程序、伦理规治、司法审查等诸多命题上成果斐然，并形成理论体系链条，但却在涉及"裁量基准适用"及"裁量基准适用技术"的研究这一环上戛然而止，即"虽然有关裁量基准的研究已经取得了丰硕的成果，但其主要着力点在于宏观层面的制度定位和理

---

〔1〕 参见［德］卡尔·恩吉施：《法律思维导论》（修订版），郑永流译，法律出版社2014年版，第137~138页。

论剖析，在众多精细化的问题上仍然存在较大的争议和分歧，一些较为技术性的问题仍然有待观察"。[1]

目前，尚未见到系统性、体系性地以"裁量基准适用技术"为研究对象的研究。本书的前期成果《行政裁量基准适用技术的规范研究——以方林富炒货店"最"字广告用语行政处罚案为例》[2]是当前国内仅有的一篇直接以"裁量基准适用技术"为主题的专门性研究，虽在国内研究中较先涉足此论题，但仅是片面地提及裁量基准适用技术中说明裁量基准适用理由的技艺、运用行政证据补强裁量基准适用的技能、变通适用裁量基准的技领等部分技术手段与方法，叙述并没有完全展开，论证也较为浅显，研究还尚未形成体系。除此之外，在理论层面，如果把现有的相关研究视作是对裁量基准适用技术的研究，那么只能说仅是一种耦合，因为研究者未曾意识到其相关研究内容指涉的"裁量基准适用技术"，"裁量基准适用技术"一词也未曾被提及，"裁量基准适用技术"也从未被定义与提炼过。总体上，现有的研究掺杂在对行政裁量的研究之中，仅涉及裁量基准适用技术中的极少部分内容，呈现出附带性、碎片化的样态。在实务层面，虽然存在着较多关于行政裁量权行使的"指导意见""适用规则""行使规则""控制办法""实施办法""若干规定"等，但是其内容一般都指向裁量权行使的指导思想、工作目标和范围、工作原则、主要任务、工作步骤、组织领导等要素，基本上都没有涉及裁量基准适用技术；甚至包括裁量基准的"实施办法""实施意见""指导意见""适用规定"等，也同样极少有关乎裁量基准适用技术方面的内容。

（二）现有研究的局限所在

承上所述，经梳理与归纳，具体而言，现有对裁量基准适用技术的可见研究成果其局限在于：

第一，没有融入行政执法的实践完整地对裁量基准适用技术进行梳理提炼。现有的研究，或是冠以裁量基准"适用"之名而无如何适用之实，或是以司法上的适用混淆取代行政执法上的适用，或是偶发性地研究适用技术中

---

[1] 参见周佑勇："建立健全行政裁量权基准制度论纲——以制定《行政裁量权基准制定程序暂行条例》为中心"，载《法学论坛》2015年第6期，第9页。

[2] 参见郑琦："行政裁量基准适用技术的规范研究——以方林富炒货店'最'字广告用语行政处罚案为例"，载《政治与法律》2019年第3期，第89~100页。

的某一个点（如裁量基准的"适用范围"[1]"溯及适用"[2]"选择适用"[3]"变更适用"[4]），或是只言片语地从实体上或程序上罗列出适用的个别技术手段（如"说明理由""协商行政方式""判例制度"[5]），最为关键的是，现有的研究成果脱离了裁量基准在实践中适用的特性与在适用技术上的需求，因而大多是缺乏实践向度的苍白"理论"。

第二，没有贴近法规范适用的本源背景抽离式地对裁量基准适用技术进行思考。在行政裁量以及裁量基准丰厚的理论库藏中，从未有过对"裁量基准适用技术"的理论研究，因而揣测要么是将裁量基准适用技术视为假命题，认为仅依据内心的裁量"惯习"，径行援用成形的裁量基准文本即可，而无涉具象的适用"技术"是什么；要么是将裁量基准适用技术等置于法规范适用的"三段论"[6]技术或"论辩推理"[7]技术等，认为无须再专门另起炉灶研究裁量基准适用技术。而当把"裁量基准适用技术"关联到"裁量基准"的范畴之中来观察，裁量基准适用技术的问题不仅前在联结着裁量基准理论体系中裁量基准的概念内涵外延、生成路径、功能结构、性质定位、表现形态、正当性基础、规范效力等，而且后在勾连着裁量基准理论体系中裁量基准作为司法审查对象这一角色所发挥的功用，这就是其特殊性与具体性所在。因此，可以认为，现有的研究忽视了裁量基准适用技术其特殊性、具体性的独立存在，具有逻辑上的偏畸性与不周全性。

---

[1] 参见宋国磊："行政裁量权的授予与阻却——以行政裁量基准制度法制化为视角"，中国政法大学 2009 年硕士学位论文，第 36~37 页。

[2] 参见王贵松：《行政裁量的构造与审查》，中国人民大学出版社 2016 年版，第 110~111 页。

[3] 参见周佑勇、周乐军："论裁量基准效力的相对性及其选择适用"，载《行政法学研究》2018 年第 2 期，第 3~13 页。

[4] 参见周佑勇："裁量基准的变更适用是否'溯及既往'"，载《政法论坛》2018 年第 3 期，第 142~152 页。

[5] 参见黄学贤："行政裁量基准：理论、实践与出路"，载《甘肃行政学院学报》2009 年第 6 期，第 109~111 页。

[6] 参见［德］卡尔·拉伦茨：《法学方法论》，陈爱娥译，商务印书馆 2003 年版，第 149~156 页；杨仁寿：《法学方法论》（第 2 版），中国政法大学出版社 2013 年版，第 35~43 页。

[7] 参见［德］罗伯特·阿列克西：《法律论证理论——作为法律证立理论的理性论辩理论》，舒国滢译，中国法制出版社 2002 年版，第 353~362 页；［加］道格拉斯·沃尔顿：《法律论证与证据》，梁庆寅等译，中国政法大学出版社 2010 年版，第 104~154 页；［德］罗伯特·阿列克西：《法理性 商谈：法哲学研究》，朱光、雷磊译，中国法制出版社 2011 年版，第 87~101 页；朱政：《法律适用的理论重构与中国实践》，中国社会科学出版社 2015 年版，第 74~145 页。

第三，没有置身于行政法律方法论的大框架对裁量基准适用技术进行研究。由于国内学界对法律方法论体系还没有形成系统深入地研究，对于作为部门法指向上的行政法律方法论的研究则更少，至今尚未形成一套完整的关于行政法规范适用方法的理论体系，这就导致了裁量基准适用技术基于方法论的视域而无相应的理论成果，而同时反观现有的视作是裁量基准适用技术的研究成果则可以洞见其势必缺乏理论根基的缘由与注定缺少理论支撑的现实。

四、本书的可能创新之处

理论创新最深厚的源泉来自于实践，但实践不可能自动地升华为理论，必然要通过"问题"这一媒介来反映实践的需求，以推动理论创新，进而指导实践的进一步发展。脱离实践与问题意识，就遑论创新。本书的创新正是建立在对"行政机关对裁量权规制的重心有必要从单一地制定裁量基准的行为转移至研究裁量基准生成之后如何技术化地适用上来"这一实践问题作出判断的基础之上。

（一）研究视阈的创新

有关"行政裁量基准适用技术"的研究，一直以来在裁量基准理论研究体系中都未曾被提及与关注，但是对于行政执法实务而言，如何运用裁量基准，却是行政执法机关及执法人员所面临的一个非常现实又亟待破解的重要课题。裁量基准文本所发挥的作用无非是在主观上压缩裁量空间以在客观上实现限缩裁量权的目的，通过这样的手段为裁量权的行使提供具体化的指引，但其效用仅是初步性的，裁量基准无法也不可能一劳永逸地解决裁量权运用的所有问题。因此，裁量基准的适用，并不是执法人员在执法过程中简单地比照订定出来的裁量基准文本以使用"说明书"的方式按图索骥般地机械适用，而应是一种技术性的适用，需要执法人员发挥能动性，以一定的技艺、技巧、技能、技领，通过一定的方法、策略、手段、步骤加以适用，其目的和主旨直指裁量权行使的合法、合理、精准、理性与可接受性。因此，本书遵循着这一思路另开新枝，面向裁量基准的现实运作，从如何技术性地适用裁量基准的视角进行理论研究，以试图扩张裁量基准理论研究的空间并期冀对行政实务有所裨助，因而具有研究视阈上的创新性。

（二）研究内容的创新

本书以行政裁量基准适用技术为研究内容，在此题域之下，提出裁量基准适用技术的确定标准、体系构成、裁量基准适用的各项具体技术手段与方法及其运用的规则、原理。裁量基准适用技术的"确定标准"是指以一定的标准从类型上抽象出、确定出哪一类或哪几类法规范适用的技术可以成为裁量基准适用的技术。为此，本书提出在"确定标准"上，应当把两大法系国家裁量基准在适用上的不同价值选择与理念倾向糅合为一体，既应当涵盖大陆法系国家裁量基准适用偏重有关"控制行政权行使方面的技术手段与规则"，又需要囊括英美法系国家裁量基准适用侧重有关"规范行政规则运用方面的技术方法与原理"。裁量基准适用技术的"体系构成"则与裁量基准适用技术的类型划分相对应，先从不同类型的法规范适用技术中筛选出与各自角色定位、功能定位相恰合的裁量基准适用的具体技术手段与方法，然后再基于其在角色定位与功能定位上所承载的使命不同，区分出地位与功用不同的技术体系。为此，本书提出在"体系构成"上，由裁量基准适用技术的"主体体系"与"补充体系"所组成，前者包含裁量基准适用说明理由、利益衡量、证据补强的技术手段及其运用规则，偏重于解决"裁量基准适用有效性实现的技术支撑"问题；后者包括裁量基准逸脱适用、收缩适用、选择适用的技术方法及其运用原理，侧重于解决"裁量基准适用正当性实现的技术保障"问题。两大类技术体系所函括的裁量基准适用技术及其相应理论共同为裁量基准的正当、有效运作提供方法论上的实质性解决方案。同时，本书立足于实用性、可操作性、准确性的目标，对以上裁量基准适用的各项具体技术手段与方法及其运用的规则、原理展开系统性、精细化的深度探索与构建。因此，本书在内容上扩充了裁量基准的理论架构，是对裁量基准理论的拓展性研究，因而具有研究内容上的创新性。

（三）研究范式的创新

裁量基准适用技术并不是无源之水、无本之木，其在本原上归属于"法律方法论"的体系范畴。"法律方法论"的研究所要解决的是一般的法律如何向具体的决定转化，如何针对个案寻找恰当的法律，如何准确地理解和表述法律，如何规范地分析法律问题等。可以判断，裁量基准适用技术所要研究的内容、所欲达致的目标、所期实现的价值都附属在"法律方法论"的广袤界域之内，后者为前者的活水之源。然而，为之尴尬的是，学界与实务界却普遍对法律方法论及行政法律方法论这一极为重要问题的研究与关注不足甚或滞迟，时至今日还未完成体系建构。本书即是将裁量基准适用技术上升、抽象到依循"法律方法论"的进路进行研究，将"法律方法论"定位为裁量基准适用技术的法理渊源与理论根基，因而具有研究范式上的创新性。

同时，本书希冀将裁量基准适用技术的理论研究成果作为架构行政法律方法论研究体系的借鉴，并完成对行政法律方法论研究框架的初步建构。这也是本书前期研究成果《行政裁量基准适用技术的规范研究——以方林富炒货店"最"字广告用语行政处罚案为例》[1]的主要观点，即"应以行政法律方法论为基础构建裁量基准适用技术，并以此为核心建构起行政法律方法论的研究体系与框架"，对此，马怀德教授等在"2019 年法学理论研究盘点——行政法与行政诉讼法学篇"中将其归入"行政行为基本原理方面"的年度理论研究成果并给予了肯定。[2]因而，本书在这一点上亦具有研究内容上的创新性。

五、研究的方法

（一）规范分析与实证分析相结合的方法

规范分析法是一种涉及主观价值判断的研究方法，其以价值追求、价值表达[3]为核心关注点，以对问题的应然性研究为出发点。实证分析法则是从实然角度研究问题的方法，是在法规范自身的实践中探求"行动中的法律"[4]的实践运行效果。本书以行政裁量及裁量基准基础理论、裁量基准适用理论、裁量基准适用技术理论为逻辑层级，结合行政执法的实践，递次展开客观化的分析，力图从应然与实然的结合上合理搭建具有相对科学性、周全性、可用性的裁量基准适用技术体系。

（二）比较分析的方法

比较分析法的理论基础在于客观事物的发展是多样性与统一性的辩证关系，其所产生的区别与联系以及其所存在的差异性与共同性，为比较分析提供了可能性。通过比较可以体察事物的全貌，可以发现差异的存在及其原

---

〔1〕 参见郑琦："行政裁量基准适用技术的规范研究——以方林富炒货店'最'字广告用语行政处罚案为例"，载《政治与法律》2019 年第 3 期，第 89~100 页。

〔2〕 参见马怀德、张雨田："行政法学：面向新的实践需求不断自我更新"，载《检察日报》2020 年 1 月 4 日。

〔3〕 参见谢晖："论规范分析方法"，载《中国法学》2009 年第 2 期，第 38~40 页。

〔4〕 参见沈宗灵：《现代西方法理学》，北京大学出版社 1992 年版，第 333~337 页。

因，可以总结出一定的规律，可以分析出可资借鉴之处。因而本书秉持比较法的研究方法，深度发掘大陆法系国家、英美法系国家和我国行政裁量与裁量基准制度的法理基础与运行逻辑，通过追本溯源的比较过程得出结论，避免名不符实地打着比较的幌子仅将结论性的比较结果直接"拿来主义"，防止结论的偏颇与主观。

（三）案例研究的方法

案例应当是理解和掌握法律概念和进行理论推理的工具，也应当是如何处理真实事件的实战演练。[1]案例具有直观性和参照性，可以消解理论的晦涩、枯燥，避免"纸上谈兵"。本书即以典型性行政案件为引入和例证，以司法审判指导性案例为辅助和佐证，通过抽丝剥茧式的行政案例剖析与穿插司法案例作为印证，具体分析和反思现实中裁量基准适用在技术方法上存在的缺陷与问题，为本书架构使裁量决定更具合法、合理、精准、理性、可接受性的裁量基准适用技术体系提供实务依据。

（四）社会调查的方法

裁量基准适用技术的归纳与提炼是一个错综复杂的难题，如果仅囿于理论上的推演与总结，似乎无法获取到既立足于实践性与实用性又具有理论前瞻性与指导性的答案。但是理论是源自于实践的，并且是抽象于实践具象的升华，裁量基准适用技术的根基在于执法的具体实践。因此，本书对裁量基准适用技术的提取以下沉到行政执法的实务中对行政主体与行政相对人进行社会调查、对执法过程进行长期跟踪的方式展开，经过过程性、融入性地体察、发掘、归纳与校验，以最大限度地实现裁量基准适用技术的实用性、可操作性、准确性。

（五）法律方法论的方法

法律方法是法规范适用中具有实践指向的技术手段，可以把法律方法认定为理解、解释和应用法律的方法，其包括三个方面的内容：一是指法律思维方法，二是法律应用的技巧、技艺，三是法律方法体系。[2]其中，"法律思维方法是认识法律及事实的法律意义所必不可少的手段和工具，……没有

---

〔1〕　参见骆梅英："行政法学的新脸谱——写在读叶俊荣《行政法案例分析与研究方法》之后"，载罗豪才主编：《行政法论丛》（第9卷），法律出版社2006年版，第446页。

〔2〕　陈金钊主编：《法律方法论》，北京大学出版社2013年版，第28页。

法律思维方法，法律人不可能对待处理案件进行归类、分析，也不可能认清事实的法律意义，更无法建构针对个案的裁判规范"。[1] "法律方法体系"则主要由法律发现、法律解释、法律论证、利益衡量（价值衡量）、漏洞补充、法律分析以及法律推理等法律方法构成。[2] 而法律方法论就是指由法律方法运用的规则、原理等构成的一套整体化的理论体系。[3] 本书即是运用法律方法论的学理对裁量基准适用技术及其相应理论展开一系列的建构。法律方法论的方法构成了本书的核心研究方法，决定着本书的研究脉络。

六、行文上的必要说明

（一）在研究特点上

前述裁量基准适用技术的研究现状决定了本书无法像其他论题一样能直接在对前见相关学术观点与研究成果进行"述"与"评"、分析与汲取的基础上作进一步延展与发挥，因而本书注定只能以一种"摸着石头过河"的方式探索前行。但任何研究都不是凭空产生的，而是在前人研究的基础上从某个方面寻求突破口，进而作出的拓展。裁量基准适用技术的研究正是对行政裁量、裁量基准等理论研究的进一步深化与尝试性突破，具有传承性，也具有极大的挑战和难度。这是本书的研究特点之一，这也决定了对本书的异议会不可避免地存在。

从整体层面来看，裁量基准本身是一种法规范适用和裁量权规制的技术，对如何适用这一技术进行研究，是对"技术之技术"的研究；从裁量基准适用的各项具体技术层面来看，"说明理由""利益衡量""证据补强""逸脱适用""收缩适用""选择适用"等本身就是裁量基准适用的技术，而对怎样适用这些具体的技术进行研究，也是对"技术之技术"的研究。对"技术之技术"进行研究，构成本书的研究特点之二，这也符合法律方法论对"方法之方法"为之研究的范式，其立论是成立的并且是有效用的。因此，并不能就下结论认为对"技术之技术"的研究存在"叠床架屋"之"弊"，应当看到这样的研究在理论上与实务上的必要性与有用性，这是其

---

〔1〕 参见陈金钊："法律思维及其对法治的意义"，载《法商研究》2003 年第 6 期，第 66 页。
〔2〕 参见陈金钊等：《法律方法论研究》，山东人民出版社 2010 年版，第 162~191 页。
〔3〕 参见胡玉鸿：《法学方法论导论》，山东人民出版社 2002 年版，第 88~115 页。

"利"，因为毕竟不能只"制造"裁量基准这个"产品"而不考虑怎样"使用"这个"产品"，同时，也终究不能只是空洞地主张在适用裁量基准时应运用上述这些具体的技术手段与方法，还理当掌握这些具体技术手段与方法的运用规则、原理，此即法律方法论问题。

对"技术"方面的问题进行研究，决定了本书在行文风貌上必定是微观且细致的，是着眼于实际问题并且力图解决实际问题的"见树不见林"式的研究。这是本书的研究特点之三，其区别于宏观、抽象的"见林不见树"的研究取向。但是本书通过对裁量基准适用技术的体系化建构，力争实现"见树又见林"的研究效果。

（二）在研究逻辑上

行政法中的"行政裁量""行政裁量基准""行政裁量基准适用""行政裁量基准适用技术"是一组递阶而生的概念，为不落窠臼，本书在行文上本应就行政裁量与裁量基准的语义内涵、生成模式、功能属性、形态结构、规范效力、司法审查等方面进行简洁地概述，以避免无实质意义地对前见研究成果铺陈赘述，空占篇幅，但这样谋篇布局的前提必须是裁量基准的理论已相对成熟，在核心问题上业已基本达成共识，在主要观点上较少存有截然相反的见解，裁量基准的理论可以直接"嫁接"到裁量基准适用的理论上来，以此为裁量基准在实践中的具体适用以及技术性适用提供理论指引。当这一条件得以成就时，在行文中就可以将行政裁量、裁量基准的理论寥寥数笔带过，直奔研究主题。然而，一方面，当前裁量基准理论研究虽已相当深邃，但大部分理论成果在观点上是相左的，甚或是截然对立的，如果本书只是任择其一作为裁量基准适用技术研究的理论背景，则首先立论是站不住脚的，其次在无立法规范的前提之下，执法实务面对偏畸其一的不同理论争点也必然会是茫然无措的。另一方面，当前裁量基准理论研究成果是孤立存在的，在一定程度上是脱离于执法实践的，偏重就理论言理论，而未能有意识地主动去关切裁量基准在实践适用中的特性与在适用技术上的需求。因此，本书关于行政裁量与裁量基准基础理论方面的行文注定无法走捷径。鉴于此，本书前三章并非落于俗套般地对行政裁量、裁量基准的诸基础理论进行文字堆砌，而是带有问题导向的，是在对理论梳理的基础上，在存有争议的前见与成说中，重新检视理论，厘定出相对是最优匹配的理论观点为裁量基准适用技术提供理论支撑。

又基于"行政裁量"是"行政裁量基准"的先在概念，因而在分析路径上无论是裁量基准的概念内涵外延、生成路径、功能结构、性质定位、表现形态、正当性基础、规范效力，还是裁量基准作为司法审查的对象，都应遵循由行政裁量到裁量基准的模式，但观察目前可见的裁量基准研究成果，一般都是脱离于行政裁量的理论及演进给裁量基准"画像"，这就不可避免地造成结论的相对突兀、简浅、片面。为此，本书前三章对裁量基准的分析为力图避免出现这一缺陷，采取由行政裁量到裁量基准的梳理方式得出结论。再基于"行政裁量基准适用"是"行政裁量基准"的下位概念，继而研究裁量基准适用技术。

（三）在研究定位上

虽然裁量基准本身是一种法规范适用和裁量权规制的技术，本书对于裁量基准适用技术进行研究，是对"技术之技术"的研究，但是"裁量基准"是以具象的"裁量基准文本"和意象的"内心准则"为载体的，因而，本书的依托与出发点是作为行政规则的成文裁量基准和作为内心准则的不成文裁量基准，并且主要是以前者为基础。

诠释学上对法规范的理解与适用（或应用）的分合问题存在争议，[1]较之以行政规则形态呈现的裁量基准，本书所持的观点是，裁量基准适用技术以对裁量基准的理解、解释与适用相分离为前提，其代表着对裁量基准适用的一种相对客观、通行、稳定、固化[2]的行为准则，其来源于经验与理性的融合，"我们必须永远记住：在我们的法律中记录着为理性所发展的经验和被经验所考验过的理性这样一种教导传统。文明史中的一个重要现象就是这些教导传统的生命力。……法律中，存在着一种通过法律工作者的技术使之适应于各种不断变化着的时间和地点条件的传统，这就使它成为人类最有持久性的制度之一"。[3]裁量基准适用技术既是执法经验的展示与提炼，同样也是经理性加工与完善的产物，因此，本书的研究并非"创制"裁量基准适用技术，而是对裁量基准适用技术进行"提取""加工""总结"。

（四）在研究范围上

一方面，本书的研究是将裁量基准适用主体限定于行政机关，而不包括

---

〔1〕 参见吴庚：《政法理论与法学方法》，中国人民大学出版社 2007 年版，第 314~317 页。

〔2〕 参见胡玉鸿："法律技术的内涵及其范围"，载《现代法学》2006 年第 5 期，第 51~52 页。

〔3〕 ［美］罗斯科·庞德：《通过法律的社会控制》，沈宗灵译，商务印书馆 2010 年版，第 30 页。

司法机关，因而本书所研究的裁量基准适用技术是针对行政执法机关和行政执法人员而言的。另一方面，虽然行政裁量权广泛存在于行政的各领域，就应然性而言，裁量基准及裁量基准适用技术即应按照行政行为的分类〔1〕一一对应存在，但是鉴于行政处罚是裁量权运用和裁量基准适用最为集中、最为活跃的领域，本书即以行政处罚范畴裁量基准适用技术的研究为主体，在此基础上，试图兼顾非行政处罚类裁量基准自身的特殊性〔2〕以及与处罚类裁量基准相对比的差异性，以尽量使理论研究成果的射程能及于非处罚领域并抽象出具有共通性的技术规范，同时在标题上和行文中弱化行政处罚裁量基准的称谓，统一以"行政裁量基准"代为表达。但是，不可回避的是，一是如果根据各类行政行为自身特点而逐一进行量身定制式的裁量基准适用技术的研究，那么在研究成果与成效上显然会更胜一筹；二是从本书最终的研究结果上看，也未能很好地实现自己所设定的初衷。这正是本书的不足之处及原因所在，也是本书题域之下未竟的课题，唯期自己及后来者能继续前行，开拓并发展出更新的理论成果。

（五）在研究依据上

如上所述，本书的研究是以行政处罚类裁量基准适用技术为主体，研究的展开涉及行政处罚的理论，研究中作为示例和引证的行政案件、司法案例等都关涉对《行政处罚法》（2017 年修正）〔3〕具体条文的适用，如《行政处罚法》第 4 条第 2 款"过罚相当原则"、第 27 条"从轻、减轻、不予处罚制度"、第 31 条"说明理由制度"等，虽然 2021 年 1 月 22 日第十三届全国人民代表大会常务委员会第二十五次会议修订通过了新的《行政处罚法》（2021 年 7 月 15 日起施行），但是新法沿袭了与本书相关的旧法所衍射出的行政处罚原理，对旧法中的"过罚相当原则"未予修订，对旧法中本书所关联到的"从轻、减轻、不予处罚制度"的有关内容仅是增加了"初次违法且危害后果轻微并及时改正的，可以不予行政处罚""当事人有证据足以证

---

〔1〕　参照《最高人民法院印发〈关于行政案件案由的暂行规定〉的通知》（法发〔2020〕44 号）关于"二、三级案由的确定和分类"的规定。

〔2〕　参见熊樟林："非行政处罚类裁量基准制度的反思与重建"，载《法学评论》2019 年第 6 期，第 38~41 页。

〔3〕　为陈述方便，本书中所涉及的我国法律的名称统一省略"中华人民共和国"字样，下不赘述。

明没有主观过错的，不予行政处罚"的规定，对旧法中的"说明理由制度"也未作实质性修订，因此，本书在行文上对行政处罚学理的援用仍遵循旧法的法意，对《行政处罚法》的引用和适用仍沿用旧法的规定，对干系到新法对旧法修订之处加以注释以便于对照分析。

七、结构上的框架布局与分析思路

本书除导论与余论外，以七章的篇幅构建裁量基准适用技术的理论与体系，在结构安排上，由裁量基准适用技术的基础理论与裁量基准适用技术的技术体系两大部分所组成。裁量基准适用技术的基础理论部分对应第一、二、三章，裁量基准适用技术的技术体系部分对应第四、五、六、七章，其中，第四、五、六章对应裁量基准适用技术的"主体体系"，第七章对应裁量基准适用技术的"补充体系"。于此之外，与裁量基准适用技术研究主题相关联的未尽话题在余论中予以强调和叙明。（见下图）

本书分析思路如下：

第一章"行政裁量基准适用技术的逻辑"。梳理两大法系国家和我国不同样态裁量基准的生成轨迹，总结行政裁量学理对裁量基准生成模式的影响，归纳不同生成模式之下裁量基准适用的不同特点，进而推演出裁量基准适用技术的"确定标准"，并以此为基础，确立裁量基准适用技术的"体系构成"。

第二章"行政裁量基准适用正当性实现的技术保障"。通过厘清裁量基准的本质属性与表现形态，为裁量基准及裁量基准适用正当性的判别提供认识论上的基础。以域外国家裁量基准及适用正当性的渊源为对照，从权力来源与控权逻辑的角度证成我国裁量基准及适用的正当性。分析严格规则与自由裁量之间的悖论对这一正当性实现的掣肘，从悖论消解的角度提出保障裁量基准适用正当性实现的裁量基准适用上的相关技术方法。

第三章"行政裁量基准适用有效性实现的技术支撑"。梳理域外裁量基准适用效力的差异和国内观点系争，回应裁量基准在内部与外部适用效力上具有有效性。通过对两大法系国家和我国裁量基准适用效力有效性司法审查实践的回顾、梳理与总结，提取和归纳出司法审查的标准，再借由司法审查的标准演绎出裁量基准适用效力有效性的检验标准，继而基于这一检验标准引入支撑裁量基准适用效力有效性实现的相关技术手段。

第四章"行政裁量基准适用'说明理由'的技术"。以方林富案为例证展现行政机关在说明裁量基准适用理由上存在的技术误区，通过论证裁量基准适用说明理由是行政机关应普遍遵循的义务，为技术误区的纾解提供方案。在此前提之下，提炼裁量基准适用说明理由的技术要求，归纳保障说理技术要求得以实现的说明理由的技术手段。

第五章"行政裁量基准适用'利益衡量'的技术"。经由对方林富案裁量基准适用中利益衡量的重述与缺陷的总结，提出利益衡量技术是裁量基准适用技术的核心。经由对裁量基准适用中利益衡量独特技术取向的阐发，提出利益衡量的目标。为达致这一目标，展开对裁量基准适用中利益衡量技术的构建，包括利益衡量的方法要素、应用工具、考量因素、实现机制等。

第六章"行政裁量基准适用'证据补强'的技术"。通过分析方林富案在裁量基准适用中的证据缺失及所造成的后果，引出裁量基准适用证据补强的技术。澄清裁量基准适用证据补强技术的内涵与功用，推导出证据补强技术的构建受裁量基准适用合理性目标的支配。围绕裁量基准适用合理性目标的实现，从行政证据收集上、证明责任承担上、证明标准运用上提出裁量基准适用证据补强的具体技术。

第七章"行政裁量基准适用的补充技术"。以方林富案为分析工具，述明裁量基准逸脱适用的义务来源与界域，提取逸脱适用的条件要素，设置逸脱适用的控制因素。以危险防止型行政领域为对象，厘定裁量基准收缩适用的技术要件，阐明收缩适用的持重立场。界分裁量基准在层级体系中的选择适用，区分裁量基准在规范变更后的选择适用。

余论。解析人工智能技术应用于裁量领域与裁量基准适用技术的关系，分析人工智能技术给裁量基准适用技术带来的实质性影响，列举裁量基准适用技术所发生的相应迭新与变革。叙明裁量基准适用技术与法律方法论的关系，揭示法律方法论及行政法律方法论研究和应用的重要性、必要性及现状，进而提出建构行政法律方法论研究体系与框架的初步设想。

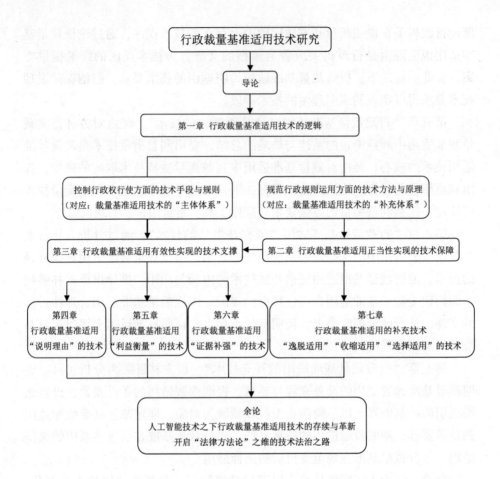

行政裁量基准适用技术研究

导论

第一章 行政裁量基准适用技术的逻辑

控制行政权行使方面的技术手段与规则
（对应：裁量基准适用技术的"主体体系"）

规范行政规则运用方面的技术方法与原理
（对应：裁量基准适用技术的"补充体系"）

第三章 行政裁量基准适用有效性实现的技术支撑 ◄── 第二章 行政裁量基准适用正当性实现的技术保障

第四章
行政裁量基准适用
"说明理由"的技术

第五章
行政裁量基准适用
"利益衡量"的技术

第六章
行政裁量基准适用
"证据补强"的技术

第七章
行政裁量基准适用的补充技术
"逸脱适用""收缩适用""选择适用"的技术

余论
人工智能技术之下行政裁量基准适用技术的存续与革新
开启"法律方法论"之维的技术法治之路

行政裁量基准适用技术的逻辑

大陆法系国家、英美法系国家和我国在行政裁量基准的生成上有着实质的区别，总括起来应是三种、两大类不同的生成模式，而裁量基准适用技术则主要是依托于裁量基准文本（作为行政规则的成文裁量基准）就裁量基准如何适用于行政执法实践与行政裁量领域的一系列具体的技术手段与方法及其运用的规则、原理，"生成模式"与"适用技术"两者虽然看似毫不相干，但是凡有适用，从适用行为的动机支配上考量，适用必受一定的价值选择与理念倾向所左右，而这一价值理念则是来源于裁量基准生成的固有传统与成长轨迹。因此，裁量基准适用技术与裁量基准生成模式密切相关，裁量基准适用技术应当融合裁量基准在不同生成模式之下适用的手段与方法及其规则与原理，而不能偏允其一，进而以此为基础确立裁量基准适用技术的"确定标准"与"体系构成"，此即裁量基准适用技术的逻辑。

第一节 大陆法系国家行政裁量基准的来源

一、德国裁量准则的多元性

传统德国法在裁量本质论上，一直奉行"裁量二元论"立场，把裁量问题与法律问题作二元区分，[1] 认为裁量是行政的自由属地，法院无从置喙。基于此立场，在裁量构成论上则存在"要件裁量"与"效果裁量"之争，

---

〔1〕 参见［德］埃贝哈德·施密特-阿斯曼等：《德国行政法读本》，于安等译，高等教育出版社 2006 年版，第 333~340 页。

即在由"构成要件"（Tatbestand）和"法律效果"（Rechtsfolge）[1]共同组成的法规范内在逻辑结构之中，裁量究竟存在于何处的问题。德国行政法学理论通说认为行政裁量仅限于效果裁量，而不包括要件裁量，并以法律要件与法律效果的区分作为不确定法律概念与行政裁量的分界标记，[2]强调行政裁量的客体是法律后果，即"行政裁量主要系针对法律效果方面而言。不确定法律概念与判断余地，则主要系法律要件方面之问题"。[3]"行政机关之裁量权内容不论为'决定裁量'（Entschließungsermessen），或'选择裁量'（Auswahlermessen），皆属对法律效果（Rechtsfolge）所作成的决定，而不存在于对法律要件（Rechtstatbestand）所作之判断。"[4]"行政机关处理同一事实要件时可以选择不同的处理方式，构成裁量。法律没有为同一事实要件只设定一种法律后果，而是授权行政机关自行确定法律后果，例如设定两个或两个以上的选择，或者赋予其特定的处理幅度。"[5]这也就是说，裁量是在事实要件已经确定（含对不确定法律概念的解释和适用）的前提下，法定的确定法律效果的酌量余地，[6]即裁量实际上是在法律规范的构成要件已经实现的情况下在法律后果问题上的裁量（"法律后果裁量"，Rechtsfolgeermessen）。[7]而承载上述法律效果部分"两个或两个以上的选择"或"特定的处理幅度"的"确定行政机关如何行使法定裁量权"以"确保裁量权行使的统一性和平等性"的规则[8]，即是"裁量准则"（也称作"裁量

---

〔1〕 参见陈敏：《行政法总论》（第9版），陈敏发行（新学林出版有限公司经销）2016年版，第137~140页。

〔2〕 参见翁岳生："不确定法律概念、判断余地与独占事业之认定"，载翁岳生：《法治国家之行政法与司法》（第2版），元照出版有限公司2009年版，第87~89页；翁岳生："论'不确定法律概念'与行政裁量之关系"，载翁岳生：《行政法与现代法治国家》，三民书局股份有限公司2015年版，第53页。

〔3〕 林锡尧：《行政法要义》（第3版），元照出版有限公司2006年版，第266页。

〔4〕 李惠宗：《行政法要义》（第7版），元照出版有限公司2016年版，第153页。

〔5〕 ［德］哈特穆特·毛雷尔：《行政法学总论》，高家伟译，法律出版社2000年版，第124页。

〔6〕 ［德］平特纳：《德国普通行政法》，朱林译，中国政法大学出版社1999年版，第57页。

〔7〕 ［德］齐佩利乌斯：《法学方法论》，金振豹译，法律出版社2009年版，第152页。

〔8〕 ［德］哈特穆特·毛雷尔：《行政法学总论》，高家伟译，法律出版社2000年版，第594~595页。另外，基于行政裁量学理的不同观点以及行政裁量与不确定法律概念的可互换性及交错的理论，要件裁量也被承认，裁量基准共同存在于法律要件与法律效果之中的观点也被接受。参见［德］哈特穆特·毛雷尔：《行政法学总论》，高家伟译，法律出版社2000年版，第135~136页；郑琦："论不确定法律概念与行政裁量"，西南政法大学2005年硕士学位论文，第31页。

基准""一般裁量"〔1〕）。同时，"在出现法律缺位而又需要规范——没有法律规定，或者虽然有法律规定、但非常宽泛以至于需要行政规则予以具体化——时，行政机关可以制定行政规则"，〔2〕这是基于"原始行政立法权"而生成的裁量基准（即所谓的"原始行政法"〔3〕）。

二、法国裁量指示的特定性

在法国，裁量权（pouvoir discrétionnaire）是与羁束权（compétence liée）相对应而存在的概念，裁量权采广义的界定，是指在一定事实存在的情形下，行政机关以"妥当性"（opportunité）为核心与准则，根据其对事实的理解与评价，自由作出这种或那种决定或在这些决定当中作出选择。〔4〕亦即"行政为执行其法律上职权，于法律无行为规定下，依其自己责任决定行政内容之自由。准此，当欠缺行政行为之法律要件规定，或虽有法律要件规定，但却空洞，以致行政机关对其是否行为，甚至如何行为，享有极大的决定空间，于此情形下，就发生裁量"。〔5〕与德国的实践同出一辙，法国也是通过实体上对法规范进行解释的方法制定规则以拘束行政裁量权的运作。设定裁量基准可以拘束裁量权，这是将解释固化的体现。〔6〕这类裁量基准在

---

〔1〕　"一般裁量"与"个案裁量"是一对范畴，两者分别针对"典型的"案件类型与"特殊的"个别案件，"一般裁量"意指行政机关"惟顾及法律适用之一致性及符合平等原则，及订定行政裁量准则作为下级机关行使裁量权之基准"，而"个案裁量"则是指为实践个案正义而寻求作出一个尽可能适当、合理的裁量决定。参见〔德〕哈特穆特·毛雷尔：《行政法学总论》，高家伟译，法律出版社 2000 年版，第 128~129 页；林明锵：《行政法讲义》（第 4 版），新学林出版股份有限公司 2018 年版，第 110~111 页。

〔2〕　〔德〕哈特穆特·毛雷尔：《行政法学总论》，高家伟译，法律出版社 2000 年版，第 595、602~604 页。

〔3〕　〔德〕汉斯·J. 沃尔夫、奥托·巴霍夫、罗尔夫·施托贝尔：《行政法》（第 1 卷），高家伟译，商务印书馆 2002 年版，第 247 页。

〔4〕　有一种理论将狭义与广义行政裁量的内涵界定为"在行政裁量中，行政经法律之授权，于法律之构成要件实现时，得决定是否使有关之法律效果发生，或选择发生何种法律效果，为'狭义之行政裁量'。至于在不适用法律保留之范围，行政得依本身之创意而行动，或在拟定各种计划时，具有判断及评价之自由，虽亦涉及行政之决定自由，但无关构成要件之涵摄及法律效果之决定，则为'广义之行政裁量'"。此处法国的广义裁量权，与之不同。参见陈咏熙："法国法上的行政裁量及其司法控制"，载朱新力主编：《法治社会与行政裁量的基本准则研究》，法律出版社 2007 年版，第 132~134 页；陈敏：《行政法总论》（第 9 版），陈敏发行（新学林出版有限公司经销）2016 年版，第 179 页。

〔5〕　参见林锡尧：《行政法要义》（第 3 版），元照出版有限公司 2006 年版，第 276 页。

〔6〕　Peter L. Strauss, "The Rulemaking Continuum", *Duke Law Journal*, vol. 41, iss. 6, 1992, p. 1463.

法国行政法上被称为"指示"，具体是指具有自由裁量权限的行政机关，事先为自己及下级机关规定一个标准，作为行使自由裁量权的指导，但仍然保留根据每个案件的具体情况，决定是否适用这个标准的权力。[1]

三、日本审查基准与处分基准的法定性

日本关于行政裁量问题，"在明治宪法之下便已经作为行政法院的审查范围的问题而存在"，[2] 在理论沿袭上，首先是以法律规范对行政行为拘束程度的不同，划分"羁束行为"与"裁量行为"[3]，坚持"裁量不予审理原则"[4]。进而基于司法审查范围的考虑，区分"羁束裁量"（或称作"法规裁量"）与"自由裁量"（或称作"便宜裁量""目的裁量"）[5]。在此基础上，对于如何判别"羁束裁量"与"自由裁量"，又出现以佐佐木惣一为代表的"要件裁量说"[6]与以美浓部达吉为首的"效果裁量说"[7]两大阵营在理论观点上的对立。第二次世界大战之前日本对要件裁量总体上持否定态度，战后由于施行美国的占领与管制政策成为当务之急，需要司法上承认行政机关拥有广泛的裁量权。[8]以此为背景，法院以行政机关"专门的、技术的判断"[9]等为根据，承认行政机关的要件裁量。由此，"不仅要件裁量论和效果裁量论的区别在理论上相对化了，而且，其在实践中的关系亦不再是二者择一的相互对立关系"。[10]其间，《日本行政事件诉讼法》（2004年修订）第30条"对于行政机关的裁量处分，只有在超越裁量权的范围或

---

〔1〕 王名扬：《法国行政法》，中国政法大学出版社1988年版，第181页。另外，在实践中，指示的制定主体除具有行政隶属关系的行政上级机构以外，还包括具有业务指导关系的行政机构。

〔2〕 [日] 盐野宏：《行政法》，杨建顺译，法律出版社1999年版，第91页。

〔3〕 参见杨建顺：《行政规制与权利保障》，中国人民大学出版社2007年版，第505~506页。

〔4〕 参见 [日] 田村悦一：《自由裁量及其界限》，李哲范译，中国政法大学出版社2016年版，第1~6页。

〔5〕 参见杨建顺：《日本行政法通论》，中国法制出版社1998年版，第384~387页。

〔6〕 佐々木惣一『日本行政法総論』（有斐閣，1924年）69頁以下参照。

〔7〕 美濃部達吉『行政裁判法』（千倉書房，1929年）152頁参照。

〔8〕 张荣红："行政裁量基准在日本之展开——以裁量基准的法律性质及其控制为视角"，载牟宪魁主编：《日本法研究》（第1卷），中国政法大学出版社2015年版，第5页。

〔9〕 参见 [日] 藤田宙靖：《日本行政法入门》（第4版），杨桐译，中国法制出版社2012年版，第46~47页。

〔10〕 杨建顺："行政裁量的运作及其监督"，载《法学研究》2004年第1期，第8页。

滥用的情况下，法院才可以撤销该处分"[1]的规定也意味着羁束裁量与自由裁量的区分变得相对化。因此，日本的行政裁量基准通常是要就行政法规范中的要件和效果在裁量权范围内作出具体的设定。[2]《日本行政程序法》（2014 年修订）第 5、12 条中的"审查基准"和"处分基准"[3]，即学理上所指称的"裁量基准"[4]。"审查基准"和"处分基准"都是基于"法令的规定"不明确而认为需要另行制定更为具体的标准，其中，审查基准是"对申请处分的基准"，主要是针对行政许可认可等申请的判断，除存在例外、特别障碍等情形下，行政机关负有"应当设定"和"必须公开"审查基准的"法定义务"，而且审查基准应根据许可认可的性质"从申请人等应如何准备才能够获得该许认可的角度出发，努力使其内容尽可能具体化"[5]；处分基准是"不利益处分的基准"，对应的是对不利益处分的判定，与审查基准所不同的是，考虑到不利益处分作出时必须个别地评价构成处分原因的事实的反社会性质以及行政相对人的具体情况等，因此在许多情形下难以制定出对应的基准，而且有时也会出现不适宜公布某一基准的情况，[6]所以，设定和公开[7]处分基准仅是行政机关的一种"努力义务"。

---

〔1〕 江利红：《日本行政法学基础理论》，知识产权出版社 2008 年版，第 460~461 页。

〔2〕 王贵松："行政裁量基准的设定与适用"，载《华东政法大学学报》2016 年第 3 期，第 74 页。

〔3〕 参见王贵松译："日本行政程序法"，载《公法研究》2016 年第 2 期，第 254~255 页。

〔4〕 需要注意的是，日本行政实务界认为，《日本行政程序法》第 5 条第 1 款、第 12 条第 1 款中"法令的规定"本身不包含对法令解释的"解释基准"，因此，原则上"审查基准"与"处分基准"中不包含"解释基准"，故"裁量基准"不同于"解释基准"。参见［日］室井力、芝池义一、浜川清主编：《日本行政程序法逐条注释》，朱芒译，上海三联书店 2014 年版，第 74~77 页。另，"解释基准"也是行政规则的一种，是指为确保行政的统一性，上级行政机关对下级行政机关发布的其针对法令进行解释的基准。参见［日］盐野宏：《行政法》，杨建顺译，法律出版社 1999 年版，第 74~75 页。

〔5〕 ［日］恒川隆生："审查基准、程序性义务与成文法化——有关裁量自我拘束的一则参考资料"，朱芒译，载《公法研究》2005 年第 1 期，第 420 页。

〔6〕 参见朱芒："日本《行政程序法》中的裁量基准制度——作为程序正当性保障装置的内在构成"，载《华东政法学院学报》2006 年第 1 期，第 79 页。

〔7〕 《日本行政程序法》（2014 年修订）第 5、12 条中使用的是"公开"，这不同于第 36 条中使用的"公布"，从二者之间的用语差异来看，"公布"要求行政机关以一般国民为对象作出积极的、众所周知的表述，相关内容通常登载在《官报》或《……公报》等政府刊物上，而"公开"则不要求行政机关承担如"公布"那样广而告之的义务，其主要的关注点仅在于保障国民能够"知晓"的状态。参见朱芒："日本《行政程序法》中的裁量基准制度——作为程序正当性保障装置的内在构成"，载《华东政法学院学报》2006 年第 1 期，第 78 页。

第二节 英美法系国家行政裁量基准的身影

由以上可以看出，大陆法系国家对行政裁量与裁量基准的研究，偏重"精致"概念的研究范式，从行政裁量与不确定法律概念的分合[1]出发，试图厘清行政裁量的本质，并建立起相应的学说体系，在此基础上演绎出裁量基准的理论。而英美法系国家一般少见类似大陆法系国家那样的对行政裁量的明确界定，其多侧重于概括描述，并且"往往从行政裁量与法治的关系着眼，以越权原则为出发点，以是否接受司法审查为标准研究行政裁量的具体权限"，[2]进而关注类似于裁量基准的裁量控制技术[3]的应用。

一、英国非正式规则的担当

英国较有影响的关于行政裁量的定义如，哈特（Henry M. Hart, Jr.）和赛克斯（Albert M. Sacks）认为，自由裁量权是指在两个或两个以上的行动方案中作出选择的权力，每一个都被认为是允许的。[4]伽利根（Denis J. Galligan）认为，几乎所有的权力都具有裁量性，甚至在作出决定过程的每个环节之中，从查明事实，把确定的标准运用到事实上，直至决定的形成，都存在着裁量，裁量权的中心含义是官员在运用权力作出具体决定时，对决定的理由、标准的确定享有较大的自由空间，以及对运用其作出决定拥有可判断的余地。[5]克雷格（Paul P. Craig）认为，所有对行政机关授予权力的规定，都可分为两部分，即如果 X 存在，则行政机关可以或应当做 Y，这两部分中都可能存有裁量权。[6]可以看出，上述这部分学者对行政裁量的理

---

〔1〕参见陈慈阳："行政裁量及不确定法律概念——以两者概念内容之差异与区分必要性问题为研究对象"，载《行政法争议问题研究》（上），五南图书出版有限公司 2000 年版，第 449~472 页。

〔2〕周佑勇、邓小兵："行政裁量概念的比较观察"，载《环球法律评论》2006 年第 4 期，第 433 页。

〔3〕参见余凌云：《行政法讲义》（第 3 版），清华大学出版社 2019 年版，第 168 页。

〔4〕Henry M. Hart, Jr. & Albert M. Sacks, *The Legal Process: Basic Problems in the Making and Application of Law*, Foundation Press, 1994, p. 144.

〔5〕Denis J. Galligan, *Discretionary Powers: A Legal Study of Official Discretion*, Clarendon Press, 1986, pp. 20~33.

〔6〕Paul P. Craig, *Administrative Law*, 3nd edition, Sweet & Maxwell, 1994, p. 384.

解更为宽泛，认为判断行政裁量存在与否的标准只有一个，即法律对行政机关的约束降低允许行政机关有选择权，而不管此种选择权是否限于法律后果方面。[1]这一观点代表了行政裁量的广义界说。同时，也有相当多的学者将行政裁量限于法律效果部分，认为法律要件部分存在着的一些具有开放结构[2]的"不确定法律概念"，如"公益""社会秩序"等，或使用的一些"主观性语言"[3]，如"如果部长确信……""如果在委员会看来……"等，不属于行政裁量的范畴。至于裁量基准，在英国并无此称谓，但这并不意味着英国就不存在类似的控权技术。余凌云教授经过考察指出，英国行政法上的"非正式规则"（informal rules）在实践中发挥着类似于裁量基准的作用，行政机关也越来越依赖这些"不是法的法"（law which is not law）。[4]非正式规则其内容或是对行政机关的组织结构、职能及权力运行给出说明以实现公平和系统性行政[5]，或是对立法、政策等进行执行性解释以增加适用性，或是对行政机关行使裁量权加以指导、规范和约束以保证行政人员能够以一种比较一致的方式来使用所授予公共机关的广泛裁量权，特别之处在于其还可以是提供法院会予以注意的某些法律建议[6]。另外，非正式规则还具有议会立法与规章所无法比拟的长处，相较于后者在适用上的普遍性而言，其具有灵活性，可以先在一定范围或区域内试行，而后再推而广之或形成正式规则。[7]

---

〔1〕　杨伟东：《行政行为司法审查强度研究——行政审判权纵向范围分析》，中国人民大学出版社 2003 年版，第 162 页。

〔2〕　[英] H. L. A. 哈特：《法理学与哲学论文集》，支振锋译，法律出版社 2005 年版，第 5 页。

〔3〕　参见 [英] 威廉·韦德、克里斯托弗·福赛：《行政法》（第 10 版），骆梅英等译，中国人民大学出版社 2018 年版，第 323~330 页。另外需要注意是，虽然韦德和福塞将裁量权定义为是所有与职责相对的权力中的一个要素，认为裁量权的滥用可以涵盖行政法的大部分内容，见韦德、福赛书，第 262~263 页，但是其所持的是狭义的行政裁量观——"尽管在韦德和福赛的著作中没有清晰地表明这一点，但当我向福赛提出这个问题时，他很肯定地说：'主观语言不属于行政裁量范畴。'"参见余凌云："对行政自由裁量概念的再思考"，载《法制与社会发展》2002 年第 4 期，第 60 页。

〔4〕　参见 Kenneth Culp Davis & Richard J. Pierce, Jr., *Administrative Law Treatise*, Vol. 3, 3nd edition, Little, Brown and Company, 1994, p. 108；[英] A. W. 布拉德利、K. D. 尤因：《宪法与行政法》（第 14 版，下册），刘刚等译，商务印书馆 2008 年版，第 598~603 页。

〔5〕　参见 [英] 特伦斯·丹提斯、阿兰·佩兹：《宪制中的行政机关——结构、自治与内部控制》，刘刚、江菁、轲翀译，高等教育出版社 2006 年版，第 318~322 页。

〔6〕　参见 [英] 威廉·韦德、克里斯托弗·福赛：《行政法》（第 10 版），骆梅英等译，中国人民大学出版社 2018 年版，第 662 页。

〔7〕　参见 [英] 卡罗尔·哈洛、理查德·罗林斯：《法律与行政》（上卷），杨伟东等译，商务印书馆 2004 年版，第 311~312 页。

二、美国非立法性规则的角色

美国学者多认为行政机关解释和适用法律的行为都属于行使裁量权，总体上采用的是"大裁量"概念，而且对行政裁量的阐释习惯上以司法审查为支点与归宿。美国宪法之父麦迪逊（James Madison）就曾指出："在每种政治制度中，增进公众幸福的权力，包括一种可能被误用和滥用的处理权。"[1]此"处理权"即是现在所理解的"裁量权"。施瓦茨（Bernard Schwartz）认为，行政裁量权的真正含意是指行政官员或行政机关拥有从可能的作为和不作为中做选择的自由权。[2]戴维斯虽然将行政裁量定义为："只要公职人员权力的实际界限允许其在可能的作为或不作为方案中自由做出选择，那么他就拥有裁量。"但是其还进一步强调"裁量的运用不仅存在于案件或问题的最终处置方面，而且存在于每个中间步骤当中；并且中间的选择远多于最终的选择"。[3]德沃金（Ronald M. Dworkin）从法官作出司法判决的情境对司法自由裁量权的分析亦适用于行政裁量权问题，其认为，"裁量"与"选择"有不同的含义，[4]以适用既有标准还是创设新的标准为划分前提，自由裁量权有三种意义：其一，从行政机关行使自由裁量权角度，是指行政机关必须发挥判断力非机械化地适用既有规则或准则作出决定；其二，从行政机关拥有自由裁量权角度，是指行政机关对于其适用既有规则或准则作出的决定而言，其享有最终的权力，是终局性的，不可被审查或撤销；其三，也是从行政机关拥有自由裁量权角度，但是是指行政机关作出决定时没有规则或准则可以依据，或不受既有规则或准则的约束，自主作出决定。前两种被称作弱意义上的裁量，第三种被称作强意义上的裁量。[5]德沃金反对强意义上的裁量，因为他认为法律不仅指规则或准则，还包括原则、政策和其他标准，

[1] [美] 汉密尔顿、杰伊、麦迪逊：《联邦党人文集》，程逢如、在汉、舒逊译，商务印书馆1980年版，第206页。

[2] [美] 伯纳德·施瓦茨：《行政法》，徐炳译，群众出版社1986年版，第567页。

[3] 参见 [美] 肯尼斯·卡尔普·戴维斯：《裁量正义》，毕洪海译，商务印书馆2009年版，第2~4页。

[4] Ronald Dworkin, "Judicial Discretion", *The Journal of Philosophy*, vol. 60, iss. 21, 1963, pp. 624~638.

[5] 参见 [美] 罗纳德·德沃金：《认真对待权利》，信春鹰、吴玉章译，上海三联书店2008年版，第53~64页。

当作出决定无规则或准则可遵循时，就必须转而遵守原则、政策或其他标准，根本不存在没有依据的问题，因而也就不存在自由裁量的权力，[1] 而且，行使弱意义上的裁量权对规则或准则的适用只有唯一正确的结果。[2] 科赫（Charles H. Koch, Jr.）从行政裁量与司法审查的关系上描述了行政裁量的含义，将行政裁量划分为个案裁量（individualizing discretion）、执行裁量（executing discretion）、政策制定裁量（policymaking discretion）、无拘束裁量（unbridled discretion）、超常规裁量（numinous discretion，或称"精神裁量"），其中，超常规裁量基本等同于德沃金所说的强裁量，无拘束裁量与超常规裁量都排除司法上的实质审查。[3] 在美国，非立法性规则（non-legislative rule）[4] 扮演着行政裁量基准的角色，其主要在于对立法性规则起到补充作用，说明立法性规则未予明确解决的大量细节问题，[5] 以更为明确、具体和详细的方式对裁量权的行使进行限制或指导，公众也可以据此作为预测行政机关行为的依据。哈洛（Carol Harlow）与罗林斯（Richard Rawlings）将制定非立法性规则视为"控制广布于低级官员手中行政裁量权之专断行使的技术"。[6] 这也正如戴维斯所总结的，"当立法机关赋予不具备有意义之标准的裁量权时，行政官员就应当尽可能早地制定标准，然后如果情形许可，应当通过原则和规则进一步限定自身的裁量。从模糊的标准到明确的标准，从宽泛的原则到规则的发展可以通过各种形式的政策说明、裁判性意见或运用规则制定权的方式实现"。[7]

---

〔1〕　参见张文显：《二十世纪西方法哲学思潮研究》，法律出版社 1996 年版，第 625~626 页；林立：《法学方法论与德沃金》，中国政法大学出版社 2002 年版，第 37~44 页。

〔2〕　Edward L. Rubin, "Discretion and Its Discontents", *Chicago-Kent Law Review*, vol. 72, iss. 4, 1997, pp. 1299~1336.

〔3〕　Charles H. Koch, Jr., "Judicial Review of Administrative Discretion", *George Washington Law Review*, vol. 54, iss. 4, 1986, pp. 469~511.

〔4〕　Michael Asimow, "Nonlegislative Rulemaking and Regulatory Reform", *Duke Law Journal*, vol. 34, iss. 2, 1985, p. 381.

〔5〕　参见 [美] 理查德·J. 皮尔斯：《行政法》（第 5 版，第 1 卷），苏苗罕译，中国人民大学出版社 2016 年版，第 320 页。

〔6〕　[英] 卡罗尔·哈洛、理查德·罗林斯：《法律与行政》（上卷），杨伟东等译，商务印书馆 2004 年版，第 202 页。

〔7〕　参见 [美] 肯尼斯·卡尔普·戴维斯：《裁量正义》，毕洪海译，商务印书馆 2009 年版，第 60 页。

第三节　我国行政裁量基准的产生

一、广义裁量观的继受

在我国行政法学肇兴之初，关于行政裁量的界定即采撷域外文献，移植择取的是"广义裁量观"。我国第一本行政法学教科书[1]——1927 年白鹏飞编写的《行政法总论》中指出："行政作用虽当受法规之拘束，然法规不能对于所有一切之行政作用一一为之规定，通常恒于适当之范围内许行政机关自行判断而施行适当之处置，是即行政权之自由裁量（Ponvoir discrétionnaire Freies Ermessen）也。"[2]并且在内容上作"法律问题之自由裁量"与"便宜问题之自由裁量"两种区别，前者是涉及人民权利义务事项的裁量，以违法与否为判断标准；后者仅是关于公益问题的裁量，以是否适当为评价依据。[3]1930 年雷宾南在翻译《英宪精义》时，将"discretion"译作"裁决权能"——"裁决权能在法律上为一专有名词。……当应用于行政时，此名用以指官吏判断某项行为之是非，纯以己意行之，而不复受裁成于法律"。[4]中华人民共和国成立后第一本行政法学统编教材——1983 年王珉灿、张尚鷟编写的《行政法概要》以"受法律约束的程度"为标准，将行政措施分为"羁束的行政措施"和"自由裁量的行政措施"。"凡法律已有详细或具体的规定，行政机关在处理具体事件时，仅能依法执行，不能参加自己意见的，是羁束的行政措施。"而"凡法律没有详细规定，行政机关在处理具体事件时，可以依照自己的判断采取适当的方法的，是自由裁量的行政措施"。区别两者的益处在于"前者只生违法与否的问题，不生适当与否的问题，违法与否可能受到法院的审查，而适当与否，只能由行政部门决定"。[5]这一表述可以视作为对行政自由裁量权的间接定义，其对行政自由裁量权作宽泛界定对之后我国行政裁量学理的发展影响深远，"自由裁量权"

---

〔1〕　参见陈新民：《公法学札记》，中国政法大学出版社 2001 年版，第 219 页。

〔2〕　参见白鹏飞编著：《行政法总论》，商务印书馆 1927 年版，第 7 页。

〔3〕　参见白鹏飞编著：《行政法总论》，商务印书馆 1927 年版，第 8~9 页。

〔4〕　参见 ［英］戴雪：《英宪精义》，雷宾南译，中国法制出版社 2001 年版，第 232 页。

〔5〕　参见王珉灿、张尚鷟编：《行政法概要》，法律出版社 1983 年版，第 113 页。

"行政自由裁量权"术语开始在国内被广泛使用,"自由裁量行为排除司法审查"的观点也得以确立。

自此以后,作为主流观点,行政自由裁量由事实要件裁量与法律后果裁量共同构成,得以传续。其具有代表性的描述,如"行政自由裁量权是法律、法规赋予行政机关在行政管理中依据立法目的和公正合理的原则,自行判断行为的条件,自行选择行为的方式和自由作出行政决定的权力"。[1] 如"行政裁量是指行政机关依据立法授权,以实现个案实质正义为目标,以政府的行政任务为背景,在一定范围内自主确定贴近事实的条件、程序、方式与结果的行政权力。它既包含要件裁量,也囊括效果裁量"。[2] 又如"行政裁量是指行政主体在适用法律裁断个案时由于法律规范与案件事实之间的永恒张力而享有的由类推法律要件、补充法律要件进而确定法律效果的自由"。[3] 这一观点以司法的角度在司法裁判中也得到了完整映射。如"陆煜章不服上海市工商行政管理局企业名称驳回通知案"二审判决认为"根据《企业名称登记管理规定》第九条第一、二项规定,企业名称不得含有有损于国家、社会公共利益、可能对公众造成欺骗或者误解的内容和文字。这是一条明确的禁止性规定,但又是一条原则性规定。在这种情况下,被上诉人作为主管行政机关当然地具有自由裁量权"。[4] 如"蔡水德诉国家知识产权局专利复审委员会专利无效行政纠纷案"一审判决在"关于被告作出第6695号决定是否违反法定程序"问题上认为"根据《审查指南》的规定,对于重大、疑难案件,被告应当组成五人合议组进行审理,并履行相应的审批程序。由此可见,是否组成五人合议组进行审理属于被告依职权裁量的范围,其可以根据案件的情况作出判断并履行相应的内部审批程序"。[5] 以上法院的见解或许是可争议的,而且也未必具有普通适用的意义,但是至少表明了司法上将对不确定法律概念的解释与判断归入行政裁量的立场。"大裁量"意涵产生及存在的现实基础在于我国以行政为主导的法治发展进程决定

---

〔1〕 姜明安:"论行政自由裁量权及其法律控制",载《法学研究》1993年第1期,第44页。

〔2〕 参见郑春燕:"取决于行政任务的不确定法律概念定性——再问行政裁量概念的界定",载《浙江大学学报(人文社会科学版)》2007年第3期,第173页。

〔3〕 王贵松:"行政裁量的内在构造",载《法学家》2009年第2期,第40页。

〔4〕 参见上海市第一中级人民法院(2003)沪一中行终字第194号行政判决书。

〔5〕 参见北京市第一中级人民法院(2005)一中行初字第362号行政判决书。

了行政机关为了能够更为灵活、便捷、高效地管理社会公共事务，不但在法律效果上享有选择权，而且还当然地在法定要件方面获得决定权。

二、裁量理论基础的分歧

随着对行政裁量理论研究的深入，针对主流观点的反省、批判也逐渐展开，其主要集中在对行政裁量外延与内涵的分歧与厘清上。在外延上，即倾向于狭义的裁量概念，将不确定法律概念与行政裁量作质的区分，认为行政裁量不包括要件裁量而仅指效果裁量。其具有代表性的见解，如认为对不确定法律概念的解释并不是一种裁量行为，而是一个判断过程，判断与裁量不同，判断是对业已存在的事实作出决定，而裁量是根据自己的见解，将对称的判断和因个人影响所得判断结果产生的认识有意结合，所以绝对的事实存在不能成为裁量的标的。[1] 如认为裁量的核心在于行为方式的选择，而在查明事实与法律适用上只存在着判断，行政裁量就是指在法律许可的情况下，对作为或不作为，以及怎样作为进行选择的权力。[2] 又如认为行政裁量是指在法律授权的情况下，行政机关对同一事实要件的处理方式根据具体情况进行选择的权力，并不包括对该事实要件的评价判断。[3]

在内涵上，认为主流观点将"行政自由裁量"称为并且混同于"行政裁量"，将"自由裁量行政行为"作为与"羁束行政行为"相对应的概念，会引发出相当的误解、弊端及负面效果，因而对其质疑和批判。"遏制'行政自由裁量权'概念的泛化"的主张被提出。[4] 如有学者认为，根据法律规范对裁量行为的拘束程度不同，裁量分为羁束（法规）裁量和自由（便宜）裁量，两者只有量上（自由度）而不存在质上的差异，[5] 自由裁量是"'法尽裁量生'的一种行政法现象"，[6] 是指"行政机关对集体利益（公

---

〔1〕 参见朱新力："行政法律规范中的不确定法律概念及其司法审查"，载《杭州大学学报（哲学社会科学版）》1994 年第 1 期，第 173~174 页。

〔2〕 参见余凌云："对行政自由裁量概念的再思考"，载《法制与社会发展》2002 年第 4 期，第 56~62 页。

〔3〕 周佑勇、邓小兵："行政裁量概念的比较观察"，载《环球法律评论》2006 年第 4 期，第 437 页。

〔4〕 参见杨建顺："行政裁量的运作及其监督"，载《法学研究》2004 年第 1 期，第 3~5 页。

〔5〕 参见王贵松："行政裁量：羁束与自由的迷思"，载《行政法学研究》2008 年第 4 期，第 51 页。

〔6〕 章剑生：《现代行政法总论》（第 2 版），法律出版社 2019 年版，第 102 页。

共利益）、正义、目的性等的自行权衡"，[1]局限于"行政主体对不适合于按照客观的法则性进行法律判断的政治性、政策性事项作出的判断，以及基于高度的专门性、技术性知识所作出的判断"，"主要被限定在新兴的行政领域，并不断被羁束裁量行为代替。换言之，自由裁量行为的作用主要在于弥补法制的暂时不完善或者滞后，或者说在于为法制的发展和完善提供实证性支持"。[2]因此，"自由裁量"是一个存在空间非常狭小的概念，其与"羁束裁量"一并构成"行政裁量"的亚概念、属概念或下位概念，因而也并不是由"自由裁量行政行为"而是由"裁量行政行为"具名与"羁束行政行为"相对应。另外，如认为，从自由本身含义而言，不应该作为行政裁量的修饰语，自由都是指作为公民或者个人的自由，自由的主体只能是公民而不能是国家机关，"即使存在国家机关的自由，这种自由亦如哈耶克'法治下的自由'，其自由裁量本身必定是合法的。但事实是，并非所有的行政裁量行为都合法，也并非所有的行政裁量行为都不接受司法审查，至少滥用行政裁量权就属于典型的违法形态，应接受司法审查。……所以从这个角度讲，即使存在不受司法审查的自由裁量权，这种裁量也不应当成为一个一级概念，涵盖所有的裁量形态，而只能作为二级概念，与接受司法审查的行政裁量并存于行政裁量这个一级概念之下"。[3]

---

〔1〕　参见［德］奥托·迈耶：《德国行政法》，刘飞译，商务印书馆2013年版，第106~107页。

〔2〕　参见杨建顺："行政裁量的运作及其监督"，载《法学研究》2004年第1期，第5~7页。

〔3〕　参见周佑勇：《行政裁量治理研究：一种功能主义的立场》，法律出版社2008年版，第16~20页。需要注意的是，对这一争议应辩证地看待，对立一方所持的观点也并不无道理。如关保英教授认为："行政自由裁量权的本质中有两个关键词，一是'自由'，二是'裁量'。就前者而论，指行政主体可以根据自己对行政过程中的事实判断和法律判决作出决定，这个决定的原动力是其主观认知和存在于内心深处的自由意志，既然是自由的就是不受约束的，这个道理我们毋须再做深层讲解。就后者而论，它应当是一种选择，裁量的本质是对一个较大空间内的东西作出选择，或者进一步讲'选择'是问题的关键所在。……'自由'和'选择'是裁量的两个属性。"参见关保英："行政自由裁量基准质疑"，载《法律科学（西北政法大学学报）》2013年第3期，第49页。又如余凌云教授认为："羁束裁量和自由裁量的划分是大陆法的观念，在普通法中，没有这样的区别。普通法上的所谓'administrative discretion'，实际上包含了大陆法上的羁束裁量和自由裁量，无一例外地都要受到司法审查，所以，在普通法学者的眼里，没有不受司法审查的'administrative discretion'。从这个意思上讲，区分羁束裁量和自由裁量没有多大意义。在我国，'行政自由裁量'的术语既然由来很久，已经被很多人所接受，继续沿用也未尝不可。何况行政自由裁量之中的确有着一定的自由度，如果从这个角度去理解'自由'二字的含义，也说得通。问题的关键是必须让人们了解行政裁量行使的规则，了解其是一种'戴着镣铐跳舞'的有限的自由。"参见余凌云：《行政自由裁量论》（第3版），中国人民公安大学出版社2013年版，第3页。

三、抽离于学理的裁量基准实践

从以上学界所秉持的不同观点可以推导出，行政裁量外延的界域与行政裁量权能的范畴成正比，而行政裁量权能的结构则决定着行政裁量基准的构造，因而理论上行政裁量基准定会呈现出不同的样态，其延伸至实践中也应如此，但我国实务界在裁量基准问题上却丝毫未受这一推理的影响。追溯我国行政裁量基准名称的由来及裁量基准制度的生成，"行政裁量基准"这一名称在我国最开始并不是一个法定用语，其出现有一个过程，[1]裁量基准制度也是一项"从地方个别部门实践到中央政策指导，继而在全国各地推广开来，是典型的自下而上发展起来的"制度。[2]2004年2月，浙江省金华市公安局率先在全国推出了《关于推行行政处罚自由裁量基准制度的意见》，"基准"锁定赌博、卖淫嫖娼、偷窃、无证驾驶、违反互联网营业场所管理规定等五类案件细化裁量标准，削减处罚裁量权，[3]以此为开端，自此以后，裁量基准制度就在全国各地如火如荼般地迅速推开，短期内国内各级行政机关为建立起裁量基准制度相继制定出台了总量庞大的裁量基准，通过设立裁量基准落实对裁量权行使的规制成为实务界规范行政执法行为的一项制度创

---

〔1〕 2006年9月，中共中央办公厅、国务院办公厅《关于预防和化解行政争议健全行政争议解决机制的意见》（中办发〔2006〕27号）提出"对执法机关的行政裁量权进行细化、量化和规范，坚决防止和纠正滥用行政裁量权的执法行为"。2008年4月，《湖南省行政程序规定》（湖南省人民政府令第222号）设立"裁量权基准"专节，成为国内最早使用"裁量权基准"名称并对裁量权基准进行定义的地方政府规章。2008年5月，《国务院关于加强市县政府依法行政的决定》（国发〔2008〕17号）提出"要抓紧组织行政执法机关对法律、法规、规章规定的有裁量幅度的行政处罚、行政许可条款进行梳理，根据当地经济社会发展实际，对行政裁量权予以细化，能够量化的予以量化，并将细化、量化的行政裁量标准予以公布、执行"。"行政裁量标准"一词首次被使用。2010年10月，《国务院关于加强法治政府建设的意见》（国发〔2010〕33号）明确要求"建立行政裁量权基准制度，科学合理细化、量化行政裁量权，完善适用规则，严格规范裁量权行使，避免执法的随意性"。"行政裁量基准"的称谓首次确立。2014年10月，党的十八届四中全会审议通过的《中共中央关于全面推进依法治国若干重大问题的决定》提出"建立健全行政裁量权基准制度，细化、量化行政裁量标准，规范裁量范围、种类、幅度"。首次将建立健全行政裁量基准制度上升到国家战略层面高度。2015年4月，作为国内唯一一部规范行政处罚裁量基准的地方政府规章，《浙江省行政处罚裁量基准办法》（浙江省人民政府令第335号）出台。

〔2〕 章志远主编：《行政法学基本范畴研究——基于经典案例的视角》，北京大学出版社2018年版，第298页。

〔3〕 参见《金华市公安局关于印发〈关于推行行政处罚自由裁量基准制度的意见〉的通知》（金市公通字〔2004〕23号）。

新，也成为打造"有限政府"与"法治政府"具有阶段性特征的显著标志。经由对裁量基准文本的不完全观察，几乎所有的文本都同时在法律要件与法律效果部分设置了裁量基准，"行政机关制定裁量基准的主要任务就是这两个部分：情节的细化和效果的格化"。[1] 如《国家税务总局关于规范税务行政裁量权工作的指导意见》（国税发〔2012〕65 号）就规定："制定裁量基准包括解释法律规范中的不确定法律概念、列举考量因素以及分档、细化量罚幅度等。"实务的做法究其原因，虽不排除执法实践的现实需求以及对裁量基准肇始文本的效仿等，但显然仅与"统一裁量观"的理论相契合，这反过来又影响到裁量基准的理论，使得裁量基准在学理上几近以"要件—效果"＋"标准"为框架展开，如将裁量基准定义为"行政执法者在行政法律规范没有提供要件—效果规定，或者虽然提供了要件—效果规定但据此不足以获得处理具体行政案件所需之完整的判断标准时，按照立法者意图、在行政法律规范所预定的范围内、以要件—效果规定的形式设定的判断标准"。[2] 又如将裁量基准界定为"行政机关根据授权法的旨意，对法定授权范围内的裁量权予以情节的细化和效果的格化而事先以规则的形式设定的一种具体化的判断选择标准，其目的在于对裁量权的正当行使形成一种法定的自我约束"。[3] "任何一个裁量基准的设定，都不是单纯对法律效果的格次化，也包含着对引起该效果的事实情节的细化，两者共同构成了裁量基准对裁量规范中的'事实—效果'规定的一种完整补充。"[4] 本书将裁量基准界定为关于行政裁量权行使的一系列具体的、可操作的约束性规则，是行政机关在法律授权的范围内，依据立法意图与行政目标，结合执法经验，针对行政裁量可能涉及的事实情节，将行政裁量范围予以细化，并设立相对固定且具体的选择标准，简言之，裁量基准就是行政机关依职权对法定裁量权具体化的自控规则，是"垂法而治"与"行政自制"的融合体。

可以说，我国行政裁量的理论并未对裁量基准的生成及样态产生过影响或产生过实质影响，甚至可以说即使在裁量基准出现之后，两者之间的关联度也不大，相反，倒是裁量基准的订定实践定格了裁量基准的理论。

---

〔1〕　周佑勇：《行政裁量基准研究》，中国人民大学出版社 2015 年版，第 90 页。

〔2〕　王天华："裁量标准基本理论问题刍议"，载《浙江学刊》2006 年第 6 期，第 125 页。

〔3〕　周佑勇：《行政裁量基准研究》，中国人民大学出版社 2015 年版，第 37 页。

〔4〕　周佑勇：《行政裁量基准研究》，中国人民大学出版社 2015 年版，第 88 页。

第四节　行政裁量基准生成模式对裁量基准适用技术的影响

一、关于裁量基准生成模式的初步结论

大陆法系国家裁量基准的理论是行政裁量学理的延伸与拓展，裁量基准的样态与行政裁量学理的传统及发展历程直接相对应，裁量基准的整体面貌与功能范围由行政裁量的内在构造所决定。质言之，裁量基准的生成是行政裁量学理演绎的结果。

而英美法系国家，裁量基准的称谓本身就不存在，扮演裁量基准角色的非正式规则、非立法性规则等（本章以下均以"非正式规则"代称这一类裁量基准，以区别于大陆法系国家的"裁量基准"）与行政裁量原本就是两条没有交集的平行线，只是学界在论及大陆法系国家的裁量基准时，需要在英美法系国家找到一个与之更接近、更相似的概念作为对应，而这样的概念又恰好存在着。非正式规则的理论渊源在于行政规则，作为行政规则的类别之一，其样态固化于行政规则不同种类所体现出的不同特性之中，与行政裁量的理论无牵连，自然也不会受到行政裁量结构构成的影响。所以，非正式规则的产生是行政规则体系日益发展完善的产物。

我国裁量基准的产生，究其生成轨迹，先是体现出"偶发性"，再是伴随着"运动式"，并且还是一种"本土化"或"原生性"的生成[1]，其产生虽然既不同于大陆法系国家是理论发展的结果，也不同于英美法系国家是蕴含在行政法治之中的制度安排，但是从学理基础与外在形态上甄别，可以大致划入大陆法系国家裁量基准的生成之列进行讨论。

---

〔1〕"尽管我们也采纳了'裁量基准'的概念，但是，从金华的实践材料和文本中，并没有发现任何的只言片语，提及或暗示其和德国、日本的'裁量基准'、美国人的'专家知识'之间有什么思想渊源或者制度承继关系。由于资料的匮乏，我们对德国和日本的'裁量基准'也知之甚少。我们很难想像金华的实践者们能够从德国、日本或者美国的实践中借鉴到一些什么。所以，笔者怀疑，金华的'裁量基准'或许只是概念移植，具体做法却完全是一个本土化的、自然生成的事物，反映了中国实践部门的智慧，但在效用上又与西方殊途同归。"余凌云："游走在规范与僵化之间——对金华行政裁量基准实践的思考"，载《清华法学》2008 年第 3 期，第 57 页。

二、裁量基准适用技术"确定标准"与"体系构成"的逻辑

从上述两大法系国家"裁量基准"与"非正式规则"生成的不同场域来看，"裁量基准"与"非正式规则"虽然本身都同属于行政规则，但是"裁量基准"就像控制裁量权延伸的一个力臂一样，更多的是从作为裁量权控制的直接手段的角度展现其功能，其自身作为行政规则的特性相对弱化，是先言"裁量控制"后言"行政规则"，偏重作为"裁量控制"的角色，同时，"裁量基准"的适用本身又是一种行使裁量权的行为，因此在适用上必然会如同其他行政行为一样，聚焦于遵循有关控制行政权行使方面的技术手段与规则；而"非正式规则"更多的是在作为行政规则所固有的规则主义立场上发挥着与裁量权控制相关的作用，是先言"行政规则"再言"裁量控制"，侧重作为"行政规则"的功能，因而在适用上例必会有如其他行政规则一般，着眼于遵从有关规范行政规则运用方面的技术方法与原理。

有鉴于此，本书认为，无论是"裁量基准"还是"非正式规则"，毫无疑问，其在适用的目的上都是以控制与规范裁量权行使为共同主题，既如此，统合概念意义上的裁量基准在适用技术的"确定标准"上，就应当把两大法系国家裁量基准在适用上的不同价值选择与理念倾向糅合为一体，既应当涵盖大陆法系国家裁量基准适用偏重有关"控制行政权行使方面的技术手段与规则"，又需要囊括英美法系国家裁量基准适用侧重有关"规范行政规则运用方面的技术方法与原理"。如此，对于裁量权运行的把控才会更加审慎而周全。然而，我国在理论与实务上往往只是把目光投向于前者，对前者更为热情与执着，而基本或完全忽略后者源于行政规则功能定位的适用技术面向，这也正是前述作比较法意义上的对比研究，着墨于英美法系国家非正式规则类裁量基准的初衷。

同时，裁量基准适用技术的上述"确定标准"也顺理成章地为裁量基准适用技术的"体系构成"奠定了基础。如果说裁量基准适用技术的"确定标准"是指以一定的标准从类型上抽象出、确定出哪一类或哪几类法规范适用的技术可以成为裁量基准适用的技术，那么，裁量基准适用技术的"体系构成"则与裁量基准适用技术的类型划分相对应，先从不同类型的法规范适用技术中筛选出与各自角色定位、功能定位相恰合的裁量基准适用的具体技术手段与方法，然后再基于其在角色定位与功能定位上所承载的使命不同，

区分出地位与功用不同的技术体系。以"控制行政权行使方面的技术手段与规则"和"规范行政规则运用方面的技术方法与原理"为划分标准，可以分别确立与之对应的技术体系以及各自所汇集的具体技术手段与方法，并且基于两大类技术手段与方法在角色定位与功能定位上所承载的使命不同，前者所构成的技术体系显然应成为裁量基准适用技术的"主体体系"，而后者所构成的技术体系则成为裁量基准适用技术的"补充体系"。基于裁量基准作为裁量权控制的直接手段的角色定位，裁量基准适用技术的"主体体系"包含裁量基准适用说明理由、利益衡量、证据补强的技术手段及其运用规则，偏重解决"裁量基准适用有效性实现的技术支撑"问题；出于裁量基准作为行政规则所固有的规则主义立场上的功能定位，裁量基准适用技术的"补充体系"包括裁量基准逸脱适用、收缩适用、选择适用的技术方法及其运用原理，侧重解决"裁量基准适用正当性实现的技术保障"问题。两大类技术体系所函括的裁量基准适用技术及其相应理论共同为裁量基准的正当、有效运作提供了方法论上的实质性解决方案。

此即裁量基准适用技术的逻辑。

第二章

行政裁量基准适用正当性实现的技术保障

"合法性"包含"行为或状态的存在符合某种抽象的价值准则（如公平、正义、理性等）或道德原则"意义上的"合法性"，也包含"符合法律规定"层面上的"合法性"，前者被称为"正当性"，后者被称为"合法律性"或直接被称作为"合法性"。[1]正当性是从道义层面解析权力施之于公众的理由与依据，其意旨在于为法律、法治及统治秩序寻求道德论证，正当性构成了合法性的根基，因此，行政裁量基准本身及裁量基准适用首先需要面对的就是正当性问题。裁量基准及适用是否具有正当性，是主要作为行政规则在规则主义立场上发挥功用的裁量基准在生成之后应当予以自我追问的话题。尽管裁量基准的生成与适用已然成为既定的事实并且业已发挥积极的行政效用，然而这一现实并不能为其自身以及其适用的正当性背书，裁量基准及适用的正当性需要进一步加以证成，因为裁量基准的存在及适用虽然具有事实上的合理性，但是却未必就具有法治框架内的正当性。对裁量基准本质属性与表现形态的厘清与认知尽管无法为裁量基准及适用是否具有正当性这一问题提供答案，然而却是对正当性判别的必要基础。如若裁量基准及适用的正当性无法得到确证，那么裁量基准适用技术就成为一个伪命题；如若裁量基准及适用的正当性得以确立，那么需进一步诉诸一定的裁量基准适用上的技术方法以保障这一正当性的实现。因此，裁量基准的性质如何界定、裁量基准及裁量基准适用是否具有正当性、如何保障裁量基准及裁量基准适用正当性的实现，构成本章的三个论题。

---

[1] 参见刘杨："正当性与合法性概念辨析"，载《法制与社会发展》2008年第3期，第18~20页。

第一节　作为行政裁量基准适用正当性判别基础的裁量基准性质的确定

一、行政性规则与成文裁量基准的结合

（一）指向性明确的行政规则

在德国，一大类裁量基准是"法定标准的具体化"，在行政规则的种类中称为"裁量控制的行政规则"，具体而言，裁量基准就是"行政机关在法律裁量范围内的再作进一步裁量的行使，亦即，裁量基准为一般抽象之规定，是对原来法规内裁量再作进一步限缩或作类型化之分类"〔1〕；另一类裁量基准是"创设必要的决定标准"，在行政规则的种类中称为"替代法律的行政规则"。两类裁量基准共同区别于解释法律或对不确定法律概念和"公开的"法定事实要件进行解释的"解释准则"〔2〕。

在法国，基于"层级指挥权"，行政长官对工作的指挥、对机关内部的组织和管理以及对下级公务员和机关所发布的命令和指示，称作内部行政措施。〔3〕"裁量指示"则是最重要的内部行政措施之一，作为一种"指明方向的文件"〔4〕，其存在的意义是为行政机关规定一个行使裁量权的行为准则、行动指南，以避免决定的前后不一致、专横及机械。

在日本，裁量基准在性质上也归属于行政规则。日本将行政立法（或称"行政准则"〔5〕）以对外是否具有法的效果和拘束力为标准划分为"法规命令"与"行政规则"（或被称作"行政基准"〔6〕）两大类型，行政规则本身又包含了许多种类，从行政行为的形式角度进行划分，行政规则可分为"行政

---

〔1〕　蔡震荣："论事实认定与裁量基准之适用"，载蔡震荣：《行政制裁之理论与实用》（第2版），蔡震荣出版（元照出版有限公司总经销）2017年版，第257页。

〔2〕　参见［德］哈特穆特·毛雷尔：《行政法学总论》，高家伟译，法律出版社2000年版，第594页。

〔3〕　王名扬：《法国行政法》，中国政法大学出版社1988年版，第178页。

〔4〕　［法］让·里韦罗、让·瓦利纳：《法国行政法》，鲁仁译，商务印书馆2008年版，第499页。

〔5〕　参见［日］市桥克哉、榊原秀训、本多泷夫、平田和一：《日本现行行政法》，田林、钱蓓蓓、李龙贤译，法律出版社2017年版，第81~82页。

〔6〕　参见［日］平冈久：《行政立法与行政基准》，宇芳译，中国政法大学出版社2014年版，第200~206页。

处分基准""行政指导基准""行政计划基准""行政合同基准"等,[1]前述作为裁量基准的《日本行政程序法》(2014 年修订)第 5、12 条规定的"审查基准"和"处分基准"均为"行政处分基准"的一种。

英国的非正式规则是行政性准立法[2]的产物,是一种兼具立法、行政和指示性质的混合性规则。"非正式规则"的名目极多,包括实施细则(codes of practice)、操作手册(a code of practice)、指南(guidance)、指南要点(guidance note)、纲要计划(outline scheme)、指导纲要(guidelines)、指导意见(statement of advice)、通告(circular)、部长通告(ministerial announcements)、部门通知(departmental circulars)、白皮书(White Paper)等等,[3]"难以进行分类或者分级","是一种描绘行政程序的信息和进程的奇特的混合物","在形式上是零散的,而且从字面上看,它通常也不过只是对如何行使裁量权予以广泛的指导而已"。[4]

美国的非立法性规则通常以函件、咨询回复、政策指南、执行指南、设计标准、办事手册等形式体现,[5]是位于行政活动谱系最末端、最少受规则限制而又对个人权益有着重大影响的"软法"[6]。非立法性规则包括解释性规则(interpretive rules)和政策声明(policy statements),[7]解释性规则旨在阐明或解释法律、行政规则、司法或行政裁决中某一词语的含义,[8]

〔1〕　参见 [日] 平冈久:《行政立法与行政基准》,宇芳译,中国政法大学出版社 2014 年版,第 211~212 页。

〔2〕　参见 [英] 卡罗尔·哈洛、理查德·罗林斯:《法律与行政》(上卷),杨伟东等译,商务印书馆 2004 年版,第 303~304 页。

〔3〕　参见余凌云:"现代行政法上的指南、手册和裁量基准",载《中国法学》2012 年第 4 期,第 125 页;余凌云:《行政法讲义》(第 3 版),清华大学出版社 2019 年版,第 168 页。

〔4〕　参见 [英] 威廉·韦德、克里斯托弗·福赛:《行政法》(第 10 版),骆梅英等译,中国人民大学出版社 2018 年版,第 659~664 页。

〔5〕　高秦伟:"美国行政法上的非立法性规则及其启示",载《法商研究》2011 年第 2 期,第 117 页。

〔6〕　Lorne Sossin & Charles W. Smith, "Hard Choices and Soft Law: Ethical Codes, Policy Guidelines and the Role of the Courts in Regulating Government", *Alberta Law Review*, vol. 40, no. 4, 2003, pp. 867~893.

〔7〕　Michael Asimow, "Nonlegislative Rulemaking and Regulatory Reform", *Duke Law Journal*, vol. 34, iss. 2, 1985, p. 381.

〔8〕　Michael Asimow, "Nonlegislative Rulemaking and Regulatory Reform", *Duke Law Journal*, vol. 34, iss. 2, 1985, p. 383.

政策声明用于尝试性地指导行政决定的作出者如何行使裁量权。[1]

(二) 被混淆放大的行政规则

在我国，学界与实务界通常认为，裁量基准要么是以规章的形式存在，要么是以规章以下的其他行政规范性文件的形式存在。其划定的标准就在于裁量基准的文本在立法或准立法的层级上是以规章为载体还是以行政规范性文件为载体而存在，其实，经考察，现实运行有效的真正意义上的裁量基准仅是以行政规范性文件的形式体现的，之所以认为裁量基准既可以是规章也可以是行政规范性文件，其根源在于混同或扩大了裁量基准的概念外延，这大致体现为三种情形：

第一，比如把《银川市人民政府办公厅关于进一步规范行政处罚裁量基准的通知》（银政办发〔2017〕172 号）等内容中包括指导思想、工作目标和范围、工作原则、主要任务、工作步骤、组织领导等要素的裁量基准"实施意见""实施方案"[2]等，等同于裁量基准。

第二，比如把《浙江省行政处罚裁量基准办法》（浙江省人民政府令第335 号，2015 年 4 月 30 日发布）等内容以裁量基准的定义、适用原则、适用范围、适用要求等为主的裁量基准"指导意见""适用规定"等（本书概称为"裁量基准适用规则"），作为裁量基准本身。

第三，比如把《排污许可证申请与核发技术规范 水处理（试行）》（HJ 978-2018）等涵盖《标准化法》所规定的"国家标准""行业标准""地方标准"在内的，作为"为行政法治实践提供相应参考的数据、规格、技术要求、质量标准以及其它可以进行量化的规范"的行政法中的"技术标准"[3]"技术规范"等，混淆成裁量基准。

这三类情形所涵盖的文本中，就既有被当作是裁量基准的规章，也有被视作是裁量基准的行政规范性文件。实际上，有关推动裁量基准制度落实的实施方案、规范裁量基准运行的指导意见等显而易见不是裁量基准，问题的关键在于要区分"裁量基准适用规则"与"裁量基准"，裁量基准适用规则

---

〔1〕 Michael Asimow, "Nonlegislative Rulemaking and Regulatory Reform", *Duke Law Journal*, vol. 34, iss. 2, 1985, pp. 386~387.

〔2〕 参见朱新力、罗利丹："裁量基准本土化的认识与策略——以行政处罚裁量基准为例"，载《法学论坛》2015 年第 6 期，第 15 页。

〔3〕 关保英："论行政法中技术标准的运用"，载《中国法学》2017 年第 5 期，第 216 页。

应当是一种介于授权法规范与裁量基准之间的规范裁量基准适用的统领性、总则性规定,与裁量基准相比具有原则性、概括性、指引性的特点,而裁量基准则涉及法规范的具体条款内容本身,其表现形态既有经典的情节细化与效果格化的"划分阶次模式",也有"打分模式"[1]"百分比模式"[2]"公式模式"[3],还有"信息化模块集成模式"[4]等。

经以上梳理,总体上,裁量基准是行政准立法或次级立法的产物,在性质上都归属于行政规则,这一类以内部行政措施、行政非立法性规则、行政规范性文件等形式展现出来的裁量基准,亦称作"成文裁量基准"。

二、惯习式准则与不成文裁量基准的联结

(一)裁量基准存在形式的争点

理论上另有观点认为,不仅存在以行政规范性文件形式制定的裁量基准,还存在以说明理由形式设定的裁量基准,即"尽管在目前的行政执法实践中,裁量标准大多是以规范性文件的形式出现的,但需要注意的是,裁量标准的存在形式并不局限于规范性文件。行政机关行使裁量权作出具体行政行为时,不管是否有以规范性文件形式存在的裁量标准,都是要对行政法律规范补充判断标准的,否则其判断无法完结,也就无从作出具体行政行为。换句话说,行政机关在没有以规范性文件形式存在的裁量标准的情况下行使裁量权作出具体行政行为时,裁量标准也是存在的,其形式为具体行政行为的理由"。[5]并且这一观点认为,两种裁量基准因在形式上具有可相互转化

---

[1] 参见《上海市食品药品监督管理局关于印发〈食品行政处罚裁量指南(一)—(十一)〉的通知》(沪食药监规〔2018〕3号)。

[2] 参见《上海市环境保护局关于印发〈上海市环境保护行政处罚裁量基准规定〉的通知》(沪环规〔2017〕3号)。

[3] 参见《关于印发〈杭州市旅游委员会旅游行政处罚裁量规则〉的通知》(杭旅政法〔2018〕112号)。

[4] 参见"南京'环保行政处罚自由裁量辅助决策系统'正式运行",载《领导决策信息》2010年第19期,第20~21页。

[5] 参见王天华:"裁量标准基本理论问题刍议",载《浙江学刊》2006年第6期,第126页;王天华:"裁量基准与个别情况考虑义务——周文明诉文山交警不按'红头文件'处罚案评析",载《交大法学》2011年第1期,第233页;王贵松:《行政裁量的构造与审查》,中国人民大学出版社2016年版,第99~100页;王天华:"司法实践中的行政裁量基准",载《中外法学》2018年第4期,第962~964页。

性而具有同质性。[1]

本书认为，所谓的在每一个个案中以具体行政行为理由形式存在的裁量判断选择标准，在实质上是行政机关进行个案裁量所依据理由的补充理由，当各种不同类型的补充理由以类型化组合的方式被抽象升华为判断选择的规范并被固化为文本时，就转化为行政规则性裁量基准。相反，如果行政机关针对个案依据行政规则性裁量基准作出具体行政行为，那么其判断选择权就转化为具体行政行为的理由。可见，具体行政行为的理由只是行政规则性裁量基准具体化的表现或结果，虽然两者在形式上具有可相互转化性，但是不能把具体行政行为的理由即经由具体个案裁量时的依据或理由冠名为裁量基准或当作裁量基准，裁量基准作为一种准则，应当具有抽象性、一般性、可反复适用性，应当是超然于具体裁量行为之外存在的，而具体行政行为的理由却体现出具体性、特殊性、一次适用性，并且其就是个案裁量本身，因而两者也不具有同质性。

（二）不成文裁量基准的界定

在此辩驳具体行政行为的理由不是裁量基准、两者也不具有同质性，意在引出"不成文裁量基准"，并进一步证立另一类裁量基准的立论。就理论推演而言，与"成文裁量基准"相对应的必定是"不成文裁量基准"。试想，行政机关行使裁量权作出行政行为时，如果没有行政规则性的成文裁量基准作为适用或参照，那么是否就不需要对法律要件作出判断补充、不需要对法律效果作出选择决定了呢？答案显然是否定的。因此，在成文裁量基准之外必然存在着非显性的裁量基准，这一类裁量基准就称为"不成文裁量基准"，与德沃金所说的"强裁量"[2]以及与科赫所称的"精神裁量"或"超常规裁量"（numinous discretion）[3]应同属于一类。本书认为，不成文裁量基准应是根据公共政策、行政惯例、行政先例、行政判例、包含行政道

---

〔1〕 参见王天华："裁量标准基本理论问题刍议"，载《浙江学刊》2006 年第 6 期，第 126～127 页。

〔2〕 参见 [美] 罗纳德·德沃金：《认真对待权利》，信春鹰、吴玉章译，上海三联书店 2008 年版，第 53～64 页。

〔3〕 Charles H. Koch, Jr., "Judicial Review of Administrative Discretion", *George Washington Law Review*, vol. 54, iss. 4, 1986, pp. 502～511.

德准则[1]和行政正义标准等在内的行政伦理，结合类案[2]的情形和影响此类案件法律效果选择的其他相关因素，基于合理行政原则、比例原则、平等对待原则、禁止恣意原则、行政自我拘束原则、信赖保护原则等行政法基本原则的要求，针对此类案件的类型化[3]理由而形成的一种内心准则。此指称的"准则"既非单一的内在约束，也非单纯的外来压力，而是一种判断、衡量的"倾向"，与布迪厄（Pierre Bourdieu）"场域理论"中的概念——"惯习"[4]以及德沃金"因袭主义"[5]的法律见解相似。不成文裁量基准虽因其"不成文性"致其存在形式难以固化，但可以确定的是，个案行政决定的具体理由同样也是不成文裁量基准具体化的成果，因而具体行政行为的理由不具有与成文裁量基准相并立的资格，不成文裁量基准与成文裁量基准应是一对范畴。由此，"不成文裁量基准"成为裁量基准的另一种类，其具有内心准则的属性。

综上，裁量基准既以显性的行政规则形态呈现于外，又以隐性的内心准则状态蕴含于内，两者共同作用于事实与效果之中。而通过对裁量基准本质属性与表现形态的厘清与认知，可以清晰地理解裁量基准的实质，这虽然不是对裁量基准及裁量基准适用是否具有正当性的直接回应，但是却间接构成对正当性进行判别的必要基础。总之，裁量基准性质的确定是裁量基准及裁量基准适用正当性确证的"先决问题"。

---

〔1〕　黄源浩："法国战前行政裁量理论：以行政任务与司法审查之范围为中心"，载《台大法学论丛》2007 年第 4 期，第 212~245 页；崔卓兰、刘福元："析行政自由裁量权的过度规则化"，载《行政法学研究》2008 年第 2 期，第 19~20 页。

〔2〕　参照《最高人民法院关于统一法律适用加强类案检索的指导意见（试行）》（2020 年 7 月发布）中关于"类案"的规定，可将行政执法上的"类案"理解为：与待作出行政执法决定的案件在基本事实、争议焦点、法律适用问题等方面具有相似性的已办结的行政执法案件。

〔3〕　参见吴从周："论法学上之'类型'思维"，载杨日然教授纪念论文集编辑委员会：《法理学论丛——纪念杨日然教授学术论文集》，月旦出版社股份有限公司 1997 年版，第 333 页；［德］亚图·考夫曼：《类推与"事物本质"——兼论类型理论》，吴从周译，新学林出版股份有限公司 1999 年版，第 2~21 页；［德］卡尔·拉伦茨：《法学方法论》，陈爱娥译，商务印书馆 2003 年版，第 95~103 页；黄茂荣：《法学方法与现代民法》（第 5 版），法律出版社 2007 年版，第 284~288 页。

〔4〕　参见李全生："布迪厄场域理论简析"，载《烟台大学学报（哲学社会科学版）》2002 年第 2 期，第 148~149 页。

〔5〕　参见［美］德沃金：《法律帝国》，李常青译，中国大百科全书出版社 1996 年版，第 87~88、105~135 页。

第二节　限制性授权理论之下行政裁量基准适用正当性的确证

尽管具有行政规则与内心准则属性的裁量基准的生成及其在行政执法实践中的适用已然成为既定的事实并且业已发挥出积极的行政效用，然而这一现实并不能为其自身以及其适用的正当性做背书，裁量基准及裁量基准适用的正当性需要进一步加以证成，因为裁量基准的存在及适用虽然具有事实上的合理性，但是却未必就具有法治框架内的正当性，而对其所产生的质疑也正是来源于此。

在域外，裁量基准被视为是立法性裁量权运用的结果，其在宪治框架内生存及适用的正当性源于对"限制性授权理论"的突破，立法权专属于立法机关，非经立法机关授权，行政机关不得行使立法权，此举旨在限制行政权通过立法手段谋取权力的扩张并使权力获得正当性，进而防止行政权以此披着"合法"的外衣侵害私权。限制性授权理论在大陆法系国家体现为"法律保留原则"，在英美法系国家则直接表现为"禁止授予立法权原理"。[1]

一、法律保留原则的突破对裁量基准适用正当性的承认

根据大陆法系国家"法律保留原则"，行政机关只有在取得法律授权的情况下才能实施相应的行为，[2] 否则即构成违宪，因而，裁量基准及适用只有冲破"法律保留原则"的禁锢才能获得正当性的承认。

在德国，"鉴于希特勒时期赋予政府有独立立法的权力，而导致立法重心位移到行政权，进而造成人类浩劫，战后为免重蹈覆辙，而于基本法第80条第1项明定，联邦政府、联邦部长或邦政府经法律授权始得发布法规命令"，[3] 对职权命令的存在持否定态度，后因法律保留原则的"功能结构取

---

〔1〕 参见周佑勇："裁量基准的正当性问题研究"，载《中国法学》2007年第6期，第24页。

〔2〕 参见［德］哈特穆特·毛雷尔：《行政法学总论》，高家伟译，法律出版社2000年版，第104页。

〔3〕 许宗力："职权命令是否还有明天？——论职权命令的合宪性及其适用范围"，载《行政法争议问题研究》（上），五南图书出版有限公司2000年版，第343页。

向解释方法"被联邦宪法法院认可〔1〕以及"行政保留"学说的倡导〔2〕，职权命令也从被否定转而被赋予了合宪性，裁量基准作为行政职权命令的产物因而具有了适用上的正当性。

　　法国"鉴于第三、第四共和时期高涨之立法权瘫痪行政权，而于第五共和宪法第 34 条限缩并列举国会立法权行使的范围，第 37 条第 1 项并进一步指出，立法权范围外一切事项，均由行政权以命令规范之"，〔3〕明确承认了独立的法规命令权。法国最高行政法院通过在 1970 年 12 月 11 日 "Crédit foncier de France"〔4〕案中承认"指示"（directives）的合法性，不仅从法理上论证及肯定了经济行政领域以行政内部措施——"指示"的形式确立行政裁量基准的实践做法，而且还明确了裁量基准的法律属性、效力及司法审查等基本法律问题，并且以此案及后续类似案件的判决为基础，又结合法治行

---

　　〔1〕　以欧森布尔（Fritz Ossenbühl）为代表倡导的"功能结构取向解释方法"认为，权力的区分与不同功能配置不同机关，其主要目的无非在于要求国家决定能够达到"尽可能正确"的境地，从而，为求能达到该"尽可能正确"境地，各国家事务自只能视其性质、内容，分配由在组成结构与决定程序等各方面均具备最佳条件者，也就是说"功能最适"的机关来担当作成。据此推演到最后，在一方面当能够根据立法权的多元民主基础、繁琐、谨慎与公开、透明决定程序等功能因素，导出某特定国家事务仅能由立法者以法律定之，才能达到"尽可能正确"之境地的结论，从而证成法律保留；在另方面也能够根据行政权专业、灵活、弹性、快速、效率等功能因素，导出特定事项无须法律授权，由行政权自行以命令规范，反更能达到"尽可能正确"之境地的结论，从而证成职权命令合宪存在。德国联邦宪法法院在 1984 年"飞弹部署案"判决（Raketenstationierungs-Urteil）中采纳了这一观点以重新阐释法律保留原则的宪法理论依据。参见许宗力："职权命令是否还有明天？——论职权命令的合宪性及其适用范围"，载《行政法争议问题研究》（上），五南图书出版有限公司 2000 年版，第 347~348 页；许宗力："论法律保留原则"，载许宗力：《法与国家权力》（一），元照出版有限公司 2006 年版，第 138~141 页。

　　〔2〕　"行政保留"（Verwaltungsvorbehalt）系指"行政对特定之事项或行为方式，具有独占之规制权限或规制特权，在此一范围内，立法机关并无规制权限，或则仅具有补充之规制权限。"该学说认为，宪法应授与行政权自行行使之若干权限，因为"行政权自主地位（Eigenständigkeit）之丧失，不仅与权力分立之精神相违背，与国家职能运作之实际情形亦不相符，且真正落实基本权利之保障者，主要依赖行政部门之具体措施，而非立法或司法部门。"另外，基于该学说，有关执行法律所涉及到的"法律之概括条款""裁量授权"或"不确定法律概念"是否属于行政保留的概念范围，也有不同的主张。参见吴庚：《行政法之理论与实用》（增订 8 版），中国人民大学出版社 2005 年版，第 89~93 页；陈敏：《行政法总论》（第 9 版），陈敏发行（新学林出版有限公司经销）2016 年版，第 178 页。

　　〔3〕　许宗力："职权命令是否还有明天？——论职权命令的合宪性及其适用范围"，载《行政法争议问题研究》（上），五南图书出版有限公司 2000 年版，第 344 页。

　　〔4〕　CE Sect., 11 déc. 1970, Crédit foncier de France, Rec. p. 750.

政、阳光政府的需要做出调整，形成了当今法国的行政裁量基准制度，[1] 裁量指示的适用被肯定。

二、禁止授予立法权原理的冲破对裁量基准适用正当性的认可

英美法系国家"禁止授予立法权原理"，源自"不能授出被授予的权力"的格言，就立法权而言，立法部门拥有的权力是人民授予的，既然其是人民所授予立法权的接受者，那么其就必须是这种权力的唯一所有者，因此，根据这一原理，立法机关自身只不过是一个被委任者，其不能把它的任何立法权再授予出去，[2] 鉴于此，这同样要求裁量基准需突破"禁止授予立法权原理"的禁区才能获至正当性的认可。另外，相较于大陆法系国家，英美法系国家裁量基准获取正当性认可的历程相对曲折与复杂，在法治发展的进程中，首先是承认受法律约束的裁量权的存在，在这一点上，大陆法系国家不存在此障碍，进而是寻求控制裁量权的策略，在这一步骤中才涉及主动或是被动地赋予裁量基准正当性的问题。

（一）英国行政法治原则拓展中非正式规则的空间

英国历史上奉行严格法治主义原则，将专断与裁量相等同，戴雪（Albert Venn Dicey）在 1885 年版《英宪精义》中提出"法律主治"的三个指意之一就是"武断权力的不存在"，认为："大凡行政院能以裁决权能（discretion）执法，就中即不免有许多武断性（arbitrariness）而在一民主国中，……行政院若有法律上之裁决威权，人民必至受不健全的法律自由之累。"[3] 法律主治与裁量相两立的另一面则是"法律主义""规则主义"至上，哈耶克（Friedrich A. Von Hayek）在 1944 年版《通往奴役之路》中认为："法治的意思就是指政府在一切行动中都受到事先规定并宣布的规则的约束——这种规则使得一个人有可能十分肯定地预见到当局在某一情况中会怎样使用它的强制权力——和根据对此的了解计划它自己的个人事务。"[4] 在 1960 年版

---

〔1〕 参见张莉发表的论文"法国法上的行政裁量基准问题研究——以 1970 年的'法国地产信贷公司案'为例"，此文收录于《中国法学会行政法学研究会 2009 年年会论文集》（下册），第 785 页。

〔2〕 参见［美］伯纳德·施瓦茨：《行政法》，徐炳译，群众出版社 1986 年版，第 29~32 页。

〔3〕 参见［英］戴雪：《英宪精义》，雷宾南译，中国法制出版社 2001 年版，第 231~245 页。

〔4〕 参见［英］哈耶克：《通往奴役之路》（修订版），王明毅等译，中国社会科学出版社 1997 年版，第 94 页。

《自由秩序原理》中进一步指出，"法治意味着政府除非实施众所周知的规则以外不得对个人实施强制"，[1]"法治要求，行政机构在采取强制性行动时，应当受……规则约束，这些规则不仅规定了它可以使用强制的时间和场合，而且还规定了它可以使用强制性权力的方式方法"。[2]

但是，随着时代变迁，行政活动的广泛性与复杂性决定了需要为行政职能的有效行使保留较大的自主空间，行政裁量权必然存在，因而，上述全面排斥裁量权的观点在英国受到了抨击。詹宁斯（W. Ivor Jennings）反对"法治与自由裁量权相矛盾的观点"，认为戴雪的理论建基是存有缺陷的，在英国，"事实上，公共机构的确拥有广泛的自由裁量权"，而且裁量权并非不会受到限制。[3]韦德（William Wade）和福赛（Christopher Forsyth）也秉持相同观点，其认为："过去，人们通常认为过于广泛的裁量权是与法治不相容的，并将其奉为经典的宪法原则。但在今天却不能对这个信条过于认真，事实上其从来也没有包含过多少真理。法治所要求的不是消除广泛的裁量权，而是法律应当对裁量权的行使进行监督。"[4]质言之，从否定行政裁量权的存在演变为认可受法律约束的裁量权的存在。随之，行政法治原则[5]也在合法性原则的基础上拓展了内涵——"政府必须根据法律上一整套限制自由裁量权的规则和原则办事"[6]成为应有之义。

在这一转变的过程中，行政机关经议会的广泛授权拥有了越来越多的行政立法权，"非正式规则"作为行政立法性裁量权行使的结果具有了正当性及适用上的合法性。

（二）美国行政法治模式重构后非立法性规则的边际

美国自 19 世纪后期以来，行政法的发展一直致力于为行政合法性提供

---

〔1〕 参见［英］哈耶克：《自由秩序原理》（上册），邓正来译，生活·读书·新知三联书店1997 年版，第 260 页。

〔2〕 参见［英］哈耶克：《自由秩序原理》（上册），邓正来译，生活·读书·新知三联书店1997 年版，第 268 页。

〔3〕 参见［英］W. Ivor·詹宁斯：《法与宪法》，龚祥瑞、侯健译，生活·读书·新知三联书店 1997 年版，第 38~42 页。

〔4〕 ［英］威廉·韦德、克里斯托弗·福赛：《行政法》（第 10 版），骆梅英等译，中国人民大学出版社 2018 年版，第 262 页。

〔5〕 参见王名扬：《英国行政法》，中国政法大学出版社 1987 年版，第 10~13 页。

〔6〕 ［英］威廉·韦德、克里斯托弗·福赛：《行政法》（第 10 版），骆梅英等译，中国人民大学出版社 2018 年版，第 15 页。

策略，"运用具有控制功能的规则和程序，使原本在形式上不向选民负责的行政官员对私人利益行使权力的行为得以合法化（legitimating）"〔1〕成为一个在延续中不断注入新变化的题域。行政合法化的目标在这一发展历程中则始终围绕行政裁量权问题展开，而对行政裁量权问题的讨论在实质上又是在"规则"的框架之内为不断弥补"规则"的缺陷寻求出路。

在罗斯福新政以前，行政机关如若决定给予私人以制裁，则必须得到民选立法机关的授权，并且必须依据立法机关遵循"禁止授予立法权原理"颁行的立法指令，同时，惮于能动主义司法审查的存在，还必须在个案裁决过程中适用听证等正当行政程序以准确、合理、不偏不倚地执行立法指令，并基于司法审查的可获得性〔2〕而接受司法上的审查以确保这一对私人的制裁是民选立法机关的旨意。由此，行政法就好比一条以司法审查为轴承的"传送带"（transmission belt），把民选立法机关的指令传送给选民，行政权也因此获得了合法性。斯图尔特（Richard B. Stewart）教授将这一行政法模式称为"传送带"模式。〔3〕

然而传送带这一"以立法机关指令为中心"的行政法模式只是一种理想状态，可以说其与英国早期的"法律主义"同理，也是一种典型的突出政府服从法律的"规则之治"范式，其囿于强调行政机关严格、准确地执行预设的立法指令和强调法院严格、机械地依据立法指令审查行政行为以保障立法指令被模范地遵守，而极力回避行政裁量权的存在。但是，对于原本存在着的行政裁量权不可能视而不见，加之新政时期，管制行政涌现，政府被要求在更大范围内承担公共责任，"绿灯"〔4〕闪亮，政府由消极行政转向积极行政，行政权力急剧扩张，这使得国会以开放（open-endde）的法律授予大批

---

〔1〕 ［美］理查德·B. 斯图尔特：《美国行政法的重构》，沈岿译，商务印书馆2011年版，第3页。

〔2〕 司法审查的可获得性，一是基于"可以审查的假定"（presumption of reviewability）原则的确立，使行政行为原则上都假定属于能够审查的行为；二是基于"起诉资格的放宽"，美国联邦最高法院确立了起诉资格适用范围极广的"两层结构标准"（two-tier test），大部分州法院采取"单一的事实上的损害标准"。参见王名扬：《美国行政法》，中国法制出版社1995年版，第604~606、619~627、636~639页。

〔3〕 参见［美］理查德·B. 斯图尔特：《美国行政法的重构》，沈岿译，商务印书馆2011年版，第5~12页。

〔4〕 参见毛玮："行政法红灯和绿灯模式之比较"，载《法治论丛（上海政法学院学报）》2009年第4期，第93~99页。

新成立的行政机关（此处是指联邦管制机构）非常宽泛和不具体的行政裁量权，[1] 行政人员也由此获得了制定法规和就影响国民的事项进行裁判的权力，[2] 行政裁量权在原有基础上又进一步扩大，"以立法机关的指令为中心"的传送带模式的合法化功能受到了冲击——"巨大的公共需求超越了国会法律'传送带'的速度极限，'传送带'尽管没有断裂，但已经无法维持一个单纯而理想的以国会法律为中心的行政法模式了"。[3]

尽管后来以詹姆斯·兰迪斯（James M. Landis）为代表的新政拥护者提出了被斯图尔特教授称作"专家知识"（expertise）的模式[4]以之为解决行政裁量权问题提供对策，法院也发展出诸如更为彻底详尽审查行政证据的实质证明力、拓展行政正当程序的适用范围、要求行政机关充分说明决定作出的理由并保持连贯性以及不违背国会立法目的行使选择权等一系列加强对行政裁量权把控的技术，[5]还涌现出放松管制和撤销管制机关、贯彻实施禁止授予立法权原理、要求行政机关通过制定标准（含裁量基准）而使其自由裁量权的行使具体化、采用资源配置效率作为衡量行政决定的实体标准等旨在消除行政裁量权行使过程中出现的"偏见"之替代方案，[6]但都无法消弭、调和或缓解传统"传送带"模式失灵所带来的合法性危机，"利维坦"式的行政裁量权难题横亘于前。

对此，作为对传统模式的一种"扩展"或视作"补充""修正""调整"，"利益代表"模式[7]的出现成为一种新颖的思路，这一模式的中心取

---

〔1〕　参见［美］理查德·斯图尔特："走入 21 世纪的美国行政法"，田雷译，载《南京大学法律评论》2003 年第 2 期，第 3~4 页。

〔2〕　参见［英］卡罗尔·哈洛、理查德·罗林斯：《法律与行政》（上卷），杨伟东等译，商务印书馆 2004 年版，第 108 页。

〔3〕　田飞龙："美国行政法的模式重构及对中国公共行政改革的启示"，载《研究生法学》2008 年第 5 期，第 50 页。

〔4〕　参见［美］理查德·斯图尔特："走入 21 世纪的美国行政法"，田雷译，《南京大学法律评论》2003 年第 2 期，第 4 页。

〔5〕　参见［美］理查德·B. 斯图尔特：《美国行政法的重构》，沈岿译，商务印书馆 2011 年版，第 16~20 页。

〔6〕　参见［美］理查德·B. 斯图尔特：《美国行政法的重构》，沈岿译，商务印书馆 2011 年版，第 31~65 页。

〔7〕　参见［美］理查德·B. 斯图尔特：《美国行政法的重构》，沈岿译，商务印书馆 2011 年版，第 67~72 页。

向在于给当事人提供了更直接介入行政过程所有阶段的机会,〔1〕促成所有受影响的利益在行政过程中都能够获得代表,以试图确保行政自由裁量权的一种知情的和理性的行使,使自由裁量权能够回应所有相关利益团体的关注,以期提高行政裁量的质量与公正性,〔2〕这一任务借由法院以更强的能动性通过扩展行政诉讼起诉资格,通过一系列的判例确认和强化要求行政机关拓展利害关系人参与行政程序的权利、要求行政机关适当考虑所有参与行政政策决定程序之主体的利益来完成。〔3〕但是,从最主要的一个方面来审视,"代表"的扩张与过于理想的最大限度地利益兼顾却会招致"众口难调"般的争议多中心性质,致使争议很难再适用普遍适用的规则予以解决,反而强化了争议解决的特定性质和自由裁量性质。〔4〕此外,作为司法性利益代表模式发展趋势上的激进主张,政治性利益代表模式〔5〕也不具有可能性。后来,美国行政法还出现了"规制的分析管理模式"〔6〕,强调通过对规制决策进行成本—效益分析与总统执行办公室集中审查来加强对行政裁量的自我控制。

以上美国行政法模式的演变与重构,并不是后一模式对前一模式的否定与取代,而是各种模式之间形成互补的合力以修正既有的缺陷与局限,在这样的调整与调适中,寻求与行政裁量权共生相融的优宜路径。反观这一发展脉络,可以洞察,对行政裁量权的控制,虽坚守形式法治与强有力的司法审查,但却突破了这一"立法授权—司法控制"二元一体传统手段的建构模式,以行政机关行政规则制定为中心规范行政裁量权的范式应时而生,亦即,作为裁量基准的"非立法性规则"具有了正当性,对其适用

---

〔1〕 参见〔美〕朱迪·弗里曼:《合作治理与新行政法》,毕洪海、陈标冲译,商务印书馆2010年版,第132页。

〔2〕 参见〔美〕理查德·斯图尔特:"走入21世纪的美国行政法",田雷译,载《南京大学法律评论》2003年第2期,第5页。

〔3〕 参见〔美〕理查德·B.斯图尔特:《美国行政法的重构》,沈岿译,商务印书馆2011年版,第83~139页。

〔4〕 参见〔美〕理查德·B.斯图尔特:《美国行政法的重构》,沈岿译,商务印书馆2011年版,第164~172页。

〔5〕 参见〔美〕理查德·B.斯图尔特:《美国行政法的重构》,沈岿译,商务印书馆2011年版,第187~204页。

〔6〕 参见〔美〕理查德·斯图尔特:"走入21世纪的美国行政法",田雷译,载《南京大学法律评论》2003年第2期,第6页。

也逐渐得到了尊重。正如戴维斯所言，"限定过度裁量权更有价值的方法是较早且较频繁地运用行政机关的规则制定权"。[1]"行政机关必须尽其合理之可能通过标准、原则和规则进而形成裁量权所需要的限定并且使其众所周知。"[2]

第三节　我国行政裁量基准适用正当性的
确立及实现的技术保障

在我国，情况却与上述国家不尽相同，基于合法性是正当性的重要表现形式，裁量基准及裁量基准适用的正当性主要通过合法性来体现——《宪法》对"行政立法权"的直接规定与《立法法》对"法律绝对保留原则"的明确限定构成了裁量基准及适用正当性的渊源。对裁量基准及适用正当性的相关质疑，笔者经梳理，认为其来自两个方面：

一、关于权力来源的正当性

有观点认为："裁量基准的制定，本质上就是行政立法权的行使，是行政机关对立法意图、立法目标的进一步解释和阐明。如果裁量基准的制定本质上就是次级立法，那么，是否所有的行政机关都拥有这样的权力？……根据我国宪法和立法法的规定，……一定层级的行政机关可以依法拥有行政立法权，但并非所有的行政机关都享有这一权力。……那些并不享有行政立法权的行政机关所制定的裁量基准，本身就具有合法性瑕疵。"[3]同时，认为根据《立法法》第 8 条的规定，作为对外部行政相对人具有适用效力的行政机关内部规则的裁量基准，"涉及对人身权、财产权等重要权利的影响"，那么，"行政机关可以通过制定内部的解释性规则而影响相对方权利吗？"[4]

---

〔1〕［美］肯尼斯·卡尔普·戴维斯：《裁量正义》，毕洪海译，商务印书馆 2009 年版，第 60 页。

〔2〕参见［美］肯尼斯·卡尔普·戴维斯：《裁量正义》，毕洪海译，商务印书馆 2009 年版，第 63 页。

〔3〕参见王锡锌："自由裁量权基准：技术的创新还是误用"，载《法学研究》2008 年第 5 期，第 40~41 页。

〔4〕参见王锡锌："自由裁量权基准：技术的创新还是误用"，载《法学研究》2008 年第 5 期，第 40~41 页。

有鉴于此，认为裁量基准在权力来源上不具有正当性。

对此，一方面，根据《宪法》第 89、90、107、108 条的规定，国务院"根据宪法和法律，规定行政措施，制定行政法规，发布决定和命令"，国务院各部、各委员会"根据法律和国务院的行政法规、决定、命令，在本部门的权限内，发布命令、指示和规章"，县级以上地方各级政府"依照法律规定的权限，……发布决定和命令，……乡、民族乡、镇的人民政府执行……上级国家行政机关的决定和命令"，"县级以上的地方各级人民政府领导所属各工作部门和下级人民政府的工作，有权改变或者撤销所属各工作部门和下级人民政府的不适当的决定"，可以推导出，在我国，从中央到地方，各级各类行政机关都有权制定效力层级不同的行政规则，这些行政规则既包括创制性行政规则，也包括解释性行政规则，还包括指导性行政规则，〔1〕因此，基于我国县级以上各级政府及其所属部门都具有"直接"源于宪法明示的广义行政立法权，实务中各级各类行政机关以行政规范性文件形式呈现出的林林总总的裁量基准及适用就具有了天然的正当性依据。此不同于前述域外国家其行政立法权并不是源于宪法本身的规定，而是经由授权才获得，对应的其裁量基准是从根本上打破"限制性授权理论"的束缚而获得生存及适用的正当性。另一方面，《立法法》第 8、9 条对公民人身权、财产权所确立的"法律绝对保留"原则〔2〕已经为裁量基准本身及适用的合法性划定了边界，裁量基准一般而言不会突破这一界限而违背《立法法》第 8 条的规定来设定，同时，裁量基准作为一种依托于裁量权将裁量空间细化、量化的规则，其性质决定了其不可能为行政相对人创设新的权利义务，其对包括人身权、财产权在内的相对人权益的影响从属于上位法的权力框架所辐射的范围与效力。"裁量标准的设定与行政机关所拥有的行政裁量权的增减无关，它只是为防止恣意介入具体行政行为（行政裁量权的行使）而设定的一个'防护网'，且这个'防护网'本身是立法者意志的延伸。"〔3〕

---

〔1〕 参见叶必丰、周佑勇：《行政规范研究》，法律出版社 2002 年版，第 77~79 页。

〔2〕 参见应松年："《立法法》关于法律保留原则的规定"，载《行政法学研究》2000 年第 3 期，第 13~14 页。

〔3〕 王天华："裁量标准基本理论问题刍议"，载《浙江学刊》2006 年第 6 期，第 127 页。

二、关于控权逻辑的正当性

也有观点认为裁量基准将裁量行为规则化为羁束行为，[1]"忽视了行政人员的能动性，从而将行政人员变成了规则的执行机器"，[2]致使针对个案情形对裁量基准的适用变成了按图索骥般地"套用"，既违背了具体问题具体分析的哲学原理，[3]也导致裁量的僵化，并因此在最终意义上违背自由裁量存在的意义和目的，[4]损害实质正义。另外，还有观点认为以裁量基准对裁量行为进行规范在技术上也存在非常大的疏漏，因为"从裁量基准实践看，作为分格技术的划分标准的法律要件或考量因素，一般只是该违法行为的本质性要素或重要性要素，但却不是完全唯一性要素。那么，不管怎么排列组合，由于参与的变量过少，使得裁量过程过于简约，未必总能反映客观实际、实现个案正义"。[5]同时，"以细化的规则作为主要控制技术的裁量基准制度，存在着手段与目的之间潜在的紧张关系。……假如基准的设定仍然给执法者留有相当裁量空间，那么制度设计者所希望的目标，仍然只是一种可能性，而非必然结果，因为在这种情况下，执法者主观上的裁量依然是一个重要因素。考虑到裁量基准的设计无法穷尽现实多样性这一基本事

---

〔1〕 行政自由裁量基准作为一种规则使原来的行政自由裁量权不复存在，因为在这样的规则下，行政主体已不再有"自由意志力"和"选择权"，尤其是将原来法律规定的幅度也作严格的等次上的划分，将行政主体在行政执法中颇具特点的裁量行为抹煞掉了，行政自由裁量行为完全制度化为羁束行为。参见关保英："行政自由裁量基准质疑"，载《法律科学（西北政法大学学报）》2013 年第 3 期，第 51 页。

〔2〕 崔卓兰、刘福元："析行政自由裁量权的过度规则化"，载《行政法学研究》2008 年第 2期，第 18 页。

〔3〕 法律在允许行政自由裁量权存在的同时就赋予了行政主体具体问题具体分析的权力，而行政自由裁量基准形成行为规则以后，其就是多次适用、反复适用的东西，制定行政自由裁量基准的机关所追求的也是这样一个效果，这样便必然出现裁量行为要件一次适用和基准要件多次适用的矛盾，行政过程中自由裁量权要求个案处置与裁量基准要求抽象处置的矛盾，这个矛盾只要用行政裁量基准规则去调整裁量行为就是无法调和的，而不可调和的最终结果是使行政自由裁量违反具体问题具体分析的哲学原理。参见关保英："行政自由裁量基准质疑"，载《法律科学（西北政法大学学报）》2013 年第 3 期，第 51~52 页。

〔4〕 王锡锌："自由裁量权基准：技术的创新还是误用"，载《法学研究》2008 年第 5 期，第39 页。

〔5〕 余凌云："游走在规范与僵化之间——对金华行政裁量基准实践的思考"，载《清华法学》2008 年第 3 期，第 66 页。

实，通过基准来控制人的裁量也可能只是一厢情愿"。〔1〕因此，认为裁量基准在控制逻辑上无法实现正当性。

然而，裁量基准及适用实质上所蕴含的行政自我拘束品格以及对行政过程的存眷，本身就可以为回应以上质疑提供论据。

（一）从行政自制进路的诠释

在行政裁量权的控制机制中，对行政以自我拘束方式限定裁量空间所形成的裁量基准为之适用是行政自制的重要体现，裁量基准在本质上属于一种行政自制规范或自制型行政规范。所言行政自制，映现的是一种行政权主动性地为实现良性化运行而诉诸自身自觉自律的作茧自缚精神，是指"行政权在运行过程中通过其内部的各种机制进行调节，使内部的各种关系得到合理搭配、和谐共处，并在发生阻滞的情况下通过内部的救济机制便可排除运行障碍的行政权控制形式"。〔2〕"行政机关会常规性地进行'自我规制'。也就是说，即使没有什么权威机构要求行政机关这么做，行政机关还是会限定自己的选择，自愿地限制自己的裁量权。行政机关通过制定规则、指南以及解释，来对自己的选择进行实体上的限制：限制自身能作出决定的范围，或对他们用以支撑自身选择的理据予以限定。"〔3〕

行政自制意义上的内部规则既应体现法律规范和良好行政惯例的要求，又应具有超越法律规范的特质，超越法律规范并非意味着行政机关越权，而是意指当缺乏法律明确规定时，行政机关能够通过其自控意识和价值观念制定相应的规则来规范其行为；而当存在外在规则时，能够在外在规则的基础上结合其自身特点制定出更为严格的规则，即相对于外部控制而言，行政组织对自己提出了更高的要求。〔4〕就裁量基准而言，"裁量基准以规则的形式表现出来，但在性质上并不属于法或者立法性规则的范畴，而是行政机关制

---

〔1〕 王锡锌："自由裁量权基准：技术的创新还是误用"，载《法学研究》2008年第5期，第39页。

〔2〕 关保英："论行政权的自我控制"，载《华东师范大学学报（哲学社会科学版）》2003年第1期，第64页。

〔3〕 ［美］伊丽莎白·麦吉尔："行政机关的自我规制"，安永康译，载姜明安主编：《行政法论丛》（第13卷），法律出版社2011年版，第506页。

〔4〕 参见崔卓兰、卢护锋："行政自制之途径探寻"，载《吉林大学社会科学学报》2008年第1期，第24页。

定的内部行政规则"。[1] 裁量基准所面向的对象是裁量权本身，是通过技术性的方法，在上位法设定的裁量权范围内进行法律要件上的细化与法律效果上的格化处理，实质上是将抽象存在着的裁量权行使的判断选择标准具体化的"自我建构"[2]过程，"可作为法律不可预测及裁量权不易监督间之缓冲器"[3]，增强裁量的可操作性与可管控度，起到约束与监督裁量权的效用，只不过这种将宽泛存在的裁量空间相对"压缩"并固化的操作会被误以为是"消灭"了裁量权，其实裁量权依旧存在，只是换了个面目由隐性的、事先不可知的存在变成了显性的、预先可知的存在。因而，裁量基准的生成，其拘束的是行政机关自身而非行政相对人，并未为相对人创设新的权利义务，相反，其体现出行政权对相对人权益自发[4]、内发[5]、向善的作用力，"是政府为防止行政人员滥用自由裁量权所做出的努力"。"如果行政权不具向善之可能，根本没有必要主动采取这种自我限制的做法，正是公共利益和相对人需求的驱使，才使政府具备了自我控制的原动力。"[6]"当人们怀疑行政自制不可能、怀疑行政权不可能内敛或者向善时，是夸张了行政的'恶'并因此蔑视行政组织及其行政权的存在和功能，这是人们经验观察误区造成的结果。"[7]同时，裁量基准作为内部行政法的产物，其以上功能作用的发挥也汲取了内部行政法的价值，对此，于立深教授发表了独到的见解："外部行政法对行政权力的控制具有至关重要的意义，但是这种'意义'是被动性质的，经常无法到达行政机关的内部、行政职权的细节、行政行为的末端、行政执法者的内心，如果外部行政法对行政权力施加的外部压

---

〔1〕　周佑勇："裁量基准的制度定位——以行政自制为视角"，载《法学家》2011 年第 4 期，第 4 页。

〔2〕　参见周佑勇："作为行政自制规范的裁量基准及其效力界定"，载《当代法学》2014 年第 1 期，第 32 页。

〔3〕　参见李震山：《行政法导论》（修订 11 版），三民书局股份有限公司 2019 年版，第 286 页。

〔4〕　参见崔卓兰、刘福元："行政自制——探索行政法理论视野之拓展"，载《法律与社会发展》2008 年第 3 期，第 99 页。

〔5〕　参见崔卓兰、刘福元："论行政自由裁量权的内部控制"，载《中国法学》2009 年第 4 期，第 78~79 页。

〔6〕　崔卓兰、刘福元："行政自制的可能性分析"，载《法律科学（西北政法大学学报）》2009 年第 6 期，第 90 页。

〔7〕　崔卓兰、于立深："行政自制与中国行政法治发展"，载《法学研究》2010 年第 1 期，第 38 页。

力不能通过内部行政法转化为行政主体主动的自我克制和约束行为，控制行政权力的效果仍然不可能良好。"[1] 鉴于此，裁量基准及适用在控权逻辑上的正当性无可置疑。

（二）从行政过程论维度的注解

"行政行为不是一个个单一、孤立、静止的行为，而是一系列不断运动、相互关联具有承接性的过程；这些过程又构成了一个个多层次的、极为复杂的系统"[2]，此即行政行为的过程性。对于行政过程的研究集中于日本，日本行政法学者在借鉴美国公共行政理论及行政法理论、德国二阶段理论及动态考察方法的基础上，自 20 世纪 60 年代末以来逐步提出了"行政过程论"的观点，[3] 归纳而言，日本行政过程论认为，传统行政行为形式理论由于仅致力于整理、分析各种行政行为的抽象、共通要素，例如行政行为的概念、性质、特色、种类、效力乃至瑕疵类型及其效果等面向，并未深入检讨行政活动的实际运作过程及其可能涉及的各种利益冲突，仅抽象地、形式地论证行政行为的各种法效果，对于支撑该法效果正当性的各种具体因素，例如行政机关组织结构的正当性、调查、确定事实的方法、实际进行行政行为的程序、相对人或利害关系人的地位及其对立构造、作成决定或处置的论证过程等事项，多有忽略或认识不足。因此，主张扩充行政法学的认识对象与范围，不再局限于就单一行政行为的概念、要件及法律效果作定点、静态、结论式检讨，而应致力于整体行政活动过程中所出现的各种流动发展、互动结构，并致力于发现真正问题所在。[4] 其中，涉及裁量基准，就有观点指出，"由于社会事项的复杂化与行政活动的高度专业化，行政机关藉由将法律具体化的行政基准去筹划、规范相关行政事项或进一步规范法律欠缺或规范不够完备的行政领域，毋宁已经成为常态"，并将这种现象称为"行政过程的中间阶段"，即"现代的行政过程乃是行政机关制订将法律具体化的行政基准，并且基于此等行政基准进行行政活动的阶段化

---

〔1〕 于立深："现代行政法的行政自制理论——以内部行政法为视角"，载《当代法学》2009 年第 6 期，第 7~8 页。

〔2〕 参见朱维究、胡卫列："行政行为过程性论纲"，载《中国法学》1998 年第 4 期，第 67 页。

〔3〕 参见江利红："行政过程的阶段性法律构造分析——从行政过程论的视角出发"，载《政治与法律》2013 年第 1 期，第 143 页。

〔4〕 参见赖恒盈：《行政法律关系论之研究——行政法学方法论评析》，元照出版有限公司 2003 年版，第 83~84 页。

过程",〔1〕裁量基准被视为位于法律与行政行为的中间阶段。行政过程论虽然至今在日本还未形成一种取代传统行政法学理论的完整逻辑体系，各种观点之间也存有差异，但是其共通之处在于"均强调对行政活动加以动态掌握或就其现实机能加以考察之必要性"〔2〕。

　　在传统以行政行为为中心的行政法学理逐渐左支右绌之际，国内学界对行政过程论的研究也认为："传统行政法学以现实行政中的行政行为为中心，注重考察行政行为的合法性，而忽视了对行政过程中行政行为之外的其他行为形式、各种行为之间的关联性以及现实行政过程整体的合法性的探讨，对现实行政过程的考察并不充分。""行政法学应当以现实的行政过程为对象，通过对现实行政过程的考察，分析其中的各种行为的合法性，并着眼于行政过程中各行为之间以及单一行为的各阶段之间的关联，对整体行政过程进行全面、动态的考察，通过考察明确其中的法律构造，探讨对行政过程进行法律规范和控制的方法。"〔3〕"从行政过程的新视角来动态地考察分析行政权力的配置、运行和受监督，考察行政过程中行政相对人与行政主体之间的法律地位、权利义务关系的相互作用与相互影响，研究考察宪法框架下监督主体对行政主体行使行政权力过程中的事前、事中和事后的全过程、全方位监督。……以行政过程作为问题的切入点，将主体、行为、价值目标与原则和制度置于一个系统中来作整体研究，可以突显其科学性与系统性。"〔4〕可以"补足行为形式理论集中于'瞬间摄影'的片断式考察所带来的对整个行政过程的忽略"〔5〕。由此推之，对于裁量权的控制并不应是仅限于抑制"裁量逾越""裁量滥用""裁量怠惰"，而应是对裁量的整个过程进行把控〔6〕，关

---

　　〔1〕　参见王志强："论裁量基准的司法审查"，东吴大学 2005 年硕士学位论文，第 17~24 页；江利红：《日本行政法学基础理论》，知识产权出版社 2008 年版，第 346 页。

　　〔2〕　参见刘宗德：《行政法基本原理》，学林文化事业有限公司 1998 年版，第 63~73 页；陈春生：《行政法之学理与体系》（二），元照出版有限公司 2007 年版，第 287~288 页。

　　〔3〕　参见江利红："行政过程的阶段性法律构造分析——从行政过程论的视角出发"，载《政治与法律》2013 年第 1 期，第 140~143 页。

　　〔4〕　参见湛中乐：《现代行政过程论——法治理念、原则与制度》，北京大学出版社 2005 年版，第 11 页。

　　〔5〕　参见朱新力、唐明良："现代行政活动方式的开发性研究"，载《中国法学》2007 年第 2 期，第 44 页。

　　〔6〕　塩野宏『行政過程とその統制』（有斐閣，1989 年）19 頁参照；江利红："行政过程的阶段性法律构造分析——从行政过程论的视角出发"，载《政治与法律》2013 年第 1 期，第 143~144 页。

注裁量基准适用的状况。

"对行政裁量进行控制所面临的障碍是：除非选择结果明显逾越法定的边界，否则行政官员所进行的主观判断是否合理难以根据行为结果来认定。真正具有危险性的裁量是那些披着'合法'外衣的'恣意选择'，因为这些做法并没有违反明示的法律限制。如欲对行政裁量进行有效的控制，必须从对选择结果的关注转向对行政裁量运用过程的关注。"[1] 裁量基准的适用贯穿于行政行为过程的各阶段，具有持续性和延展性，其作为联结事实与规范之间的桥梁，能够为个案裁量决定的作出提供一般化的合理策略，这是基于对裁量基准适用的规范与控制在技术上强调能动地着眼于裁量过程的整体性与各环节的联动性，而不只是侧重于裁量的某一单一阶段，抑或是仅关注裁量的末端结果。同时，裁量基准适用的具体技术手段与方法全面管控着裁量基准适用的整个过程，可以为可能出现的裁量非理性与非正义偏差提供校正，可以为裁量基准动态地应对个案特殊情形适用以实现个案公正预留下灵活的转换手段。由此，适用裁量基准控制行政权在逻辑上具有预设的有效性。

三、裁量基准适用正当性实现的技术保障

基于以上分析，作为行政规则面向的裁量基准及其适用的正当性虽然得以确定，但是不可否认的是以下悖论依旧存在：严格规则与自由裁量之间永远无法衡平，裁量基准产生的初衷就是为裁量设置跃然于纸上的统一一致、整齐划一的标准，以减少或消除裁量的恣意，然而，过度地依赖规则就会陷入"规则中心主义"的沼潭而忽视具体案件的特殊所在，有损实质正义，但是如果完全无规则可循，裁量就会要么无所适从，要么肆意妄为，也无益于形式正义。这一悖论的存在不仅是上述裁量基准及适用正当性受到质疑的渊源，而且也会使裁量基准及适用正当性的实现受到掣肘甚至发生偏离。因此，唯有尽可能地消解这一悖论，才有可能保障裁量基准及裁量基准适用正当性的实现。

对此，本书认为，既然这一悖论起因于裁量基准作为"规则"一面适用

---

[1] 刘国乾："行政裁量控制的程序安排"，载姜明安主编：《行政法论丛》（第 15 卷），法律出版社 2014 年版，第 156 页。

的天然缺陷，那么随之这一悖论的消解也需从避免裁量基准在规则主义立场上适用的流弊着手。这就需要在裁量基准适用上诉诸有关"规范行政规则运用方面的技术方法与原理"，通过把控裁量基准自身所引发的僵化、机械裁量与应然的能动、灵活裁量之间的衡平，来拘束裁量基准的有序适用，为裁量基准及适用正当性的实现提供技术保障。一是，在裁量基准适用上，应当根据个案特殊情形的需要"逸脱"裁量基准的边界变更或排除裁量基准的适用；二是，在裁量基准适用上，应当在特定情境下结合具体的个案实际来审慎决定裁量基准是否收缩适用、如何收缩适用以及收缩适用的程度大小等；三是，在裁量基准适用上，应当妥当处理和解决裁量基准在层级体系中的选择适用、在规范变更后的选择适用等问题。裁量基准逸脱适用、收缩适用、选择适用，这三类保障裁量基准及适用正当性实现的技术方法及其运用原理，归属于裁量基准适用技术的"补充体系"之列。

第三章

行政裁量基准适用有效性实现的技术支撑

在证成行政裁量基准及裁量基准适用具有正当性之后，为消解严格规则与自由裁量之间的悖论对正当性实现的掣肘，保障这一正当性的实现，就需要诉诸一定的裁量基准适用上的技术方法。那么接下来理之必然地所要直面的议题就是裁量基准在正当性的轨迹上运行是否会产生适用效力，即裁量基准在实然层面的适用是否会产生对内的拘束力与对外的法律效力，这就涉及"裁量基准适用的有效性"问题，或称为"裁量基准适用效力的有效性"问题。如果裁量基准在适用效力上具有有效性，那么必定存在着对这一有效性进行评断或检验的客观标准。而对这一标准的恪守，以及在裁量基准适用中引入一定的技术手段作为支撑，裁量基准适用效力的有效性才具有实现的可能性。可以说，如果裁量基准适用的正当性是一种评价性质的，那么裁量基准适用的有效性则是一种工具性质的，裁量基准通过在有效性维度上的运作可以巩固和稳定其适用的正当性。裁量基准适用是否会产生效力即裁量基准适用是否具有有效性、裁量基准适用效力有效性的检验标准是什么、裁量基准适用效力有效性如何实现，构成本章的三个论题。

第一节　行政裁量基准适用效力的对照

一、域外裁量基准适用效力的差异

在德国，裁量基准"提供行政机关在行使行政裁量时的决定标准以及决定模式"，[1]作为一种"抽象的类型化标准"，"行政裁量规则的订定之目

---

〔1〕　陈清秀："行政法的法源"，载翁岳生编：《行政法》（上册），中国法制出版社 2002 年版，第 135 页。

的，乃是上级机关对于有合法裁量义务的下级机关的要求，以确保行政裁量权的合法平等的行使。上级机关基于法律的授权目的与范围，透过行政规则的订定，将裁量基准具体化（法规化），并于实践中能稳定的适用"。[1] 因此，基于行政体制之服从义务，裁量基准作为上级行政机关通过行政准则为下级机关确定的统一行使裁量权的标准，具有内部适用效力，突出反映出发布机关的组织权力和指令权，下级机关原则上应当接受其约束并履行其设定的义务。裁量基准其内部拘束力的范围在原则上"仅及于制定机关之组织权及指示权所及之范围"，但在例外情形下，"行政机关之事务监督权，超出其行政主体，而及于其他行政主体之行政机关时，其行政规则始例外对其他行政主体之行政机关发生效力"。[2] 在外部适用效力上，裁量基准因是用以规定行政机关及行政人员应如何对外、对行政相对人执行行政任务，因而经由行政机关通过行政规则将裁量标准具体化并且在实践中基于行政惯例、平等原则、信赖保护原则和原始行政法理论的共同要求[3]，基于其自身的适法性，基于法律授权的范围和目的，予以稳定适用时，即发生事实上的对外效力，产生"法律之外部效力"。但是，这一外部适用效力究竟是"直接"还是"间接"对外发生，在学理上存有不同见解。"间接对外效力说"为理论通说，该说认为基于行政惯例及平等原则，裁量基准"间接"或"附属"[4]发生对外适用效力，即"人民得透过宪法上平等权的规定，要求行政机关遵行行政规则的规定，特别是判断基准与裁量基准。依据人民的平等权，行政机关所做的决定，不得背离以前依据行政规则所形成的实践"。[5] 该说也主张基于行政惯例及信赖保护原则，裁量基准"间接"获得对外适用效力，即"行政机关经由经常适用行政规则所建立的行政惯例形成特定的法制序，人民对于此种法制序的信赖得主张信赖保护原则。据此，人民有权要求行政机

---

〔1〕　参见刘鑫桢："裁量处分与不确定法律概念之司法审查"，台湾大学 2004 年硕士学位论文，第 49~53 页。

〔2〕　参见陈敏：《行政法总论》（第 9 版），陈敏发行（新学林出版有限公司经销）2016 年版，第 559~560 页。

〔3〕　参见［德］哈特穆特·毛雷尔：《行政法学总论》，高家伟译，法律出版社 2000 年版，第 599~607 页。

〔4〕　吴庚：《行政法之理论与实用》（增订 8 版），中国人民大学出版社 2005 年版，第 194~195 页。

〔5〕　黄异：《行政法总论》（修订 7 版），三民书局股份有限公司 2013 年版，第 22~23 页。

关遵守其制定发布的行政规则，因之行政规则具有外部效力"。[1]"直接对外效力说"则是援用"原始行政立法权"理论，认为行政机关在其功能范围内有一定的"原始的制法权"（固有的行政立法权），在此范围内创制出的裁量基准（"代替立法之行政规则""补充法律的行政规则"等）不必假藉平等原则或信赖保护原则而直接具有法律上的对外适用效力。[2]

法国的裁量指示对于依据其作出的行政决定而言，具有对内和对外的普遍适用效力，但是这种适用效力并非意味着对指示的适用一定带有强制的性质，是否适用指示必须允许行政机关视个案的具体情形而分析判定，行政机关"可以不适用指示中所规定的标准"，[3]但如若排除适用则应当说明理由，[4]"通过指示制度，行政处理的普遍性和特殊性辩证地结合起来"。[5]

英国的非正式规则因内部的纪律约束与对合法预期的保护而获得对内的适用效力，又基于权力来源、考量因素、合法预期等方面的判断，其外部适用效力呈现出复杂性，概括而言，多数非正式规则在适用上只具有参考效力，但不排除部分非正式规则在适用上具有法律效力。[6]

在美国，区别于需经国会授权并经严格的通告评议程序[7]才可颁行，与法律具有相同拘束力，可以拘束公众、法院及行政机关自身，并对限制行政裁量权具有最强效力[8]的立法性规则，非立法性规则一般情况下无需国会授权而由行政机关自行制定，被豁免通告评议的颁布程序，不具有对公

---

〔1〕 王志强："论裁量基准的司法审查"，东吴大学 2005 年硕士学位论文，第 53 页。

〔2〕 参见林锡尧：《行政法要义》（第 3 版），元照出版有限公司 2006 年版，第 208~210 页；陈春生：《行政法之学理与体系》（二），元照出版有限公司 2007 年版，第 142~143 页。

〔3〕 王名扬：《法国行政法》，中国政法大学出版社 1988 年版，第 182 页。

〔4〕 参见 [英] L. 赖维乐·布朗、[英] 约翰·S. 贝尔：《法国行政法》（第 5 版），高秦伟、王锴译，中国人民大学出版社 2006 年版，第 222 页。

〔5〕 王名扬：《法国行政法》，中国政法大学出版社 1988 年版，第 183 页。

〔6〕 参见余凌云：《行政自由裁量论》（第 3 版），中国人民公安大学出版社 2013 年版，第 304~309 页。

〔7〕 根据《美国联邦行政程序法》（1978 年修订）第 553 条的规定，除例外情形，立法性规则的颁布需经发布拟议规则的通告、对收到的拟议规则的评议进行考量、颁布包含意见和目的说明的最终规则这一系列程序。参见 [美] 恩斯特·盖尔霍恩、罗纳德·M. 莱文：《行政法》（第 4 版，影印本），法律出版社 2001 年版，第 308~328 页。

〔8〕 参见 [美] 理查德·J. 皮尔斯：《行政法》（第 5 版，第 3 卷），苏苗罕译，中国人民大学出版社 2016 年版，第 1206 页。

众、法院和行政机关自身的拘束力，仅具有指导作用，只有在被认为具有
"潜在说服力"时法院才会赋予其效力，而且其对于限制裁量权也仅具有一
定程度的效力。[1]

二、我国裁量基准适用效力的系争

（一）裁量基准内部适用效力的优先性

如"第二章 行政裁量基准适用正当性实现的技术保障"所论，在我国，
裁量基准作为行政机关制定的内部行政规则，具有宪法法律上的正当性基础，
本质上属于基于科层制[2]的层级指挥监督权以及公务员的服从义务[3]，一
种上级行政机关对下级行政机关以及行政机关对本机关所属工作人员发布的
职权命令，因而，其在行政系统内部的拘束力毋庸置疑，由此，"行政执法
机关在适用裁量基准时，面临着法律规范与裁量基准的双重约束"，[4]裁量
基准成为行政执法的适用依据。

而另有观点认为，尽管裁量基准的适用会对下级行政机关及其执法人员
发挥事实上的约束作用，但裁量基准本身并无法律拘束力，因为裁量基准是
行政机关对其所执行的行政法律规范的具体化，对行政机关有拘束力的是裁
量基准所依附的行政法律规范本身，因而违反裁量基准作出行政行为并不必
然导致该行政行为违法。[5]对于这一排除裁量基准拘束力的观点笔者暂不
予以置评，但我们应当注意到这一观点所引发的问题，即姑且不论从属于行
政系统上下隶属关系的对裁量基准适用当然的执行力，从法规范的适用角度
而言，如果裁量基准的适用并无拘束力，那么裁量基准存在的现实意义何
在？再进一步而论，当行政执法人员进行法规范适用活动时，面对相比之下
更为具体化、更具可操作性的裁量基准，是否意味着，可以置之不用而舍近

---

〔1〕 参见［美］理查德·J. 皮尔斯：《行政法》（第5版，第1卷），苏苗罕译，中国人民大学
出版社2016年版，第328~364、368~375页。

〔2〕 参见［德］韦伯：《支配社会学》，康乐、简惠美译，广西师范大学出版社2004年版，第
22~24页。

〔3〕 根据《公务员法》第14条第（四）项、第59条第（五）项，公务员应当"服从和执行
上级依法作出的决定和命令"，不得"拒绝执行上级依法作出的决定和命令"。

〔4〕 周佑勇："作为行政自制规范的裁量基准及其效力界定"，载《当代法学》2014年第1期，
第34页。

〔5〕 参见王天华："裁量标准基本理论问题刍议"，载《浙江学刊》2006年第6期，第127页。

求远地适用上位阶的法律规范呢？答案显然是否定的，因为"位价确立的是上阶位规范效力的优先性，而不是其适用的优先性。实践中往往是优先适用下阶位的规范。……适用的优先性来自在各个规范均更为具体、更可实施的……约束力"。[1] 因而，倒推出裁量基准具有拘束力应当是可以成立的。

此外，前述为保障裁量基准适用正当性的实现而应当对裁量基准"逸脱"适用并不是否定裁量基准的内部适用效力。因为，虽然行政机关应当严格适用裁量基准作出行政决定，但是一般之外亦会有例外，不排除因个案特殊情形的存在而"逸脱"裁量基准的边界以变更或排除适用裁量基准的情况，这是基于已订定的裁量基准未能也不可能周全地一揽子对各种裁量情形加以考虑和规范，而行政机关又不可针对个案机械、僵化适用裁量基准的一种变通与调和，与裁量基准是否具有内部适用效力是两个不同的话题。

（二）裁量基准外部适用效力的相对性

裁量基准适用效力的另一面，即关于裁量基准的适用是否具有对外的法律拘束力，也存有不同的观点。裁量基准作为一种非创制性的解释性规则，虽然没有为行政相对人增设新的权利义务，也不会产生新的法律效果，但"难免要涉及相对人的行为，或作为裁量考量因素，或作为识别标准，或者希望通过指导相对人活动而形成行政机关和相对人之间的良好互动，无论哪种意图其效果必定会外溢到相对人，对规范相对人的活动也会产生积极的作用，所以也可能衍生出一定的外部性"。[2] "从其实践效力来看，基准一旦制定颁布，便成为执法人员执法的重要依据，具有规范效力和适用效力。这种内部适用效力，又将进一步延伸至行政相对方，因而具有了外部效力。"[3] 所以，裁量基准不可避免地存在着效力外部化问题。

而如同认为裁量基准无内部适用效力，对行政机关产生内部拘束力的不是裁量基准而是裁量基准所依附的法规范本身一样，也有观点持同类理由认为，对行政相对人产生外部法律效果的不是裁量基准而应归结于裁量基准所

〔1〕 参见［德］哈特穆特·毛雷尔：《行政法学总论》，高家伟译，法律出版社2000年版，第73~74页。

〔2〕 余凌云："现代行政法上的指南、手册和裁量基准"，载《中国法学》2012年第4期，第130页。

〔3〕 王锡锌："自由裁量权基准：技术的创新还是误用"，载《法学研究》2008年第5期，第40页。

联结的法规范本身生成的法律效果，"从实质性标准出发，行政规定如果不具有法律规范的性质，即不属于法规命令，那么从理论上而言，当行政规定对行政职权体系之外的私人发生作用时（如为具体行政行为提供依据），该行政规定起着执行或解释法律、法规或规章等法律规范的作用。因此，当其内容涉及相关利害关系人的权利义务时，这些行政规定的内容的规范性应该归结于其上位的法律规范，即行政规定自身不应具有外部效果"。[1]但是，裁量基准没有相应的法律效果，并不等于没有法律效力。[2]因为，基于行政法上的平等原则、行政自我拘束原则、信赖保护原则等，裁量基准获得了形式意义上的、间接的、具有相对性[3]的法律效力。"于个别案件若无特别情事及合理理由不得与行政规则所定之裁量基准为不同之处理，使国民蒙受不利益。因此若行政机关于具体案件行使裁量权时，若裁量基准之行政规则存在时，行政须受行政规则之自我拘束。从人民之角度，因行政机关违反行政规则而受不利益者，可主张行政机关因违反平等原则而违法。""从行政机关角度，……若无正当理由而改变向来之惯行，则违反自我拘束之原则而违法。""行政若因违反行政规则而有违自我拘束原则时，在一定情况下可能构成信赖保护。……"[4]可见，"对行政相对人来说，裁量基准可以成为一种抗辩理由"。[5]对此，德国的通行观点也认为，"行政规则外部效果的根据是行政惯例和平等原则。行政规则通过稳定的适用确立了同等对待的行政惯例，据此约束行政机关自身。除非具有客观理由，不得同等情况不同等对待（所谓的行政自我约束）。行政机关在具体案件中无正当理由偏离稳定的、为行政规则确立的行政惯例，构成违反平等原则。"[6]由此可见，"从裁量权公正行使之确保、平等处理原则及相对人之信赖保护等要求观点，与裁量基准为不同之判断，必须具有合理之理由，如果无法说明，则产生违法之问

---

〔1〕　朱芒："论行政规定的性质——从行政规范体系角度的定位"，载《中国法学》2003年第1期，第44页。

〔2〕　参见周佑勇："裁量基准的正当性问题研究"，载《中国法学》2007年第6期，第29页。

〔3〕　参见周佑勇、周乐军："论裁量基准效力的相对性及其选择适用"，载《行政法学研究》2018年第2期，第6~9页。

〔4〕　参见陈春生："行政规则外部效力问题"，载《行政法争议问题研究》（上），五南图书出版有限公司2000年版，第368~370页。

〔5〕　章剑生：《现代行政法总论》（第2版），法律出版社2019年版，第104页。

〔6〕　[德]哈特穆特·毛雷尔：《行政法学总论》，高家伟译，法律出版社2000年版，第73~74页。

题。故裁量基准分类上虽非属法规命令，但在一定程度内，应认为具外部效力"。[1]

第二节　行政裁量基准适用效力有效性的检验标准及实现的技术支撑

在裁量基准适用会产生内部拘束力与外部法律效力，即裁量基准在适用效力上具有有效性这一点被确证之后，裁量基准因作为行政机关内部的一种行政职权命令，其内部适用效力有效性的实现自是理之当然，但是其外部适用效力的有效性，基于行政行为"公定力"[2]原理，其实却仅是一种被推定成立的有效性，其在实然的运行上通过适用所生成的外部法律拘束力如果被司法最终给予否定性的评价，那么这一外部适用效力终将是无效的[3]。所以，本书认为，裁量基准作为行政机关规则化、准则性的执法判断选择标准，对其外部适用效力有效性的最权威检验标准应当是司法最终原则之下的司法审查的标准，这是一个倒推的论证：在"裁量基准的适用"与"司法审查"的关系上，司法对裁量基准适用的审查包含两个方面，一是基于裁量

---

　[1]　陈春生：《行政法之学理与体系（一）：行政行为形式论》，三民书局股份有限公司1996年版，第110页。

　[2]　参见叶必丰：《行政行为原理》，商务印书馆2014年版，第278~284页。

　[3]　在此，需注意到司法对裁量基准的审查权能是不完整的，因而其对裁量基准适用效力的认定也是不完整的。我国《行政诉讼法》第13条第（二）项规定，"行政法规、规章或者行政机关制定、发布的具有普遍约束力的决定、命令"不属于法院的受案范围，第53条第1款规定："公民、法人或者其他组织认为行政行为所依据的国务院部门和地方人民政府及其部门制定的规范性文件不合法，在对行政行为提起诉讼时，可以一并请求对该规范性文件进行审查"；《最高人民法院关于适用〈中华人民共和国行政诉讼法〉的解释》（法释〔2018〕1号）第2条第2款规定，"行政诉讼法第十三条第二项规定的'具有普遍约束力的决定、命令'，是指行政机关针对不特定对象发布的能反复适用的规范性文件"，第149条规定："……经审查认为规范性文件不合法的，不作为人民法院认定行政行为合法的依据，并在裁判理由中予以阐明。……规范性文件不合法的，人民法院可以在裁判生效之日起三个月内，向规范性文件制定机关提出修改或者废止该规范性文件的司法建议。……情况紧急的，人民法院可以建议制定机关或者其上一级行政机关立即停止执行该规范性文件。"由此可以看出，司法对裁量基准的审查，在审查的权能上是残缺的，一方面，司法不能直接、主动地审查裁量基准，而只能在对依据裁量基准所作成的行政行为的争诉中进行被动地、附带性地审查；另一方面，经审查，若裁量基准违法，也只能在该个案中不予适用，仅此而已，而不能直接确认其违法、无效或撤销。

基准是构成裁量基准适用的前提，而审查裁量基准本身[1]，二是审查裁量基准的适用。当裁量基准和裁量基准的适用作为司法审查的对象时，司法对其进行审查的标准，就应当是裁量基准能够有效地发生外部适用效力所应当比照遵循的标准。而对这一标准的恪守，以及在裁量基准适用中引入一定的技术手段作为支撑，才能使裁量基准外部适用效力有效性的实现具有可能性。

以下先对大陆法系国家、英美法系国家和我国裁量基准适用的司法审查进行回顾、梳理与总结，再从中提取和归纳出司法审查的标准，以此推定出裁量基准外部适用效力有效性的检验标准，最后基于这一检验标准在裁量基准适用中引入支撑裁量基准外部适用效力有效性实现的技术手段。

一、裁量基准外部适用效力有效性的司法审查实践

（一）大陆法系国家裁量基准适用司法审查的回顾

在德国，裁量基准在本质上就是一个形象或具体化的行政裁量，[2]因

---

[1] 需要注意的是，裁量基准不但是司法审查的"对象"，而且同时也是司法审查的"法源"。当其一旦已经成为司法审查的"法源"时，其本身的效力不证自明。司法实践中虽早已有将裁量基准作为裁判依据的实际做法，即赋予裁量基准司法审查法源的地位，但裁量基准作为司法审查的法源是否具有形式来源上的正当性，这有待确定，即裁量基准作为行政规范性文件是否有资格和法律、法规、规章一样，成为司法审查的依据或参考。从学理上分析，裁量基准具有权力来源上的正当性，裁量基准也凭借行政法上的平等原则、行政自我拘束原则、信赖保护原则以及基于行政惯例而获得了对外的间接或附属的法效力，因而裁量基准有资格作为审判的依据而获得司法审查"法源"的地位。在司法实务中，虽然我国《行政诉讼法》第 63 条"人民法院审理行政案件，以法律和行政法规、地方性法规为依据。……人民法院审理行政案件，参照规章"的规定横亘于前，明示地排斥了裁量基准的法源地位，但是根据第 64 条"人民法院在审理行政案件中，经审查认为本法第五十三条规定的规范性文件不合法的，不作为认定行政行为合法的依据"的规定可以反推出——法院经审查认为行政机关制定的规范性文件合法的，可以作为认定行政行为合法的依据，进而第 64 条可以被解读为其隐含着对作为行政规范性文件的裁量基准法源地位的认可，而《最高人民法院关于适用〈中华人民共和国行政诉讼法〉的解释》（法释〔2018〕1 号）第 149 条第 1 款则进一步直接规定"人民法院经审查认为行政行为所依据的规范性文件合法的，应当作为认定行政行为合法的依据"，这不但确证了上述推理，而且也从正面承认了裁量基准的法源地位，同时，《最高人民法院关于印发〈关于审理行政案件适用法律规范问题的座谈会纪要〉的通知》（法〔2004〕96 号）也指出"行政审判实践中，经常涉及有关部门为指导法律执行或者实施行政措施而作出的具体应用解释和制定的其他规范性文件，……这些具体应用解释和规范性文件不是正式的法律渊源，对人民法院不具有法律规范意义上的约束力。但是，人民法院经审查认为被诉具体行政行为依据的具体应用解释和其他规范性文件合法、有效并合理、适当的，在认定被诉具体行政行为合法性时应承认其效力"，这也实质上赋予了裁量基准司法审查的法源地位。

[2] 周佑勇：《行政裁量基准研究》，中国人民大学出版社 2015 年版，第 178 页。

而与行政裁量权一并受到立法和司法的双重控制，在"裁量授权明确性原则"的统辖之下，立法机关必须为宪法所确立的基本权利受行政裁量权干预的范围划出清晰的界限，[1] 法院则以全能的角色不仅审查立法机关所确定的这一界限的合法性、明确性，而且审查行政机关是否是在这一界限内行为，[2] 并且遵循《德国行政法院程序规则》（2019 年修订）[3] 第 86 条的规定依职权对其所审查的行政行为的事实与证据重新展开调查。具体而言，法院依据《德国行政程序法》（2019 年修订）[4] 第 40 条和《德国行政法院程序规则》（2019 年修订）第 114 条的规定，通过"最大尊重的""标准的""审慎的""严格的"等不同强度等级的司法审查，[5] 确定行政机关行使裁量权存在的瑕疵，包括裁量逾越、裁量怠慢、裁量滥用及违反基本权利和一般行政法原则等[6]。也就是说，法院对行政裁量权行使的司法审查，主要是基于裁量瑕疵，即"裁量行政处分中，仅罹有裁量瑕疵者，始为违法之行政处分，亦始得对其提起行政诉讼"。[7] 法院原则上必须尊重行政机关就行政法规范法律效果部分的决定裁量或选择裁量，仅当其具有裁量瑕疵时才能进行司法审查。裁量瑕疵区分为积极行使裁量权与消极不行使裁量权两方面的瑕疵，前者表现为"裁量逾越"与"裁量滥用"，后者称为"裁量怠惰"（或"裁量不足"）。[8] 另外，"行政裁量的范围常因特殊具体情况而有所

---

〔1〕 Winfried Brohm, Ermessen und beurteilungsspielraum im Grundrechtsbereich, JZ 50（1995），S. 369 ff.

〔2〕 BVerfGE 83, 130；BVerfGE 84, 34；BVerfGE 84, 59.

〔3〕 Verwaltungsgerichtsordnung（VwGO）2019.

〔4〕 Verwaltungsverfahrensgesetz（VwVfG）2019.

〔5〕 参见 [日] Yutaka Arai-Takahashi："德国行政法上之裁量：学说重述"，骆梅英译，载朱新力主编：《法治社会与行政裁量的基本准则研究》，法律出版社 2007 年版，第 163 页。

〔6〕 参见 [德] 哈特穆特·毛雷尔：《行政法学总论》，高家伟译，法律出版社 2000 年版，第 129~132 页。

〔7〕 行政机关未遵守裁量之法律拘束，其行为"违法"，产生所谓的"裁量瑕疵"。行政机关的决定虽遵守裁量之法律拘束，但不合目的而未作成其他更有意义或更理想的决定，其行为仅为"不当"，而非"违法"。违法或不当的裁量行为虽均得以诉愿救济，但基于权力分立原则，法院仅能审查行政决定是否合法，而不能审查行政机关如何决定始更符合行政目的，否则无异于以法院取代行政机关行使裁量权而致司法权侵犯行政权。参见陈敏：《行政法总论》（第 9 版），陈敏发行（新学林出版有限公司经销）2016 年版，第 188 页。

〔8〕 "裁量逾越"是指行政机关所选定之法律效果或处分相对人，已超越法律所授权之裁量范围。"裁量滥用"是指行政机关作成裁量处分抵触法律授权之目的，或漏未审酌应斟酌之观点，或掺杂与授权意旨不相关因素之考量；行政裁量若违反一般之法律原则及宪法保障基本权利之意旨者，例

限缩（裁量减缩），行政机关若仍藉口裁量而不为特定决定或措施，亦属一种裁量瑕疵"。[1]裁量瑕疵构成违法裁量的各种类型也属于裁量基准合法与否的判断标准。[2]因此，针对裁量基准及裁量基准适用的司法审查，如同对于具体裁量决定的司法审查一样，以"裁量逾越""裁量滥用""裁量怠惰"为判定依据。至于裁量基准是否构成"裁量逾越""裁量滥用"，法院从裁量基准的规范内容上直接进行判断，具体是审查裁量基准本身的内容是否适法、妥当，主要以裁量基准的规范内容有无违反授予行政机关裁量权的法规范的立法意旨、目的为衡量因素，这涉及行政机关订定裁量基准所欲实现的行政目的与授权法的授权目的以及授权法的整体立法目的是否相冲突的问题。而裁量基准的适用是否构成"裁量逾越""裁量滥用""裁量怠惰"，则具体是审查行政机关针对个案适用裁量基准的过程是否适法、妥当，主要以行政机关行使裁量权是否符合法规范授予裁量权限的意旨为审查中心，这就涉及行政机关一律地适用裁量基准作成行政决定是否与立法授予裁量权追求个案正义的本旨相违背的问题[3]。

（接上页）如诚信原则、平等原则、比例原则等，亦构成裁量之滥用。"裁量逾越"与"裁量滥用"同属违法行为，其分别对应法定外部界限与内部界限的违背。"在外部界限上，不得逾越裁量权，亦不得有其他违反法律的情形。在内部界限上，不得滥用裁量权，或有裁量不足、考虑不周或权衡不当之情形。""裁量怠惰"是指行政机关出于过失而不知有裁量权之存在，或因故意而怠于行使法律所赋予之裁量权。部分观点认为"裁量怠惰"也属于"裁量滥用"的一种表现。参见陈恩仪："论行政法上之公益原则"，载城仲模主编：《行政法之一般法律原则》（二），三民书局股份有限公司1997年版，第169页；［德］哈特穆特·毛雷尔：《行政法学总论》，高家伟译，法律出版社2000年版，第129~132页；黄俊杰：《行政法》，三民书局股份有限公司2005年版，第123~127页；李建良："行政的自主余地与司法控制——翁岳生教授对'行政裁量及不确定法律概念'理论实践的影响"，载叶俊荣主编：《法治的开拓与传承——翁岳生教授的公法世界》，元照出版有限公司2009年版，第334页；陈敏：《行政法总论》（第9版），陈敏发行（新学林出版有限公司经销）2016年版，第192页；李震山：《行政法导论》（修订11版），三民书局股份有限公司2019年版，第289~291页。

〔1〕行政机关行使裁量权时，通常会有"多种选择的可能性"。唯于行政实务上，行政裁量的范围常因某些特殊情况的存在而受到限制，甚至缩减到仅有"一种决定的可能性"，行政机关因而负有作出特定处分或采取一定措施的"作为义务"，而无不作为的裁量余地，一般称为"裁量减缩"（裁量收缩、裁量缩减或萎缩至零）。参见李建良：《行政法基本十讲》（第8版），元照出版有限公司2018年版，第305~311页。

〔2〕参见蔡震荣："论事实认定与裁量基准之适用"，载蔡震荣：《行政制裁之理论与实用》（第2版），蔡震荣出版（元照出版有限公司总经销）2017年版，第259页。

〔3〕参见王志强："论裁量基准的司法审查"，东吴大学2005年硕士学位论文，第104~111页。

　　法国鉴于"行政法在很大程度上是法官的制造产物。……判例仍然具有造法性"，[1]关于行政裁量及指示的司法审查问题，主要受法院判例支配。行政法院通过对行政机关对事实的评价（"事实的法律定性"，qualification juridique des faits）、行政行为的事实根据和法律依据，在区分不同领域、情形和保护行政相对人权利重要性的基础上，实施"最低审查""有限审查""一般审查"及"比例审查"等不同强度的审查以实现对裁量权的控制，[2]还通过确立判例[3]将法律文本上的裁量权转化为实际上的羁束权对裁量权进行控制，行政法院也经由系列案件确立了"不可针对裁量基准提起诉讼，只能通过附带方式质疑其效力"[4]的立场，即行政相对人不能就指示本身直接提起行政诉讼，但可以在对适用指示作出的行政决定提起的诉讼中附带诉请对"指示的合法性"或"指示适用与否"等进行审查、认定[5]。

　　日本法院在对适用裁量基准作出的行政决定进行审查时，会首先就该裁量基准的合理性展开，[6]当裁量基准被判定为是合理的，进而就行政机关在个案中适用裁量基准的合理性进行审查。这种审查方式被称为"判断过程

　　[1] 参见［法］古斯塔夫·佩泽尔：《法国行政法》，廖坤明、周洁译，国家行政学院出版社2002年版，第41~42页。

　　[2] 参见陈咏熙："法国法上的行政裁量及其司法控制"，载朱新力主编：《法治社会与行政裁量的基本准则研究》，法律出版社2007年版，第136~152页。

　　[3] CE Sect., 9 juillet 1943, Tabouret et Laroche, Rec. p. 182.

　　[4] 张莉："行政裁量指示的司法控制——法国经验评析"，载《国家行政学院学报》2012年第1期，第119页。

　　[5] 对指示附带诉请审查、认定的前提是指示的公开。在法国，指示作为设定裁量基准的行政内部文件，在公开问题上，基于减少纠纷、增强透明度的考量，经历了一个从可以不公开到应当定期公布的过程。参见1973年6月29日"Société Géa"案（CE Sect., 29 juin 1973, Société Géa, Rec. p. 453.）和1978年7月17日颁布的"关于改进行政机关和公众之间关系以及行政、社会和财税规定之间关系的各种措施"的第78-753号法律第9条（Loi n° 78-753 du 17 juillet 1978 portant diverses mesures d'amélioration des relations entre l'administration et le public et diverses dispositions d'ordre administratif, social et fiscal.—— "Article 9 Font l'objet d'une publication régulière：1. Les directives, instructions, circulaires, notes et réponses ministérielles qui comportent une interprétation du droit positif ou une description des procédures administratives；2. La signalisation des documents administratifs. Un décret en Conseil d'Etat pris après avis de la commission d'accès aux documents administratifs précisera les modalités d'application du présent article." ［En ligne：https://www.legifrance.gouv.fr/affichTexte.do；jsessionid = 71EC8D6456ACA7B8BB97466723C5EC26. tplgfr31s_ 1？cidTexte = JORFTEXT000000339241&dateTexte = 20050606］. Consulté le 25 mars. 2021.）.

　　[6] 参见［日］盐野宏：《行政法》，杨建顺译，法律出版社1999年版，第76页。

审查方式"[1]，其源于法院对要件裁量的承认，因为这一认可引发出法院对行政机关专门技术性判断应该尊重到什么程度，亦即司法审查的深度问题，这与司法审查的方式相关联。法院对行政机关的专门技术性判断，只限于审查其是否存在"调查审议及判断的过程中难以发现的错误、缺陷"，因而称为"判断过程审查"。判断过程审查不仅着眼于从行政裁量过程中的考虑要素或价值[2]等入手多角度审查裁量的合理性，而且关注行政机关适用一般基准（裁量基准）就个案作成决定的过程，[3]被认为是一种"程序性实体审查方式"。同时，虽然法院要对行政机关就个案适用裁量基准进行审查，但是也容许行政机关基于"个别情事考虑义务"[4]在有充分合理化理由的前提下逸脱适用裁量基准作出行政决定。

（二）英美法系国家裁量基准适用司法审查的梳理

在英国，行政行为违反行政法治原则即构成越权。"越权原则"（ultra vires）是英国行政法的核心原则，"越权原则的范围十分宽泛，它不仅包括实体上的权力滥用和程序违法，而且包括违反行政机关的义务和授予它们的裁量权"。[5]与之勾连，英国对行政行为司法审查的法理基础就是越权无效理论，[6]越权无效理论体现出法律对行政上恣意与专断行为的裁判和控制功能，是一种明显的"规范主义"[7]风格，在这一理论之下实现司法对行政的干预和限制，这一理论也因之被称为行政法"红灯理论"[8]最具代表性的样本。具体而言，在实体上，司法审查之于行政裁量权，首先，要审查"裁量权逾越"，即审查行政机关行使裁量权是否超越了授权的边界和裁量的

---

〔1〕　[日]南博方：《行政法》（第6版），杨建顺译，中国人民大学出版社2009年版，第43页。

〔2〕　参见江利红：《日本行政诉讼法》，知识产权出版社2008年版，第100~101页。

〔3〕　参见汪厚冬："日本行政裁量的裁判治理研究及其启示"，载《江汉学术》2017年第5期，第71页。

〔4〕　小早川光郎『行政法講義下Ⅰ』（弘文堂，2002年）24~25页参照。

〔5〕　[英]彼得·莱兰、戈登·安东尼：《英国行政法教科书》（第5版），杨伟东译，北京大学出版社2007年版，第291页。

〔6〕　参见[英]威廉·韦德、克里斯托弗·福赛：《行政法》（第10版），骆梅英等译，中国人民大学出版社2018年版，第25页。

〔7〕　参见[英]马丁·洛克林：《公法与政治理论》，郑戈译，商务印书馆2002年版，第83~88页。

〔8〕　参见[英]卡罗尔·哈洛、理查德·罗林斯：《法律与行政》（上卷），杨伟东等译，商务印书馆2004年版，第92~110页。

范围。而后，要审查"裁量权滥用"，这又区分为两个层次[1]：第一层次是审查行政机关对裁量权的行使是否符合制定法所授予其权力的条件、是否符合制定法的目的[2]、是否考虑了不相关因素以及未考虑相关因素[3]、是否侵犯了人权法所规定的基本人权[4]等，第二层次是审查行政机关为达至制定法目的行使裁量权所采取的方式是否是不合理或不理性[5]、不成比例[6]的。另外，还要审查"裁量权怠惰"，即审查行政机关是否怠于行使裁量权，其中就包含有"规则（rule）或政策（agency）对裁量的约束"[7]的情形，即行政机关受制于过于严格及僵化的既有规则或政策（非正式规则）的拘束而未能根据个案特殊情况就实现个案正义"逸脱"适用该规则或政策作出判断。这也就是韦德和福赛所说的"一个公权力主体如果盲目地跟随某个既定的政策，就可能并未对具体个案进行考量，从而也就未能合法地行使裁量权。裁量权行使的一条基本规则是：其必须及于每一个个案——对每个案件都应当基于其自身的具体情况进行考量，根据当时公共利益的需要进行决断"。[8]要言之，"被授予裁量权者有义务考虑他所面对特定个案的具体情形，而不能简单套用规则完事"。[9]此外，法院对于非正式规则多是附带性审查，也不因为其不公开而免受司法审查。[10]

美国对非立法性规则适用的司法审查，以对行政裁量行为的司法审查为参照系，涉及审查的强度与审查的范围问题。《美国联邦行政程序法》（1978

---

〔1〕 参见李洪雷："英国法上对行政裁量权的司法审查——兼与德国法比较"，载罗豪才主编：《行政法论丛》（第6卷），法律出版社2003年版，第342页。

〔2〕 参见余凌云：《行政法讲义》（第3版），清华大学出版社2019年版，第170~176页。

〔3〕 参见余凌云：《行政法讲义》（第3版），清华大学出版社2019年版，第176~181页。

〔4〕 参见［英］A. W. 布拉德利、K. D. 尤因：《宪法与行政法》（第14版，下册），刘刚等译，商务印书馆2008年版，第677页。

〔5〕 参见［英］威廉·韦德、克里斯托弗·福赛：《行政法》（第10版），骆梅英等译，中国人民大学出版社2018年版，第269~279页。

〔6〕 J. Beatson & M. H. Matthews, *Administrative Law: Cases and Materials*, 2nd edition, Clarendon Press, 1989, p. 18.

〔7〕 胡建淼主编：《行政行为基本范畴研究》，浙江大学出版社2005年版，第109页。

〔8〕 ［英］威廉·韦德、克里斯托弗·福赛：《行政法》（第10版），骆梅英等译，中国人民大学出版社2018年版，第247页。

〔9〕 ［英］卡罗尔·哈洛、理查德·罗林斯：《法律与行政》（上卷），杨伟东等译，商务印书馆2004年版，第351页。

〔10〕 参见余凌云：《行政自由裁量论》（第3版），中国人民公安大学出版社2013年版，第313页。

年修订）[1]第 701 条 a（2）虽然规定：“法律赋予行政机关自由裁量权的行为不受司法审查”，但是美国最高法院在 1971 年 Citizens to Preserve Overton Park, Inc. v. Volpe[2]案中确立了这一不受司法审查的范围仅为“行政机关所作出的行政行为具有高度裁量性以致缺乏确定行政机关选择合法性的权威标准的情况”[3]，并进一步在 1985 年 Heckler v. Chaney[4]案中将行政裁量权不受司法审查这一例外更是限定在“法院对判断裁量权之行使没有任何实质性标准时”[5]，例外之外，即按照第 706 条（2）A 的规定，对“专横、任性、滥用自由裁量权或其他不合法的行为”进行司法审查，“对裁量决定而言，对滥用行政裁量权和违反程序行为的司法审查也早已是行政法的主题”。[6]另外，虽然第 706 条，即“负责审查的法院应当在作出裁定所必要的范围内和所提事实的基础上，裁决有关的全部法律问题、解释宪法和法律的规定、确定机关术语的含义或适用性”这样的规定表明，司法被默认为有权行使独立的判断权而无须对包含行政机关制定的各类规则及其适用在内的行政裁量尤其是专业性判断保持尊重，但是这并不意味着在实践中即是如此或一概而论。对于立法性规则适用而言，美国最高法院在 1984 年 Chevron U. S. A., Inc. v. Natural Resources Defense Council, Inc.[7]案中确立了“谢弗朗式尊重”规则：法院在审查行政机关的法律解释时，应采取两个步骤，第一步，审查法律是否对行政机关所解释的问题已有规定，若有规定则按法律的规定解释；接下来第二步，若无规定或规定得较为模糊，则应审查行政机关的解释是否合理，只要是合理的就应予以尊重。对于非立法性规则适用而言，美国最高法院在 1944 年 Skidmore v. Swift & Co.[8]案中确立了仅当行政机关的解释被认为是“具有说服力”时法院才会予以尊重的“斯基德莫尔

---

[1]　Administrative Procedure Act, 5 U. S. C.（1978）.

[2]　401 U. S. 402（1971）.

[3]　William R. Andersen, “Judicial Review of State Administrative Action–Designing the Statutory Framework”, *Administrative Law Review*, vol. 44, no. 3, Summer 1992, p. 536.

[4]　470 U. S. 821（1985）.

[5]　胡建淼主编：《行政行为基本范畴研究》，浙江大学出版社 2005 年版，第 118 页。

[6]　参见［美］彼得·H. 舒克编著：《行政法基础》，王诚等译，法律出版社 2009 年版，第 132 页。

[7]　467 U. S. 837（1984）.

[8]　323 U. S. 134（1944）.

式尊重"规则，并且在 2000 年 Christensen v. Harris County〔1〕案和 2001 年 United States v. Mead Corp.〔2〕案中重申了适用于非立法性规则的这一尊重程度较低的规则，同时借机扭转曾经出现过的对非立法性规则适用也给予"谢弗朗式尊重"的偏差，以及对"谢弗朗式尊重"规则的适用增加了限制——行政机关的解释如若要获得"谢弗朗式尊重"，则必须附加满足"法律已授权行政机关制定具有法律效力的规则"和"该解释是在行使该授权的情况下作出的"两个实质性要件，即由"两步骤"发展成为"米德式四步骤"，这也间接表明非立法性规则适用基于其性质无论如何都无法获得谢弗朗式程度的尊重。

(三) 我国裁量基准适用司法审查的总结

在我国，裁量基准适用之于司法审查，主要体现在司法对裁量基准适用的审查强度方面。在这方面，问题的落脚点在于司法对于蕴含行政机关专业判断的裁量基准适用的尊重程度，这种尊重如同上述美国对于非立法性规则适用的"斯基德莫尔式尊重"，意味着司法在什么情形下以及在多大程度上可以干预行政，体现的是一种司法对行政的"尊让"，〔3〕这就涉及司法审查的标准〔4〕。

结合我国《行政诉讼法》第 5 条"人民法院审理行政案件，以事实为根

---

〔1〕 529 U. S. 576 (2000).

〔2〕 533 U. S. 218 (2001).

〔3〕 参见何海波：《行政诉讼法》(第 2 版)，法律出版社 2016 年版，第 100~105 页。

〔4〕 司法审查的范围、根据、要素、标准、对象、标的、形式，是有一定关联与区别的概念。司法审查的范围是指什么样的行政行为受制于法院的审查并可被法院撤销。司法审查的根据，如我国《行政诉讼法》第 70 条规定的"主要证据不足""适用法律法规错误""违反法定程序""超越职权""滥用职权""明显不当"等都是司法审查的根据。每一个司法审查的根据又包括了司法审查的要素和司法审查的标准。司法审查的要素是指主体、管辖权、事实、证据、程序、法律要件和法律效果等。司法审查的标准则与司法审查的要素相对应，包括合宪性标准、合法性标准、合理性标准。司法审查的对象指的是被审查的行政行为。司法审查的标的是指如何在诉讼中对审查对象进行性质上的判断，如被诉行政行为的合法性就是司法审查的标的之一。司法审查的形式是指法院对行政行为进行审查的具体模式，包括法律审、事实审以及既有法律审又有事实审的全面审。参见张千帆、赵娟、黄建军：《比较行政法：体系、制度与过程》，法律出版社 2008 年版，第 529 页；何海波："行政行为的合法要件——兼议行政行为司法审查根据的重构"，载《中国法学》2009 年第 4 期，第 65~69 页；何海波：《实质法治：寻求行政判决的合法性》，法律出版社 2009 年版，第 175~186 页；解志勇：《论行政诉讼审查标准——兼论行政诉讼审查前提问题》(修订版)，中国人民公安大学出版社 2009 年版，第 3~5、156~157、364~365 页。

据，以法律为准绳"；第 6 条 "人民法院审理行政案件，对行政行为是否合法进行审查"；第 70 条行政行为主要证据不足的、适用法律法规错误的、违反法定程序的、超越职权的、滥用职权的、明显不当的，法院可以作出撤销判决；第 72 条 "人民法院经过审理，查明被告不履行法定职责的，判决被告在一定期限内履行"；第 77 条第 1 款行政处罚明显不当，法院可以作出变更判决……从这一系列的规定可以推演出，司法对裁量基准适用的审查标准为合法性标准，是 "在坚持合法性审查原则的前提下，对合法性原则的内涵作了扩大解释"[1]——把面向行政裁量的 "明显不当" 这类不合理行为也视作违法行为，把合理性标准纳入合法性标准的范畴之下。

　　司法对于裁量基准适用的合法性审查主要分为形式审查与实质审查，还有程序审查。具体而言，形式审查围绕 "超越职权" 展开，审查裁量基准在内容与适用上是否具有上位法依据、是否与上位法存有冲突以及是否超出了授权范围等。[2] 实质审查以 "滥用职权" 与 "明显不当" 为主要内容。在 "滥用职权" 方面，基于是否违背法律目的、是否恶意行使权力[3]等，考量裁量基准的内容与适用是否适法，以及有无拒绝履行或不履行裁量基准适用的义务[4]、有无因事制宜地逸脱裁量基准的适用、有无以 "实质性证据" 标准[5]为比照运用充足的证据及依据支撑裁量基准的适用等；对于 "明显不当"，一般是基于是否考虑了不相关因素（情节）及没有考虑相关因素（情节）、是否违背比例原则、是否无正当理由给予区别对待、是否未遵循业已形成的行政先例或法律原则[6]等，评判裁量基准的内容与适用是否 "明显" 不合理。可以说，在实质审查上，"滥用职权" 与 "明显不当" 分别承担了主观与客观两个层面的审查任务，[7] 滥用职权的实质是偏离法

---

[1]　参见信春鹰主编：《中华人民共和国行政诉讼法释义》，法律出版社 2014 年版，第 20 页。

[2]　参见周佑勇："裁量基准司法审查研究"，载《中国法学》2012 年第 6 期，第 176 页。

[3]　参见何海波："论行政行为 '明显不当'"，载《法学研究》2016 年第 3 期，第 77~78 页。

[4]　此类情形在本质上属于消极的滥用职权。参见王贵松：《行政裁量的构造与审查》，中国人民大学出版社 2016 年版，第 154 页。但也有观点认为，未行使裁量权（未履行裁量基准适用义务）属于超越职权的一种形式。参见 [印] M. P. 赛夫：《德国行政法——普通法的分析》，周伟译，山东人民出版社 2006 年版，第 155~159 页。

[5]　参见王名扬：《美国行政法》，中国法制出版社 1995 年版，第 681~685 页。

[6]　参见何海波："论行政行为 '明显不当'"，载《法学研究》2016 年第 3 期，第 79~84 页。

[7]　参见周佑勇："司法审查中的滥用职权标准——以最高人民法院公报案例为观察对象"，载《法学研究》2020 年第 1 期，第 56~60 页。

律目的行使权力，因而对于裁量基准的适用，"滥用职权"主要是应用于审查行政机关具有主观恶性的行为，而"明显不当"主要是应用于审查行政机关客观不当的行为。程序审查则是专门面向程序违法，考察裁量基准的适用是否存有程序瑕疵。

另外，基于"行政诉讼审查标的是决定审查标准的前提问题。审查标的不同，相应的审查标准也有所差异"[1]的观点，主张对裁量基准文本所对应的客体是"不确定法律概念"还是"行政裁量"，区分严格或宽松的司法审查立场；[2]对涉及解释与适用包含有"不确定法律概念"的裁量基准的行为进行司法审查时，依"经验性不确定法律概念"与"规范性不确定法律概念"的不同，就技术方面在审查形式上作全面审查或有限审查的区分；[3]对裁量情节的认定，区别"法定情节"与"酌定情节"[4]（"强制性考虑因素"与"允许性考虑因素"[5]），在司法审查的强度上作出权衡。[6]这些见解，也逐渐在司法实践中得以实现。

二、通过司法审查标准引入支撑裁量基准外部适用效力有效性实现的技术手段

（一）司法审查标准的萃取与裁量基准外部适用效力有效性的检验标准

裁量基准作为一种行政权行使的自制规范，必然要受到司法的评价，这既是立基于宪治的框架，也是基于"裁量不审理原则"[7]向"裁量必受司

---

〔1〕 解志勇：《论行政诉讼审查标准——兼论行政诉讼审查前提问题》（修订版），中国人民公安大学出版社 2009 年版，第 3 页。

〔2〕 参见杨智杰："行政行为司法审查之基础理论"，载谢哲胜、林明锵、李仁淼主编：《行政行为的司法审查》，元照出版有限公司 2018 年版，第 12~15 页。

〔3〕 参见周佑勇、熊樟林："裁量基准司法审查的区分技术"，载《南京社会科学》2012 年第 5 期，第 90~91 页。

〔4〕 参见周佑勇："论行政裁量的情节与适用"，载《法商研究》2008 年第 3 期，第 38~40 页。

〔5〕 参见余凌云："论对行政裁量相关考虑的审查"，载《中外法学》2003 年第 6 期，第 740~742 页。

〔6〕 参见周佑勇："裁量基准个别情况考量的司法审查"，载《安徽大学学报（哲学社会科学版）》2019 年第 5 期，第 109~111 页。

〔7〕 根据裁量不审理原则，"法院之权限被限定于行政活动之适法、违法审查，而法律拘束所不及之行政活动，法院不得对其当或不当加以审查"。"法律本身对行政机关承认其有处分之选择自由，或承认行政机关对不确定概念之解释、适用有判断权时，当然排除司法审查而认行政有最终决定之权限。"参见刘宗德：《行政法基本原理》，学林文化事业有限公司 1998 年版，第 131~132 页。

法统制"转变的必然结果，司法不会无视裁量基准这一行政自主的空间。从以上国家裁量基准适用司法审查的实践"提取公因数"，可以得出如下结论：一是，司法对裁量基准及裁量基准适用进行审查的标准是合法性标准，这一标准是包含合理性评价因素在内的标准。二是，司法对裁量基准的合法性审查，主要是判别裁量基准是否构成"裁量逾越"与"裁量滥用"。"裁量逾越"即具体审查裁量基准文本的内容是否超出了授权法规范授权的内容框架；"裁量滥用"即具体审查订定裁量基准文本所欲实现的行政目的是否与授权法规范的授权目的、授权法规范的立法目的相违背。三是，司法对裁量基准适用的合法性审查，主要是判定裁量基准适用是否构成"裁量逾越""裁量滥用""裁量怠惰"。"裁量逾越"即审查裁量基准适用是否超越了所授予裁量权的边界与范围；"裁量滥用"即审查裁量基准适用是否违背行政目的、授权法规范的授权目的与授权法规范的立法目的，是否考虑了不相关因素及未考虑相关因素，是否违背比例原则、是否无正当理由给予区别对待、是否未遵循业已形成的行政先例或法律原则等；"裁量怠惰"即审查行政机关有无拒绝履行或不履行裁量基准适用的义务[1]，有无基于个案正义而逸脱适用裁量基准，有无在特定情境下收缩适用裁量基准，有无在层级体系中以及在规范变更后选择适用裁量基准等。

　　由此，可以反向推演出裁量基准能够在实然上有效地发生外部适用效力的检验标准，其包括但不限于：

　　作为前提，裁量基准本身应当是合法的、允恰的，因此，裁量基准在内容设定上，应当具有上位法依据，应当在授权法规范授权的内容框架之内，未构成"裁量逾越"；在行政目的实现上，应当与授权法规范的授权目的、授权法规范的立法目的相吻合，未构成"裁量滥用"。

　　作为过程，裁量基准适用应当是适法的、妥当的，鉴于此，适用裁量基准作成行政决定，应当在所授予裁量权的限度与界线之内，未构成"裁量逾越"；所期达致的行政目的应当与授权法规范的授权目的、授权法规范的立法目的相契合，应当考虑相关因素及不考虑不相关因素，符合比例原则、平等原则、行政自我拘束原则、信赖保护原则等行政法一般法律原则，遵循业已形成的行政先例、行政惯例等，未构成"裁量滥用"；在裁量基准适用义

---

〔1〕　参见郑琦："行政不作为探析"，载《行政论坛》2003年第5期，第42页。

务的履行上积极作为，视情逸脱裁量基准的边界变更或排除适用裁量基准，在特定情境下收缩适用裁量基准，在层级体系中以及在规范变更后选择适用裁量基准等，未构成"裁量怠惰"。

（二）无瑕疵裁量请求权与裁量基准外部适用效力有效性实现的技术支撑

基于上述裁量基准外部适用效力有效性的"裁量瑕疵"检验标准，行政机关应当无裁量瑕疵地作成决定，这是行政机关的法律义务，[1] 如果该义务又同时为保障特定人之利益（或至少兼具保障特定人之利益为其目的）而存在，[2] 则该特定行政相对人就享有"无瑕疵裁量请求权"[3]，有权请求行政机关作成无瑕疵的裁量决定以及特定的决定。

无瑕疵裁量请求权是一种"主观公法上权利"。从公民的角度而言，主观公权利是指公法赋予个人为实现其权益而要求国家为或者不为特定行为的权能，[4] 即"个人主观权利在公法领域里只是一种为了个人利益使法律规范发挥作用的能力"[5]，其定位于"人民对于公权力主体的特殊请求权"[6]，并且是一种积极的请求权[7]。主观公权利成立的条件在于：存在规定行政机关应当采取特定行为（行政的法律义务）的法律规定，并且该法律规定——至少也——以保护个人利益为目的。[8]

因此，即使行政机关有作成无裁量瑕疵决定的义务，而特定行政相对人

---

〔1〕 参见李惠宗："主观公权利、法律上利益与反射利益之区别"，载《行政法争议问题研究》（上），五南图书出版有限公司 2000 年版，第 157～158 页；黄异：《行政法总论》（修订 7 版），三民书局股份有限公司 2013 年版，第 45 页；陈敏：《行政法总论》（第 9 版），陈敏发行（新学林出版有限公司经销）2016 年版，第 194 页。

〔2〕 参见林锡尧：《行政法要义》（第 3 版），元照出版有限公司 2006 年版，第 264～265 页。

〔3〕 参见［日］田村悦一：《自由裁量及其界限》，李哲范译，中国政法大学出版社 2016 年版，第 169～185 页。

〔4〕 ［德］哈特穆特·毛雷尔：《行政法学总论》，高家伟译，法律出版社 2000 年版，第 152 页。

〔5〕 ［德］格奥格·耶利内克：《主观公法权利体系》，曾韬、赵天书译，中国政法大学出版社 2012 年版，第 47 页。

〔6〕 参见［德］奥托·迈耶：《德国行政法》，刘飞译，商务印书馆 2013 年版，第 120～122 页；黄异：《行政法总论》（修订 7 版），三民书局股份有限公司 2013 年版，第 47～48 页。

〔7〕 ［日］原田尚彦：《诉的利益》，石龙潭译，中国政法大学出版社 2014 年版，第 32～33 页。

〔8〕 参见［德］哈特穆特·毛雷尔：《行政法学总论》，高家伟译，法律出版社 2000 年版，第 155 页；［德］埃贝哈德·施密特-阿斯曼等：《德国行政法读本》，于安等译，高等教育出版社 2006 年版，第 304～307 页；"薛某棋与莆田市荔城区麒麟木工厂土地登记纠纷再审案"，最高人民法院（2018）最高法行申 6115 号行政裁定书。

未必就享有请求行政机关为无瑕疵裁量决定的权利。也就是说，"并非每个裁量规范都存在对应的主观权利。界分的关键在于裁量规范的解释，及其目的是公共利益还是个人权益"。[1] "只有在设定裁量的法律规范既服务于公共利益又服务于有关公民的个人利益时，该公民才有请求权，不存在对无缺陷裁量决定的一般请求权。"[2]

那么，当行政相对人享有无瑕疵裁量请求权，其主观公权利具有实现的可能性时，行政机关适用裁量基准作成裁量决定，就需是一种合义务性裁量[3]、合目的性裁量[4]、积极裁量，并需防止"裁量逾越""裁量滥用""裁量怠惰"。而合义务性裁量、合目的性裁量、积极裁量也构成了裁量基准技术化适用的原则性要求。据此，本书认为，针对检验裁量基准外部适用效力有效性的"裁量瑕疵"标准，在裁量基准适用上就需要求诸有关"控制行政权行使方面的技术手段与规则"，通过引入裁量基准适用说明理由、利益衡量、证据补强的技术，使裁量决定更趋于合法、合理、精准，更具有理性[5]、可接受性[6]，为裁量基准外部适用效力有效性的实现提供技术支撑。裁量基准适用说明理由、利益衡量、证据补强，这三类支撑裁量基准外部适用效力有效性实现的技术手段及其运用规则，归属于裁量基准适用技术的"主体体系"之列。

---

〔1〕　参见［德］汉斯·J. 沃尔夫、奥托·巴霍夫、罗尔夫·施托贝尔:《行政法》（第 1 卷），高家伟译，商务印书馆 2002 年版，第 364 页。

〔2〕　参见［德］哈特穆特·毛雷尔:《行政法学总论》，高家伟译，法律出版社 2000 年版，第 161 页;［德］弗里德赫尔穆·胡芬:《行政诉讼法》（第 5 版），莫光华译，法律出版社 2003 年版，第 291 页。

〔3〕　参见翁岳生:"论'不确定法律概念'与行政裁量之关系"，载翁岳生:《行政法与现代法治国家》，三民书局股份有限公司 2015 年版，第 34 页。

〔4〕　参见［日］田村悦一:《自由裁量及其界限》，李哲范译，中国政法大学出版社 2016 年版，第 206~218 页。

〔5〕　参见王锡锌:"行政自由裁量权控制的四个模型——兼论中国行政自由裁量权控制模式的选择"，载《北大法律评论》2009 年第 2 期，第 325~327 页;戴激涛:"通过宪法的商谈:行政裁量的软法规制"，载《厦门大学法律评论》2014 年第 2 期，第 117~120 页。

〔6〕　参见胡建淼主编:《法律适用学》，浙江大学出版社 2010 年版，第 44~45 页;伍劲松:《行政解释研究》，人民出版社 2010 年版，第 74~83 页。

第四章

行政裁量基准适用"说明理由"的技术

以"方林富案"为分析工具：为证立本书的论题，本书选取在国内曾产生较大影响的"方林富案"为分析例证贯穿于各立论主题之中。通过借助于分析方林富案的行政处罚决定书、行政复议申请书、行政复议决定书、行政起诉状、行政答辩状、一审行政判决书、行政上诉状、二审行政答辩状、二审行政判决书、再审行政裁定书等，在本书的各立论之中，首先从基本案情中整理切分出相应问题，为分析提供切入点，然后结合行政法理展开探讨，在对案情的逐步还原与逐层解构中建构起裁量基准适用技术的理论与体系。

"方林富炒货店"是杭州一家开了二十多年的著名炒货老字号，因其在经营场所内外及所销售产品包装袋上使用"最好""最优""最香""最特色""最高端"等顶级词汇作为广告宣传用语，被杭州市西湖区市场监督管理局认定违反了新《广告法》（2015 年修订）第 9 条第 3 项"广告不得使用'国家级'、'最高级'、'最佳'等用语"的规定，并依据第 57 条第（一）项和《杭州市规范行政处罚自由裁量权的规定》第 9 条第（三）（四）项[1]的规定，被"责令停止发布使用顶级词汇的广告"，并处以"罚款人民币贰拾万元"的行政处罚。[2]

此案是 2015 年 9 月 1 日新《广告法》（2015 年修订）施行后杭州市首例乃至全国范围内较早因使用顶级词汇作为广告宣传用语引发的较大数额罚款的行政处罚案，案件自 2015 年 11 月 5 日西湖区市场监督管理局立案之日

---

〔1〕 参见《杭州市人民政府关于印发杭州市规范行政处罚自由裁量权规定的通知》（杭政函〔2009〕274 号）。

〔2〕 参见杭州市西湖区市场监督管理局（杭西）市管罚处字〔2015〕534 号行政处罚决定书。

起，历经听证〔1〕、处罚、复议〔2〕、一审，至 2018 年 9 月 7 日二审维持一审“原告的案涉违法行为情节较为轻微，社会危害性较小，对此处以 20 万元罚款，在处罚数额的裁量上存在明显不当。根据本案前述具体情况，本院将罚款数额变更为 10 万元”的判决，〔3〕再至 2020 年 1 月 2 日再审裁定驳回再审申请〔4〕止，历时 4 年多，几乎每一环节都受到媒体和公众的广泛关注，案件还引发了学界与实务界及界内的观点碰撞，其原因聚焦于“使用一个‘最’字就罚款 20 万元，是否过罚相当”。

本书认为，方林富案表象上为行政处罚决定的合理性问题，由表及里，可归结为行政裁量基准适用的正当性、合理性议题，但隐藏在此案背后的实质却是行政裁量基准适用技术的论题，这涉及裁量基准适用“说明理由”“利益衡量”“证据补强”的技术，涉及裁量基准“逸脱适用”“收缩适用”“选择适用”的技术，其基于各自不同的角色定位与功能定位，共同为裁量基准适用正当性与有效性的实现提供方法论上的技术保障与技术支撑。以下以裁量基准适用“说明理由”的技术为先，逐章展开论述。

第一节　说明行政裁量基准适用理由的技术误区及纾解

一、说明裁量基准适用理由的技术误区

（一）方林富案适用裁量基准的解析与说理漏洞

方林富案，根据其行政处罚决定书的表述，西湖区市场监督管理局作出处理决定的依据有二：

一是依据《广告法》（2015 年修订）第 57 条第（一）项的规定，“发布有本法第九条、第十条规定的禁止情形的广告的”，“由工商行政管理部门责令停止发布广告，对广告主处二十万元以上一百万元以下的罚款，情节严重的，并可以吊销营业执照，由广告审查机关撤销广告审查批准文件、一年

---

〔1〕　参见杭州市西湖区市场监督管理局（杭西）市管罚听告字〔2015〕534 号行政处罚听证告知书；杭州市西湖区市场监督管理局（杭西）市管法听字〔2016〕1 号行政处罚听证通知书。

〔2〕　参见杭州市市场监督管理局（杭）市管复决字〔2016〕139 号行政复议决定书。

〔3〕　参见杭州市西湖区人民法院（2016）浙 0106 行初 240 号行政判决书；浙江省杭州市中级人民法院（2018）浙 01 行终 511 号行政判决书。

〔4〕　参见浙江省高级人民法院（2019）浙行申 64 号行政裁定书。

内不受理其广告审查申请"。

从其整个行政处理决定可以看出，除"责令停止发布使用顶级词汇的广告"的处理决定是依据法条的明确指引之外，在"对广告主处二十万元以上一百万元以下的罚款，情节严重的，并可以吊销营业执照，由广告审查机关撤销广告审查批准文件、一年内不受理其广告审查申请"这一"裁量空间"中，其首先排除"情节严重的"情形适用，进而适用非情节严重的"二十万元以上一百万元以下的罚款"情形，最终决定适用"罚款人民币贰拾万元"情形，历经这一连环的裁量过程直至作出最终的裁量决定，法条并没有给予明确的指引，应是执法者自身依据合理行政原则、比例原则等行政法基本原则，结合个案具体情形，经由价值判断和利益衡量，即适用不成文裁量基准而作出决定的结果。那么，由此就引发出疑问：西湖区市场监督管理局在适用裁量基准实施处罚行为的过程中，是如何适用行政法之一般法律原则的，特别是如何适用合理行政原则[1]的，有没有遵循其"应当考虑相关因素"[2]的要求？是如何适用比例原则的，是否符合其子原则"最小侵害原则"和"法益相称性原则"[3]的要求？适用于本案的具体情形和作出处罚决定的特殊理由又是什么？

二是依据《杭州市规范行政处罚自由裁量权的规定》第9条第（三）（四）项的规定，"未曾发生过相同违法行为的"，"主动中止违法行为的"，"行政处罚实施机关应当依法从轻处罚"。

从其"罚款人民币贰拾万元"的处罚决定可以看出，其实际上还是在适用不成文裁量基准。因为，适用此条"从轻处罚"的规定，再结合案件事实"涵摄"[4]到《广告法》（2015年修订）第57条第（一）项的规定之下，并非就一定能得出罚款20万元的结论，即"从轻处罚"未必对应的就是罚款20万元。需认识到，"从轻处罚"并不是以法定处罚幅度的中线为标准的，不能认为凡是高过中线的就是从重，也不能认为凡是低于中线的就是从

---

[1] 参见林惠瑜："英国行政法上之合理原则"，载城仲模主编：《行政法之一般法律原则》（一），三民书局股份有限公司1999年版，第171~198页。

[2] 参见［英］威廉·韦德、克里斯托弗·福赛：《行政法》（第10版），骆梅英等译，中国人民大学出版社2018年版，第293~296页。

[3] 参见郑琦："比例原则的个案分析"，载《行政法学研究》2004年第4期，第55~57页。

[4] 参见［德］卡尔·拉伦茨：《法学方法论》，陈爱娥译，商务印书馆2003年版，第33~42页。

轻，从重、从轻处罚是相对于没有从重、从轻情节而言的，结合案情，高于中线的也可能是从轻处罚，低于中线的也可能是从重处罚。那么，由此又引发出疑问：经以上推理过程，最后得出 "罚款人民币贰拾万元" 的结论，其依据和理由又是什么？

（二）说明裁量基准适用理由存在的技术误区与缘由

有鉴于此，可以看出，在方林富案的处理中，西湖区市场监督管理局自始至终都未说明裁量基准适用的理由，具体而言，可以初步推定出，西湖区市场监督管理局作出的处罚决定，既未能结合合理行政原则、比例原则等行政法一般法律原则的运用为裁量基准的适用输送充盈的理由供给，也未能缕述和还原根据案件特有的事实情节及相关公共政策、行政惯例、行政先例、行政伦理等进行利益衡量的全过程，由此导致裁量基准的适用缺少符合合理性、最小侵害性、法益相称性要求的支撑，并使处罚决定缺乏正当性、无说服力、不具认可度。

而这源自以方林富案为缩影的当前行政机关在说明理由上包括说明裁量基准适用理由上的困境，首先是在说明裁量基准适用理由上存在技术误区，其次是没有掌握说明裁量基准适用理由的技术要求，再次是不知道如何运用技术手段说明裁量基准适用的理由。

以下先行分析方林富案在说明裁量基准适用理由上存在的三个技术误区：

一是认为，在制定法中如若有说明理由的明文规定，那么作出行政决定予以说明理由自不待言，但是如果制定法中对此并无规定，那么理所当然地就不负有说明理由的义务。

二是认为，有了行政规则属性的成文裁量基准之后，在行使裁量权作出行政决定时就无须说明或无须充分说明裁量基准适用的理由了，因为需说明的理由就是裁量基准显性文本中的条文本身，直接援引即可，无需多此一举。

三是认为，对作为内心准则属性的不成文裁量基准的适用，是主观上经由内心认知、内心确信的一系列权衡过程，即类似于自由心证的过程，因此在客观上无法说明或根本没有必要说明不成文裁量基准适用的理由。

对此，以下为之辩驳。

二、说明裁量基准适用理由技术误区的纾解

（一）裁量基准适用说明理由的普遍义务

1. 作为法定义务的裁量基准适用说明理由

作为现今法治国家公认的行政程序基本制度之一，行政行为说明理由在各国行政法律制度中早已成为一种强制性的义务规定，是行政机关行使裁量权以及对裁量基准进行适用的重要环节与步骤。

在德国，"对裁量决定而言，凡是对裁量权的行使具有重要意义的情况和考虑都必须说明"。[1]《德国行政程序法》（2019 年修订）第 39 条（1）规定："书面或由书面证实的行政行为须以书面说明理由。其中须说明行政机关在作出决定时所考虑的重要事实和法律理由。属裁量决定，应说明行政机关行使其裁量权时依据的出发点。"[2]之所以如此规定，其原因就在于"关于裁量决定之理由说明，原则上相同。然而，裁量权行使之正确性必须加以审查，行政机关认识裁量权之法律上之界限、并未逾越，且于决定时其裁量权之行使亦合乎授权之目的，此等事项必须按照决定之基准以识别之。"[3]这一规定明确了裁量决定理由说明的义务与内容，而且表明裁量决定之下的理由说明比羁束决定之下的理由说明在要求上更为严格。

《法国说明行政机关理由及改善行政机关与公众关系法》（1979 年）第 1 条至第 3 条规定："自然人与法人有权即时知悉与其有关且对其不利的个别行政决定的理由。具有下列内容的决定应当说明理由：限制公众自由的行使，或其他警察措施；实施处罚；……""个别行政决定违反法律或条例所确定的一般规则的，同样应说明理由。""……说明理由应以书面形式作出，且应指出构成决定根据的法律理由和事实理由。"[4]针对说明理由问题的指导意见《关于行政行为说明理由的通知》（1987 年）指出，"说明理由应清楚、准确"，"必须简洁完整"。[5]立法的规定是法国政府部门从习惯于遵守

---

〔1〕［德］汉斯·J. 沃尔夫、奥托·巴霍夫、罗尔夫·施托贝尔：《行政法》（第 2 卷），高家伟译，商务印书馆 2002 年版，第 76 页。

〔2〕应松年主编：《外国行政程序法汇编》，中国法制出版社 2004 年版，第 96 页。

〔3〕参见郭佳瑛："论行政法上强制说明理由原则"，载城仲模主编：《行政法之一般法律原则》（二），三民书局股份有限公司 1997 年版，第 559~560 页。

〔4〕参见应松年主编：《外国行政程序法汇编》，中国法制出版社 2004 年版，第 596 页。

〔5〕参见王贵松："论行政裁量理由的说明"，载《现代法学》2016 年第 5 期，第 41~42 页。

保密原则转向增强公众在政府面前的权利、改善同公众关系的一系列改革的结果，其出发点在于与专制独裁划清界限，"作任何决定都必然出于某些动机、理由，也就是说，存在作出该决定的事实和法律依据，否则就是十足的专制独裁。说明理由就是在决定中解释清楚作此决定的动机"。[1]

《日本行政程序法》（2014 年修订）在第 8、14 条规定了行政厅驳回许可认可等的申请时、作出不利处分时，必须同时向相对人说明理由，[2] 并将理由附带记录在处分书上，或以口头形式陈述理由的"理由附记"（或"提示理由"）[3]制度，以要求行政厅在作出行政处分时应慎重、合理地进行判断，抑制恣意，同时便于接受处分的相对人在知晓处分理由的前提下提起争讼，[4] 还起到说服相对人、公开决定过程的作用。[5] 2011 年，日本最高法院在"建筑师执照撤销处分案"的判决中提出，"在作出建筑师惩戒处分之际，作为应同时说明的理由，在处分的原因事实及处分的法条根据之外，如果不说明本案处分基准的相关适用，处分的相对人即使通过上述事实及法条根据的提示能知道符合处分要件，通常也难以知道是基于何种理由、适用怎样的处分基准而选择该处分"，这样做，其"理由说明并不充分，应当撤销该处分"，最终确立了适用裁量基准也应当说明理由的原则。[6]

在英国，行政机关一直缺乏为行政决定提供理由的一般义务，司法界在 1971 年曾指出："没有任何因素能比此更严重地阻碍了英国行政法的发展了。"[7]《1958 年裁判所和调查法》规定："裁判所和大臣有义务应请求，在作出或告知决定之时或之前，以书面或口头形式制备一份陈述，来说明理由。"[8] 这是在制定法上首次对说明理由义务作出系统规定，但是说明理由需以当事人提起获知裁决理由的请求为前提条件。1968 年，具有里程碑意义

〔1〕　参见［法］让·里韦罗、让·瓦利纳：《法国行政法》，鲁仁译，商务印书馆 2008 年版，第 517~521 页。

〔2〕　参见王贵松译："日本行政程序法"，载《公法研究》2016 年第 2 期，第 255~256 页。

〔3〕　参见［日］盐野宏：《行政法》，杨建顺译，法律出版社 1999 年版，第 192~193 页。

〔4〕　参见［日］室井力、芝池义一、浜川清主编：《日本行政程序法逐条注释》，朱芒译，上海三联书店 2014 年版，第 96~106、138~143 页。

〔5〕　参见［日］盐野宏：《行政法》，杨建顺译，法律出版社 1999 年版，第 192~193 页。

〔6〕　参见王贵松："论行政裁量理由的说明"，载《现代法学》2016 年第 5 期，第 40~41 页。

〔7〕　［英］卡罗尔·哈洛、理查德·罗林斯：《法律与行政》（下卷），杨伟东等译，商务印书馆 2004 年版，第 962 页。

〔8〕　宋华琳："英国行政决定说明理由研究"，载《行政法学研究》2010 年第 2 期，第 107 页。

的 Padfield v. Minister of Agriculture, Fisheries and Food[1]案，以 "法院判决认定农业大臣没有明确说明理由致使法院推定认为他作出的决定没有充分的根据"[2]被认为是对英国传统行政法的突破，确立了行政机关说明理由一般义务的基础，说明理由趋于成为行政法的一般规则。《1992 年裁判所和调查法》规定："裁判所的裁决要以口头或书面的形式说明理由，裁决理由组成了决定的一部分，应被整合入裁决记录之中。"[3] 由此，说明理由逐步发展成为公权力运行中的一项重要制度，并被称为 "自然正义的第三条原则"[4]。诚如韦德和福赛所言："有充分的理由认为说明理由是行政正义的一个基本要素。……因为说明理由是一般人的正义感所要求的。这也是对所有行使针对他人的权利的人的良好戒律。"[5]

《美国联邦行政程序法》（1978 年修订）[6]中包含有对裁量行为理由说明义务的要求，第 557 条 c（3）A 规定："包括初步性、建议性和临时性决定在内的所有决定，都应属于案卷的组成部分，而且它还应包括下列说明——就案卷中记载的所有实质性事实问题、法律问题或自由裁量权问题所作出的认定、结论及其理由或根据。" 说明理由 "鼓励了决定人更加谨慎，带来了更为准确的事实结论、更好的推理、更正确的判断、更少的专断性以及决定的更高统一性。它还有助于当事人和其他人知道某个决定是为什么作出的，更好地计划未来行为，以及接受不利决定"[7]。

我国的行政法律规范也确立了说明理由制度，如《行政处罚法》第 31 条规定："行政机关在作出行政处罚决定之前，应当告知当事人作出行政处

〔1〕 [1968] AC 997.

〔2〕 参见 [英] 彼得·莱兰、戈登·安东尼：《英国行政法教科书》（第 5 版），杨伟东译，北京大学出版社 2007 年版，第 424 页。

〔3〕 宋华琳："英国的行政裁判所制度"，载《华东政法学院学报》2004 年第 5 期，第 84 页。

〔4〕 Justice-All Souls Review Committee, *Administrative Justice: Some Necessary Reforms: Report of the Committee of the Justice-All Souls Review of Administrative Law in the United Kingdom*, Clarendon Press, 1988, pp. 26~27.

〔5〕 参见 [英] 威廉·韦德、克里斯托弗·福赛：《行政法》（第 10 版），骆梅英等译，中国人民大学出版社 2018 年版，第 395 页。

〔6〕 Administrative Procedure Act, 5 U.S.C. (1978).

〔7〕 [美] 迈克尔·D. 贝勒斯：《程序正义——向个人的分配》，邓海平译，高等教育出版社 2005 年版，第 96 页。

罚决定的事实、理由及依据，并告知当事人依法享有的权利。"〔1〕《行政许可法》第 38 条第 2 款规定："行政机关依法作出不予行政许可的书面决定的，应当说明理由，并告知申请人享有依法申请行政复议或者提起行政诉讼的权利。"《行政强制法》第 18 条第（五）项、第 37 条第 2 款第（二）项分别规定："行政机关实施行政强制措施应当当场告知当事人采取行政强制措施的理由、依据以及当事人依法享有的权利、救济途径"，"强制执行决定应当以书面形式作出，并载明强制执行的理由和依据"。《湖南省行政程序规定》《山东省行政程序规定》《宁夏回族自治区行政程序规定》均要求"行政执法决定应当说明证据采信理由、依据选择理由和决定裁量理由（行政裁量理由）"。〔2〕《中华人民共和国行政程序法（专家建议稿）》第 88 条第 2 款也规定："行政机关的理由说明应包括行政行为所依据的事实与证明相应事实的证据、法律依据以及法律依据适用于相应事实的理由论证。对于行政裁量行为，理由说明还应当包括其裁量所基于的法理依据和事实依据及其分析论证的要点。"〔3〕

2. 作为推定义务的裁量基准适用说明理由

从以上立法例可以看出，行政说明理由制度不仅具有独立的程序意义，而且包蕴着重要的实体价值。"在现代行政权基本上是'自由裁量'性质的情况下，行政活动要想赢得普通公众和行政相对人的认可，不仅需要通过合法性证成解决'以力服人'的问题，而且更要通过说明理由解决'以理服人'的问题。"〔4〕说明理由实质上是对裁量行为过程与结果合法性、合理性论证的展示义务，不仅可以使裁量权行使及裁量基准适用的过程与结果清晰起来，提高行政透明度，提升公众对行政公正性的信心与对行政决定结果的

---

〔1〕　2021 年修订的《行政处罚法》第 44 条将 2017 年修正的《行政处罚法》第 31 条修订为"行政机关在作出行政处罚决定之前，应当告知当事人拟作出的行政处罚内容及事实、理由、依据，并告知当事人依法享有的陈述、申辩、要求听证等权利"，下同。

〔2〕　参见《湖南省行政程序规定》（湖南省人民政府令第 289 号，2018 年 7 月 10 日发布）第 78 条、《山东省行政程序规定》（山东省人民政府令第 238 号，2011 年 6 月 22 日发布）第 86 条、《宁夏回族自治区行政程序规定》（宁夏回族自治区人民政府令第 73 号，2015 年 1 月 10 日发布）第 47 条。

〔3〕　北京大学宪法与行政法研究中心《行政程序法典化》课题组："中华人民共和国行政程序法专家建议稿（征求意见稿）"，载 http://www.publiclaw.cn/? c=news&m=view&id=6599，2021 年 3 月 25 日访问。

〔4〕　章志远："行政裁量基准的理论悖论及其消解"，载《法制与社会发展》2011 年第 2 期，第 154 页。

可接受性；而且可以遏制武断行政决定的产生，促进审慎行政；还有助于行政处理结果在司法审查中得到更多的理解[1]，获致认可[2]。因此，当制定法中规定有说明理由的义务时，行政机关自当受其严格拘束。那么问题在于，当制定法中没有赋予行政机关说明理由义务时，行政机关作出决定自然就无须说明理由了？

在德国，联邦宪法法院于 1957 年 1 月 16 日的判决[3]中依据依法行政原理确立了无论有无说明理由的明文规定，行政决定都应当说明理由的一般原则。而在此判决作出之前，若法无明文规定，行政决定可以不说明理由，对此，联邦行政法院也不承认行政行为说明理由义务的存在。同时，《德国基本法》[4]第 19 条第 4 项 "无论任何人，其权利受到公共权力侵害的，均可提起诉讼" 这一规定所折射出的 "行政诉讼之概括主义"（或称作 "权利保护之保障"）也是行政决定说明理由的依据之一。因为，当行政相对人决定是否要对行政行为提起诉讼时，获知作出该行为的根据、理由是左右其判断的重要因素，这体现出行政行为说明理由的义务与《德国基本法》上权利保护之保障的立法意旨相契合。[5]另外，"若就公权决定具有使国民之权利义务单方面变动之法效性，以及不允许未明示理由之判决而一般认为行政处分具有准裁判之性格，在此两点意义下，一切的行政处分皆应说明相当之理由"。[6]由此，基于依法行政原则、权利保障原则、正当程序原则等法治国

---

〔1〕"……如果该决定理由充分……，那么审查机关——不管是上诉裁判所、法院，还是监督专员——将能更多地理解该决定。""正当理由应将超越管辖权、法律错误、无实质证据的认定和不相关考虑暴露无遗。" 参见 ［英］卡罗尔·哈洛、理查德·罗林斯：《法律与行政》（下卷），杨伟东等译，商务印书馆 2004 年版，第 963~964 页。

〔2〕这一点在 "判断过程审查方式" 中体现得尤为明显。"判断过程审查方式，是以行政机关向法院与原告说明，作成事案结论前的判断过程责任为基础，而非由法官自己组构论理，进而作出事案结论以对行政机关说明的观点进行审查；作为原告的公民、法人或其他组织主张行政机关的理由无说服力，请求法院以判决宣示的方式对行政机关的说明予以评价的形式。" 参见汪厚冬："日本行政裁量的裁判治理研究及其启示"，载《江汉学术》2017 年第 5 期，第 70 页。

〔3〕BVerfGE 6, 32 (44).

〔4〕Grundgesetz (GG) 2009.

〔5〕市原昌三郎「行政行為の理由付記と行政續」市原昌三郎＝杉原泰雄編『田上穰治先生喜壽記念（公法の基本問題）』（有斐閣，1984 年）212 頁以下參照。

〔6〕南博方「處分の理由付記」南博方＝原田尚彥＝田村悅一編『新版行政法（二）（行政手續、行政爭訟）』（有斐閣，1989 年）22 頁。

原则的内在要求，行政决定说明理由早已被定位为行政法之一般法律原则，[1]因此，即使制定法没有规定说明理由义务，亦应推定行政机关仍应依作为行政法之一般法律原则的"说明理由"原则而负有说明理由的义务。

综上，裁量基准适用说明理由既是一种立基于立法规定的法定义务，也同时是一种根植于法律原则的推定义务。因此，无论制定法中有无规定说明理由的义务，一般而言，行使裁量权及适用裁量基准作出行政决定都应当将说明理由作为普遍遵循的义务。[2]

（二）说明理由的普遍义务对裁量基准适用的技术纾解

承上所论，之于方林富案，说明理由的普遍义务为前揭三个技术误区提供了纠正方案：

对于误区一，尽管《广告法》没有对说明理由义务有任何只言片语的规定，但是这并不意味着实体上与程序上对说明理由没有任何要求。一方面，西湖区市场监督管理局应遵循说明理由之行政法一般法律原则说明其适用裁量基准的理由，毕竟说明理由原则作为"达摩克利斯之剑"一直高悬于上，当制定法的规定缺位时，应诉诸适用法律原则去补缺，这是说明理由的推定义务；另一方面，《广告法》与《行政处罚法》两者是特别法与一般法的关系，虽然在适用上特别法优于一般法，但是这并不代表着在作为特别法的《广告法》没有规定说明理由义务时，西湖区市场监督管理局在说明理由上就可以不作为，《广告法》是有关具体行政管理领域即广告活动行政管理领域的法律规范，而《行政处罚法》是关于特定类型行政行为即行政处罚类行政行为的法律规范，在行政处罚的范畴之内，《行政处罚法》之于《广告法》既是一般法，也是规制处罚类行政行为的"基本法"，西湖区市场监督管理局除应适用作为"普通法"的《广告法》以外，还必须适用作为"基本法"的《行政处罚法》，即应适用《行政处罚法》（2017 年修正）第 31条的规定积极说明其适用裁量基准的理由，而不能割裂《广告法》与《行

---

〔1〕　参见［德］汉斯·J. 沃尔夫、奥托·巴霍夫、罗尔夫·施托贝尔：《行政法》（第 2 卷），高家伟译，商务印书馆 2002 年版，第 75 页。

〔2〕　作为例外，如在德国法上对"预定裁量"（Intendiertes Ermessen）就不需要说明理由。参见［德］哈特穆特·毛雷尔：《行政法学总论》，高家伟译，法律出版社 2000 年版，第 127 页；陈春生："预定裁量（Intendiertes Ermessen）论"，载《民主·人权·正义——苏俊雄教授七秩华诞祝寿论文集》，元照出版有限公司 2005 年版，第 595~635 页；［德］迪尔克·埃勒斯："德国行政程序法法典化的发展"，展鹏贺译，载《行政法学研究》2016 年第 5 期，第 134 页。

政处罚法》在行政处罚领域作为整体的法律体系而仅机械地单一适用《广告法》，这也体现出说明理由的法定义务。

对于误区二，成文裁量基准所充当的角色是把众多个案中的具体理由汇总、提炼、上升为文本规则，其所发挥的作用是一种较为宽泛、粗线条式的对裁量理由的展示、罗列、释明，因此，在有成文裁量基准存在的情形下对于裁量基准的适用，仍需说明理由，并且应当详尽说明理由。

对于误区三，套用"举轻以明重"的司法原则，适用成文裁量基准权且要周详地说明理由，那么当与成文裁量基准一并适用或没有成文裁量基准可以适用的情形下，对于适用由"惯习主义"确定[1]的非显性的不成文裁量基准，则更加应当、更加有必要充分说明理由。另外，内心认知、内心确信的过程虽属心理过程，但也并非无法转化为外在的理由说明，否则作为不成文裁量基准具体化表现的具体行政行为理由的存在就会成为悖论。

除此之外，在说明裁量基准适用理由上还存在着方林富案所未涉及的另一个技术误区需在此一并予以匡正，即认为说明理由义务仅针对损益行政行为而不涉及授益行政行为（误区四）。因为，损益行政行为会给行政相对人带来不利影响，相对人会更关注不利影响产生的原因；对于授益行政行为，基于行为本身或是添附行政相对人权利，或是减解其义务而一般不会引发异议，相对人也不会刻意去关注对其有利之行政行为的形成理由，并且出于对行政效率的考虑，而无须说明理由。相反观点则认为："行政行为说明理由制度不能局限于'不利影响'，即使对相对人作出有利的影响，也应说明理由，说明理由制度不仅是为了让相对人理解决定者是有依据的，而且说明理由制度本身也是控制国家机关自身的重要依据，是增强其决定正当性的依据所在。"[2]正反两方面的主张从学界对说明理由的定义中就可以得到印证。如认为："行政行为说明理由是指行政主体在作出对行政相对人合法权益产生不利影响的行政行为时，除法律有特别规定外，必须向行政相对人说明其作出该行政行为的事实因素、法律依据以及进行自由裁量时所考虑的政策、公

---

〔1〕参见［美］斯科特·夏皮罗：《合法性》，郑玉双、刘叶深译，中国法制出版社 2016 年版，第 388~390 页。

〔2〕朱应平："澳大利亚行政说明理由制度及其对我国的启发"，载《行政法学研究》2007 年第 2 期，第 120 页。

益等因素。"〔1〕另认为:"说明理由制度要求行政机关在作出涉及相对人权益的决定、裁决,特别是作出对相对人权益有不利影响的决定、裁决时,必须在决定书、裁决书中说明其事实根据、法律根据或行政机关的政策考量等理由。"〔2〕对此,本书认为,说明理由的普遍义务决定了说明理由的辐射面应同时涵盖损益行政行为与授益行政行为。原因在于,一方面,授益行政行为的作出有可能会影响行政相对人以外的第三人的利益〔3〕,授益行政行为的滥用也会侵犯行政相对人本身的权益,所以,即使是授益行政行为也应课以说明理由的义务;另一方面,说明理由是一种附随性行为,其仅是对既已完结的查明事实、适用法律、作出裁量决定的过程的"还原"及"重述",对行政效率的减损相当有限;再一方面,事实认定、法律解释、裁量基准适用其自身带有的"暗箱操作"和本身固有的模糊性会消弭行政决定的正当性,说明理由义务正好可以被视作为填补行政决定正当性的机制,这对于授益行政行为而言也具有必要性;另外,"行政主体与社会相对人呈辐射状对称关系,即使在具体的行政法律关系中,行政主体也不应忽视其他潜在相对人的存在,不应忽视他们的监督者的身份;否则,将使自己成为众矢之的。若行政主体同样予以说明理由,潜在相对人就能在对行政主体进行监督的同时找到进行自我评价的参照物,从而调整自己的行为。这样,授益行政行为的激励和导向作用才得以实现"。〔4〕故此,对于适用裁量基准作出授益性行政决定仍应说明理由。

第二节 说明行政裁量基准适用理由的实践技艺

上述所论,厘定了裁量基准适用说明理由是行政机关应遵循的普遍义务,不仅实定法未作明文规定时应将说明理由作为行政法之一般法律原则为

---

〔1〕 章剑生:"论行政行为说明理由",载《法学研究》1998 年第 3 期,第 121 页。

〔2〕 姜明安:"新世纪行政法发展的走向",载《中国法学》2002 年第 1 期,第 72 页。

〔3〕 如,关于第三人提出异议的授益行政行为,"第三人提出异议表明其对该授益行政行为的授益对象提出不同意见——或认为第三人应替代原相对人而成为受益主体,或认为第三人应加入原相对人而成为共同的受益主体,如果在此情形下行政机关不说明理由而直接将利益授予相对人,则该行政行为并不能消除第三人对于受益主体之疑问,故在此特殊情形下行政主体对于授益行政行为亦有说明理由之必要"。参见姜明安等:《行政程序法典化研究》,法律出版社 2016 年版,第 166 页。

〔4〕 李春燕:"行政行为说明理由制度的构建",载《行政法学研究》1998 年第 3 期,第 52 页。

之遵循，而且无论是适用成文裁量基准还是适用不成文裁量基准，不论是针对损益行政行为或是针对授益行政行为，都应说明裁量基准适用的理由。那么，接下来需要面对的问题自然就是：在裁量基准适用过程中，在技术操作层面上应如何说明裁量基准适用的理由。而这一问题得以解决的前提要件则在于需把握好说明裁量基准适用理由的技术要求，两者是互为因果的关系。

一、说明裁量基准适用理由的技术要求

英国上议院曾在具有引领作用的重要案件 South Bucks District Council v. Porter 案中指出："一个决定的理由必须清晰，也必须充分。它们必须使得读者理解为何如此决定，关于'最重要的争议问题'究竟达成了何种结论，揭示法律或事实的任何问题是如何解决的。理由可以简要地陈述，独特性（particularity）的程度完全依赖于该决定所涉问题的性质。推理过程不能让人明显怀疑决定者是否在法律上有瑕疵，譬如误解相关政策或一些其他重要事项，或由于一些相关原因没有作出合理的决定。但不利的推断不可轻易地作出。理由只需关涉争议的主要议题，无须面面俱到地考虑……决定书必须简单易懂，使当事人明确理解相关事项与所解决的争议。"[1] 据此，大致可以以关键词的形式提炼出说明裁量基准适用理由的基本技术要求，包括"充分""详尽""完整""清晰""准确""易懂""针对性""过程性""融贯性""即时性"等。在行政执法实践中呈现出的存有缺陷的理由说明，或仅是单纯地指出依据了裁量基准的某一条文，或只是简单地逐字逐句重复裁量基准的条文内容，或仅是笼统附具"根据有关情况……""有理由认为……"等无实质内容的理由，或只是通过引证某一决议、纪要、报告等作为理由说明，或仅是使用格式性的文字、表述来说明理由，或只是说明一部分理由、避重就轻地说明无争点的理由、遗漏逻辑关系上的必要理由、选择性不说明未采纳与行政机关意见相左观点的理由等，也从反方面印证了说理应符合的技术要求。总体上，以上说理的具体技术要求可以划归为四类：

（一）说理在程度上的技术需求

"充分""详尽""完整"是对说理程度的描述，然而说明裁量基准适用

---

〔1〕［英］威廉·韦德、克里斯托弗·福赛：《行政法》（第10版），骆梅英等译，中国人民大学出版社2018年版，第397页。

理由应达到何种程度才能称得上充分、详尽，何种程度才是必要的程度，既无法明确规定，也无法准确衡量。"（理由）之记载，以使相对人得以获知处分之理由为已足，并非必须逐一列出。所谓'理由'，主要是行政机关获致结论之原因。相对人于行政程序中，如对系争处分事件有所主张或陈述者，行政机关亦应于处分书中择要说明采酌与否之理由"。〔1〕"若为裁量处分，行政机关则应就其行使裁量权之考量观点有所说明，方属理由完备之书面处分。"〔2〕"概括而言，裁量理由的说明程度要参酌说明理由义务的功能和目的，综合考虑裁量权法律根据的规定内容、该裁量决定的性质及内容、该裁量决定的原因事实等而定。存在裁量基准时，应考虑其内容及有无公布，说明裁量基准在本案中的适用情况。裁量权所涉权益越重要，越应详细说明裁量理由。裁量权越广泛，越应详细说明理由。要让相对人从理由的记载中就能知晓理由所在。"〔3〕

（二）说理在效果上的技术追求

"清晰""准确""易懂"是对说理效果的刻画，行政法上的明确性原则是说理是否具有成效的检验工具，说明裁量基准适用理由在明确性上的目标主要是"应具体明确，不应含混笼统，造成当事人的困扰"，〔4〕为此，说理应具备可理解性、可预见性、司法审查可能性。其中，可理解性"系以'一般理性人'所具有的理解能力为准，此系就'目前'的状况，让受规范者'现时'是否可以理解"，可预见性"以'受规范者'所具有之预见可能性为准，强调受规范'将来'是否可预为因应"，司法审查可能性"以司法者或客观的第三人藉由逻辑的方式，可以审查为准，此为'客观化'的要求"。〔5〕

（三）说理在逻辑上的技术因求

"针对性""过程性""融贯性"是对说理逻辑的概括，说理"以在'事

---

〔1〕　参见蔡茂寅等：《行政程序法实用》（修订4版），新学林出版股份有限公司2013年版，第285页。

〔2〕　吴庚：《行政法之理论与实用》（增订8版），中国人民大学出版社2005年版，第362页。

〔3〕　王贵松："论行政裁量理由的说明"，载《现代法学》2016年第5期，第41页。

〔4〕　参见姜悌文："行政法上之明确性原则"，载城仲模主编：《行政法之一般法律原则》（二），三民书局股份有限公司1997年版，第435页。

〔5〕　参见李惠宗：《行政法要义》（第7版），元照出版有限公司2016年版，第108~109页。

实——法律——拟作出的行政行为'之间建立起逻辑联系为最低要求"[1]，以"逻辑完满"[2]为目标追求。行政决定虽然只是位于行政过程末梢的一个静立的点，但是行政决定的作成却是一个动态的"形成性"过程的结果，是经由将案件事实带入法律要件，使之成为法律上的事实，复杂地寻找法律要件与案件事实相似性，在案件事实中对法律规范再认识，在法律规范中对案件事实再认识之过程的产物（即"案件事实⟷法律要件→法律事实"），是演绎和归纳不断交互[3]的成果。"目光在事实与法律规范间'来回穿梭'是法律适用的普遍特征"[4]，行政机关如若仅是单纯地、机械地列举所认定的事实、所适用的法律，那么其基于事实与法律所得出的结论并不能够足以支撑其所作出的行政决定的正当性与可接受性，行政机关只有将其如何认定事实、如何适用法律、如何经由推理得出行政决定的整个过程详细加以说明，才能证成其决定的合法性与合理性。说明裁量基准适用理由内嵌于行政行为事实认定说理、法律适用说理、逻辑推理说理[5]之中，是一个实现行政决定"正当化的过程"，在逻辑规则上，"理由论证的正当化要求首尾连贯、内在统一以及各种原理之间的归结性协调"。[6]

（四）说理在时效上的技术诉求

"即时性"是对说理时效的限定，原则上，说理应在行政决定作出之前、作出之中或作出之时完成，因为行政行为一经作出即具有公定力、确定力、拘束力、执行力，[7]作出之后再行理由说明已背离程序设置的初衷。"行政机关的决定能否成立，法院只能根据行政机关作决定时说明的理由判断。如果行政机关作决定时根据的理由不足以使其决定成立，事后提出其他理由支持其决定，法院不审查事后追加的理由，只审查作决定时实际根据的理由，

---

〔1〕参见李春燕："行政行为说明理由制度的构建"，载《行政法学研究》1998 年第 3 期，第 54 页。

〔2〕参见苏宇：《走向"理由之治"：行政说明理由制度之透视》，中国法制出版社 2019 年版，第 143~144 页。

〔3〕参见［德］考夫曼：《法律哲学》，刘幸义等译，法律出版社 2004 年版，第 124 页。

〔4〕［德］伯恩·魏德士：《法理学》，丁晓春、吴越译，法律出版社 2013 年版，第 286 页。

〔5〕参见姜明安等：《行政程序法典化研究》，法律出版社 2016 年版，第 161~162 页。

〔6〕参见［英］麦考密克、［奥］魏因贝格尔：《制度法论》，周叶谦译，中国政法大学出版社 1994 年版，第 4 页。

〔7〕参见王学辉主编：《行政法与行政诉讼法学》（第 2 版），法律出版社 2015 年版，第 134~135 页。

以判断该决定的效力。但法院允许行政机关对作决定时所根据的理由，在司法审查时补充说明。这里说明的是原来的理由，不是新增加的理由。"〔1〕对此，美国最高法院在 1943 年 SEC v. Chenery Corp.〔2〕案中确立了著名的 Chenery Ⅰ 规则，即除非行政机关先予提供作出行政决定的理由说明，否则该行政决定不具有法律效力。这一规则的核心含义就在于说明裁量基准适用理由"不能晚于行政命令发布之时，即不能在事后补充提供"〔3〕。

二、说明裁量基准适用理由的技术手段

为达致或满足上述说明裁量基准适用理由在说理程度上、效果上、逻辑上、时效上的具体技术要求，就需要施以技术手段以引导和规范说明理由的行为过程。本书认为，除简易的行政案件以外，说明裁量基准适用理由的技术手段包括但不限于以下五个方面：

（一）明确划定裁量基准适用说明理由的范围

作为前提，需明确划定裁量基准适用说明理由的范围，以在说理时把需要说明的理由尽可能完全涵盖。在说明理由的内容构成上，具体到裁量基准适用，结合对德国行政法的见解，可以把行政机关存在适用裁量基准的情形、适用裁量基准时所考虑的相对人的利益、作出裁量决定的"重要"事实依据及择取该事实的理由、作出裁量决定的法律根据、对相对人就裁量基准适用异议的认定及辩解〔4〕等一并列为需要说明理由的内容范畴。广义而言，只要是指向行政决定最终结论的说明，均是裁量决定的理由，反推之，行政机关未说明理由或未充分说明理由的根源也在于此。当然，在特殊情形下排除裁量基准的适用时，说明理由的义务并没有被豁免。

（二）充分说明裁量基准的适用对行政法一般法律原则的恪守

作为核心，需充分说明裁量基准的适用对行政法一般法律原则的恪守，以在说理中显现出裁量基准适用的价值诉求。行政法之一般法律原则是贯穿

---

〔1〕　参见王名扬：《美国行政法》，中国法制出版社 1995 年版，第 689~690 页；郑春燕："论行政行为补充说明理由"，载《行政法学研究》2004 年第 2 期，第 70 页。

〔2〕　318 U. S. 80 (1943).

〔3〕　参见宗婷婷："论美国行政法上说明理由即时性原则"，载《行政法学研究》2019 年第 3 期，第 102 页。

〔4〕　参见郭佳瑛："论行政法上强制说明理由原则"，载城仲模主编：《行政法之一般法律原则》（二），三民书局股份有限公司 1997 年版，第 559~560 页。

于行政法全部领域的普通法理，[1] 不仅是行政法律规范存在与运行的终极价值追求与价值目的显现，而且具有"补充法律或命令等成文法所不逮的派生条理之法源地位"[2]。裁量权的行使以及裁量基准的适用需受行政法一般法律原则的支配与制约，这一当然的和先在的拘束力决定了裁量基准的适用不得违背行政合法原则、合理原则、自然正义原则、正当法律程序原则、比例原则、不当联结禁止原则、信赖保护原则、平等对待原则、禁止恣意原则、行政自我拘束原则、公法上情事变更原则、行政公益原则、行政明确性原则、行政便宜原则等。因此，在说理中需显现出裁量基准的适用是如何体现或不违背行政法一般法律原则之要求的，即需映现出裁量基准的适用与行政法基本原则的契合度。实务中，行政机关及执法人员往往认为法律原则过于抽象化和理论性，与执法的关联度不大，因而不自主地忽略其运用，实际上法的理论从未远离过执法实践，法的原则也并非遥不可及，其只是换了一种方式蕴含于法的实现之中，法律原则是执法行为的准则与边界。

（三）详细说明裁量基准适用中利益衡量的历程

作为支撑，需详细说明裁量基准适用中利益衡量的历程，以实现对裁量决定的最佳建构[3]。利益（价值）衡量是一种广义上的法律解释方法，其目标是通过对各种利益进行比较、权衡[4]和估量，赋予特定利益以优先地位，以实现个案实质正义和一般社会正义。"法律只有在涉及价值的立场框架中才可能被理解。法律是一种文化现象，也就是说，是一种涉及价值的事物。"[5] 裁量基准适用中的利益衡量一方面通过内在的制约，结合个案的具体情形充分考虑案件中会对裁量最终处理决定产生影响的案件事实情节、法定事实要件、法规范自身的目的和价值等因素，另一方面通过外在的制约，在遵循行政法律原则的根基上充分考虑公共政策、行政惯例、行政

---

〔1〕参见城仲模主编：《行政法之一般法律原则》（一），三民书局股份有限公司1999年版，第1页。

〔2〕参见城仲模主编：《行政法之一般法律原则》（一），三民书局股份有限公司1999年版，第1页。

〔3〕参见周佑勇：《行政裁量治理研究：一种功能主义的立场》，法律出版社2008年版，第86页。

〔4〕引自"违反权衡要求"的表述。参见［德］汉斯·J. 沃尔夫、奥托·巴霍夫、罗尔夫·施托贝尔：《行政法》（第1卷），高家伟译，商务印书馆2002年版，第369页。

〔5〕［德］G. 拉德布鲁赫：《法哲学》，王朴译，法律出版社2005年版，第4页。

先例〔1〕、行政判例、民间习俗、论理法则和经验法则〔2〕、公共道德准则以及人性伦理等各种与个案事实有合理、充分、实质联结的因素,在内外因素相互联系、相互交往、相互作用而形成的"场合力"〔3〕中,消解法律规范内部事实性和有效性之间的张力〔4〕,控制裁量基准适用的过程、走向和结果。

(四)完整采用"立—驳—辞"结合的裁量基准适用说明理由的论证方式

作为策略,需完整采用"立—驳—辞"结合的裁量基准适用说明理由的论证方式,以添补裁量决定的正当性、说服力、认可度。说理在本质上是一个论理性的法律论证过程,基于法律论证所兼具的证成、反驳、说服功能,〔5〕与之相对应,裁量基准适用的说理:一方面,需运用"证立"的方式,在法律逻辑上以内部证成与外部证成〔6〕确证其所作出裁量决定的合法与合理;另一方面,需使用"反驳"的手法,对行政相对人的异议或裁量本身潜在的异议予以回应与辩驳,在"双向""动态"〔7〕的互动中消解分歧,

---

〔1〕 在方林富案的行政上诉状中,上诉人就罗列出 2016 年 3 月至 2018 年 5 月期间杭州市西湖区市场监督管理局查办的与使用绝对化用语有关的 19 件广告违法案件及案件罚款数额,以佐证被诉处罚决定量罚明显不当,超出了合理预期。参见方林富案行政上诉状,载 https://mp. weixin. qq. com/s/jDVGk3XO3xDzM2Cf3GZGlQ,2021 年 3 月 25 日访问。

〔2〕 "论理法则"泛指人类思考作用之逻辑法则,亦即利用推理法则作成结论之过程。"经验法则"通常系指人类日常生活经验所归纳之一切知识或定则,包括科学方法观察验证自然现象所得之自然定律、数学原理、社会生活之义理惯例、交易习惯等。参见蔡茂寅等:《行政程序法实用》(修订 4 版),新学林出版股份有限公司 2013 年版,第 99~100 页;《最高人民法院印发〈关于加强和规范裁判文书释法说理的指导意见〉的通知》(法发〔2018〕10 号)第 4、13 条。

〔3〕 参见洪兴文:《行政自由裁量权的伦理规治研究》,湖南人民出版社 2015 年版,第 102~109 页。

〔4〕 参见 [德] 哈贝马斯:《在事实与规范之间:关于法律和民主法治国的商谈理论》(修订译本),童世骏译,生活·读书·新知三联书店 2014 年版,第 46~50、240~244、273~290 页。

〔5〕 参见陈金钊、熊明辉主编:《法律逻辑学》,中国人民大学出版社 2012 年版,第 165 页。

〔6〕 [德] 罗伯特·阿列克西:《法律论证理论——作为法律证立理论的理性论辩理论》,舒国滢译,中国法制出版社 2002 年版,第 41、274~351 页。

〔7〕 裁量基准适用说理的"双向"互动意指"行政机关作出的理由说明不仅仅是正当程序要求下进行的自上而下的、宣布命令式的说明,相反,其应该是相互协调的,行政机关必须及时回应当事人提出的意见和建议,并适时调整其行政决策,而相对人也应该从行政管理的角度出发,对行政机关所处位置进行考虑。……两者间是基于相互信任而建立起的一种互惠的双向关系"。"动态"互动是指"行政机关的理由说明是在法律框架下的存在着相当自主性的行为,而不是法律严格规定下的法律程序。行政机关……在当事人有疑惑或者不同意见和建议时能够及时听取相对人及公众的意见和建议,并作出回应,而不应该仅仅是履行一项既定的法律程序"。参见徐文星:"行政裁量权行使之理由说明——以法律论证为分析视角",载《时代法学》2006 年第 4 期,第 49 页。

确立裁量结果的说服力；再一方面，需借助"修辞"的方法，讲法说理[1]，通过"说清法理、说清情理、说清文理"[2]，释明与澄清说理的内容，以理服人[3]，增强各方对裁量结论的认可度。

（五）有效运用裁量基准适用说明理由的承载介质

作为载体，需有效运用裁量基准适用说明理由的承载介质，以使裁量基准适用说明理由能外化于行而为相对人和公众普遍知悉。这涉及行政公开和行政参与两个方面的问题。以行政处罚为例，在行政公开方面，作为载体的《行政处罚事先告知书》《行政处罚决定书》等对外文书往往确定了行政相对人应承担的法律责任和享有的法律权利，既见之于相对人，又公示于众，其作为裁量理由说明的主要渠道，可以消减信息的不对称和受众对行政过程"正当""理性"的质疑，最高人民法院在"郴州饭垄堆矿业有限公司与中华人民共和国国土资源部等国土资源行政复议决定再审案"中也强调"只有借助书面决定和卷宗记载的理由说明，人民法院才能知晓决定考虑了哪些相关因素以及是否考虑了不相关因素，才能有效地审查和评价决定的合法性。不说明裁量过程和没有充分说明理由的决定，既不能说服行政相对人，也难以有效控制行政裁量权，还会给嗣后司法审查带来障碍"[4]戴维斯在谈及

---

[1] 陈金钊："把法律作为修辞——讲法说理的意义及其艺术"，载《扬州大学学报（人文社会科学版）》2012年第2期，第17页。

[2] 以说理性行政处罚为例，"说清法理"即"运用法理对案件的定性、情节、处罚等问题做透彻的分析说明。在认定事实的基础上，对当事人的陈述、申辩意见采信与否的理由应叙述清楚。结合有关法律、法规或规章的具体规定，客观分析当事人的违法性质，适用法律、法规或规章的具体条文的内容，说明当事人的行为具体违反了该法条的什么禁止性、义务性规定，构成什么行为；详细引用与禁则、义务性规定相对应的罚则条文"。"说清情理"即"对案件的分析判断要符合主体客观背景以及案件发生的原因和社情民意，从而使处罚决定合乎情理。在对当事人从事违法行为的主观意图、手段、社会后果客观评价的基础上，对从轻或减轻、从重或加重处罚以及不予行政处罚的情节、理由、法律依据作必要的说明，使自由裁量权的行使合法合理"。"说清文理"即"每一份行政处罚决定书都是论证违法行为的论说文。要求必须做到观点明确、论据充分、论证严谨、逻辑严密、说理透彻。在文字表述上，必须做到用词准确、文理通顺、详略得当。通过说理能把整个案件的处罚程序交代清楚，使当事人知法、知情、知理，化解矛盾，消除阻力，提高执法满意度，促进和谐执法，减少行政复议、行政诉讼的产生"。参见杭州市人民政府法制办公室《关于在全市推行说理性行政处罚决定书的通知》（杭府法〔2010〕9号）。

[3] 参见"启东市机关液化气有限责任公司与启东市住房和城乡建设局等处罚上诉案"，江苏省南通市中级人民法院（2016）苏06行终602号行政判决书。

[4] 参见最高人民法院（2018）最高法行再6号行政判决书。

如何建构裁量权的运用时，提出了 7 个最有效的工具〔1〕，其中"公开计划""公开政策说明""公开规则""公开裁定""公开理由""公开先例"等 6 个是以"公开"为关键词，并且，其指出："没有公开，其他所有制约措施都是不足的；相较于公开而言，其他所有制约措施的重要性都有所不如。"〔2〕可见，公开是影响公众对裁量基准适用可接受程度的关键所在。在行政参与方面，作为载体的陈述申辩程序、听证程序等参与机制是裁量理由说明的新型路径，与传统的"适法性取向的说明理由制度，只要求行政机关围绕法律规范单方面履行说明理由的法定职责"不同，在参与机制所包含的协商规制模式下，裁量行使的理由说明"不再停留于行政机关单方面的说理，更要求行政机关与行政相对人之间互动的理由论辩"，"行政机关围绕影响行政裁量说明的事实和规范理由，要经受行政相对人的质疑与挑战"。〔3〕协商中的理由辩驳，能促使裁量基准适用的理由最接近于行政机关主观的利益衡量活动，可以统合公众对个案正义性的诉求，弱化执法过程中的对抗与冲突，实现良性行政。

---

〔1〕　参见［美］肯尼斯·卡尔普·戴维斯：《裁量正义》，毕洪海译，商务印书馆 2009 年版，第 109 页。

〔2〕　［美］肯尼斯·卡尔普·戴维斯：《裁量正义》，毕洪海译，商务印书馆 2009 年版，第 125 页。

〔3〕　参见郑春燕：《现代行政中的裁量及其规制》，法律出版社 2015 年版，第 197~198 页。

第五章

行政裁量基准适用"利益衡量"的技术

第一节　利益衡量技术在行政裁量基准适用中的取向

一、方林富案裁量基准适用中利益衡量的重述与缺陷

（一）方林富案行政裁判利益衡量的重述

1. 方林富案一审行政判决的利益衡量

一审法院认为："本案 20 万元罚款是否明显不当，应结合《广告法》禁止使用绝对化用语所需要保护的法益，以及案件的具体违法情形予以综合认定。"鉴于"《广告法》是一部规范广告活动，保护消费者合法权益，促进广告业健康发展，维护社会经济秩序的法律。该法明确禁止使用'国家级'、'最高级'、'最佳'等绝对化用语。在广告中使用绝对化用语，不仅误导消费者，不当刺激消费心理，造成广告乱象，而且贬低同行，属于不正当的商业手段，扰乱市场秩序"，所以，对"原告的广告违法行为既要予以惩戒，同时也应过罚相当，以起到教育作用为度"。

据此，应"根据案涉违法行为的具体情况，来考量违法情节及危害后果。首先，原告系个体工商户，在自己店铺和包装袋上发布了相关违法广告，广告影响力和影响范围较小，客观上对市场秩序的扰乱程度较轻微，对同行业商品的贬低危害较小。其次，广告针对的是大众比较熟悉的日常炒货，栗子等炒货的口感、功效为大众所熟悉，相较于不熟悉的商品，广告宣传虽会刺激消费心理，但不会对消费者产生太大误导，商品是否其如商家所宣称'最好'，消费者自有判断"。

因此，"综合以上因素，本院认为原告的案涉违法行为情节较为轻微，

社会危害性较小，（西湖市监局）对此处以 20 万元罚款，在处罚数额的裁量上存在明显不当。根据本案前述具体情况，本院将罚款数额变更为 10 万元"。[1]

2. 方林富案二审行政判决的利益衡量

二审法院认为："关于案涉违法广告行为的社会危害性，首先，案涉违法广告所介绍的店铺和商品，是大众所熟知的炒货店及其推销的炒货，不需要借助专业知识便可作出判断，故案涉广告虽然违法，但对消费者的误导程度有限。其次，案涉违法广告由上诉人自行制作发布，主要在店铺内外展示，与通过大众传媒发布方式存在较大差异。故案涉广告虽然违法，但其不良影响有限。但与此同时，炒货售卖作为市场竞争较为饱和的商品领域，上诉人在杭州市区范围内已经产生较高知名度，本埠媒体纷纷报道（报道中不可避免提及违法广告），销售收入较为可观，且已吸引他人加盟开设若干同号店铺，势必对其他经营者的公平竞争产生不利影响，而在此过程中，使用了绝对化广告用语的违法广告所发挥的不当效用无法忽视，上诉人实施广告违法行为显然具有一定的社会危害性。"同时，"关于上诉人的主观过错及认错态度，……上诉人在行政处理过程中及事后虽然进行了整改，但整改并不彻底，如对于违法广告语中的'最'字，上诉人或斜划后改为'真'字，或施以点涂，原先的'最'字样仍然清晰可辨"。因此，"上诉人不具备不予行政处罚之法定情形，对其实施行政处罚以示惩戒仍属必要"。

据此，"本院认为，……根据本案查明的事实，可以认定上诉人实施的广告活动确已违反法律规定，虽有社会危害性但并不严重，虽有整改但并不彻底，故应依法给予行政处罚，同时，综合全案情形可以减轻处罚。被上诉人西湖市监局……对上诉人违法行为之社会危害性、整改情况等具体问题缺乏深入调查，未能全面查明及综合考虑案涉全部因素，由此作出的行政处罚决定量罚金额明显不当"。

所以，"一审法院结合全案事实，判决变更被诉行政处罚决定之罚款金额至 10 万元，并无明显不当"。[2]

---

〔1〕　参见杭州市西湖区人民法院（2016）浙 0106 行初 240 号行政判决书。
〔2〕　参见浙江省杭州市中级人民法院（2018）浙 01 行终 511 号行政判决书。

3. 方林富案再审行政裁定的利益衡量

再审法院认为："再审申请人实施的广告活动虽有社会危害性但并不严重，应当遵循行政处罚法规定的实施行政处罚应当与违法行为的事实、性质、情节以及社会危害程度相当，处罚与教育相结合原则，在依法给予行政处罚的同时，应当综合全案情形予以减轻处罚。西湖市监局……对再审申请人违法行为之社会危害性、整改情况等具体问题缺乏深入调查，未能全面查明及综合考虑案涉全部因素，由此作出的行政处罚决定量罚明显不当。鉴于相关问题已在诉讼过程中进行了审查考虑，根据《中华人民共和国行政诉讼法》第七十七条第一款之规定，行政处罚明显不当的，人民法院可以判决变更。为减少当事人诉累，一审法院没有判决撤销被诉行政处罚决定并责令西湖市监局重新作出处理，而是综合全案事实，判决变更被诉行政处罚决定之罚款金额为 10 万元，同时撤销维持该处罚决定的行政复议决定，并无明显不当。二审法院判决驳回上诉，维持原判，亦无不当。"[1]

（二）方林富案行政决定利益衡量的缺陷

经由以上法院裁判所映现的观点，可以勾勒出"利益衡量"的大体样貌，也至少可以归纳出法院一方所认为的西湖区市场监督管理局在方林富案行政裁量基准适用中利益衡量方面存在的三个缺陷：一是未结合《广告法》禁止使用绝对化用语所需要保护的法益进行考量；二是未根据案涉违法行为的事实、性质、情节、社会危害程度等全部因素予以综合认定；三是当单纯适用《广告法》的相关规定将导致行政处罚明显不当时未根据作为行政处罚领域一般法、基本法的《行政处罚法》确定的基本原则（过罚相当原则、处罚与教育相结合原则）和制度（减轻处罚制度）进行裁量。

由此可以看出，利益衡量构成了裁量基准适用的核心内涵，在一定程度上可以将利益衡量与裁量基准适用两者等置，因为，"凡涉及一切法律判断，……就有利益衡量问题"。[2]并且，"每一个法律命令都决定着一种利益冲突，都建立在各种对立利益之间的相互作用之上，……通过利益划分原则（Maxime der Interessengliederung），……对每一个法律规范，都要找出其决定性的利益

---

[1] 参见浙江省高级人民法院（2019）浙行申 64 号行政裁定书。

[2] 参见[日]加藤一郎："民法的解释与利益衡量"，梁慧星译，载梁慧星主编：《民商法论丛》（第 2 卷），法律出版社 1994 年版，第 79 页。

冲突。……对法律命令所作的解释，必须被转换到该被解释的法律命令中去，以认清法律规定所决定的冲突内容"。"不仅要适用具体的法律命令，也要保护制定法认为值得保护的利益的整体。"〔1〕因此，不同于其他技术手段与方法，利益衡量技术构成了裁量基准适用技术的核心。

二、作为裁量基准适用技术的利益衡量技术

（一）行政法上的利益衡量

庞德指出："在近代法律的全部发展过程中，法院、立法者和法学家们虽然很可能缺乏关于正在做的事情的明确理论，但是他们在一种明确的实际目的的本能支配之下，都在从事于寻求对各种冲突的和重叠的利益的实际调整和协调方法，以及（在不可能做得更多时）进行实际的妥协。"〔2〕利益衡量较早地、一般地用于私法领域与立法、司法裁判。在我国，《最高人民法院印发〈关于在审判执行工作中切实规范自由裁量权行使保障法律统一适用的指导意见〉的通知》（法发〔2012〕7号）提出："正确运用利益衡量方法。行使自由裁量权，要综合考量案件所涉各种利益关系，对相互冲突的权利或利益进行权衡与取舍，正确处理好公共利益与个人利益、人身利益与财产利益、生存利益与商业利益的关系……"利益法学派主张法学的研究，应对于规范对象所涉及各方当事人以及利害关系人（第三人）利益状态进行观察，掌握各方的利益状态之后，再进行各方利益的比较衡量，期能在建构法律制度或解释适用法律之际，能够充分均衡的兼顾各方利益。亦即先进行"利益状态之考察"，并进行"利益衡量"后，最终追求各方"利益均衡（或利益平衡）"。〔3〕与"概念法学"相对比，"利益法学"的典型特征是以诉讼为导向，将诉讼视为法律规范的试验场所，在"利益法学"看来，任何法律纠纷都是利益的冲突，法官在对这一利益冲突作出裁判时，必须符合立法者通过法律所表述出来的对利益状况的评价。〔4〕据此，利益衡量是指："法官在

---

〔1〕　参见［德］菲利普·黑克：《利益法学》，傅广宇译，商务印书馆2016年版，第17~18、29页。

〔2〕　［美］罗斯科·庞德：《通过法律的社会控制》，沈宗灵译，商务印书馆2010年版，第67页。

〔3〕　参见陈清秀：《法理学》（第2版），元照出版有限公司2018年版，第151页。

〔4〕　参见［德］卡尔·拉伦茨：《德国民法通论》（上册），王晓晔等译，法律出版社2003年版，第97页。

阐释法律时，应摆脱逻辑的机械规则之束缚，而探求立法者于制定法律时衡量各种利益所为之取舍，设立法者本身对各种利益业已衡量，而加取舍，则法义甚明，只有一种解释之可能性，自须尊重法条之文字。若有许多解释可能性时，法官自须衡量现行环境及各种利益之变化，以探求立法者若处于今日立法时，所可能表示之意思，而加取舍。斯即利益衡量。换言之，利益衡量乃在发现立法者对各种问题或利害冲突，表现在法律秩序内，由法律秩序可观察而得之立法者的价值判断。发现之本身，亦系一种价值判断。"[1]

当前，行政法领域亦已引入利益衡量的方法，[2] 并且广泛运用于行政执法实践。行政法上的利益衡量意指："因行政机关是他律的，作任何决定皆须经通盘考虑，不能一味追求公益，必须尊重私人之法定利益，俾使公益与私益获得均衡，亦即应就公益与私益为平衡考量，而依实际情况客观地衡量取舍。"[3] 在行政执法实务中，特别是当涉及裁量权行使及裁量基准适用时，行政机关往往有可能要面对复数的利益及利益冲突，对此，如若要妥当地调和并解决各利益之间的冲突，就需要运用利益衡量的方法，"行政机关在作成行政行为之际，对于该行为所涉及的各种公益与私益，均应作出平衡的考量，并依实际的情况，客观地衡量取舍。如此所为之公益与私益、公益与公益间之调整，方能够具有妥当性。透过此种利益衡量，人民对于国家权力的作用产生了预测的可能性，同时其私益亦不会只在政策、效益单方的考量之下遭到侵害。换言之，行政机关不仅要基于政策面的、实践面的考虑，对于有限的资源，作出合乎效益的分配，也必须考虑到对于人权保障的衡平"。[4] 利益衡量在行政法领域具有"双重身份"，不但是一种法律适用方法，而且还在行政法上具备了一般法律原则的特征而发展成为行政法的一般

---

〔1〕 杨仁寿：《法学方法论》（第2版），中国政法大学出版社2013年版，第221~222页。

〔2〕 参见甘雯："行政法的平衡理论研究"，载罗豪才主编：《行政法论丛》（第1卷），法律出版社1998年版，第67~83页。

〔3〕 参见叶俊荣："行政裁量与司法审查"，台湾大学1985年硕士学位论文，第200页；罗传贤：《行政程序法基础理论》，五南图书出版有限公司1993年版，第67页。

〔4〕 参见马纬中："应予衡量原则之研究——以行政计划为中心"，载城仲模主编：《行政法之一般法律原则》（二），三民书局股份有限公司1997年版，第503页。

法律原则之一，即"应予衡量原则"〔1〕，也称作"行政均衡原则"〔2〕。

（二）裁量基准适用中利益衡量独特的技术取向

1. 利益衡量的运用需以个案中存在利益冲突为前提

拉伦茨（Karl Larenz）将利益衡量（法益衡量）称为"个案中之法益衡量"，法益衡量"每次都还是必须考量具体的个案情事，而没有一件个案会与另一案件完全相同，因此不能期待会获得一种单凭涵摄即可解决问题的规则"。〔3〕因而，利益衡量立基于对不同个案之中彼此相冲突的具体法益的评价、选择与取舍。当法律不完备，如法律漏洞或法律空白的出现、一般条款（概括条款〔4〕）及不确定法律概念的存在、制定法的含义存有多解或复数解释、法律滞后、法律原则相互冲突等，导致无法为个案利益冲突的消解提供策略，或即使法律完备也无法为冲突的利益提供明确的判断标准，以及利益本身具有复杂性、多面性、相对性而无法或难以调整时，利益衡量的方法

---

〔1〕　"应予衡量原则"的理论，主要是在前联邦德国行政法院的判例中逐渐发展起来的。1969年12月12日行政法院的判决首先指出："违反妥当的应予衡量者，是指未为各该（妥当的）利益衡量时、或依具体的状况应予以考虑的利益，竟未并入衡量之中时、或当有关系的私益的意义被误解时、或者为对于有关系的公益之间的调整，竟未依照各个利益的客观重要性，以衡平的形式来进行时所产生的"。其后，1972年10月20日联邦行政法院通过四个判决，将"应予衡量原则"扩张成为行政法院对行政机关利益衡量进行审查的准则，具体内容包括"是否欠缺对当时重要利益的妥当衡量？是否为就当时的法以及事实状况来看，明明应该被采用，却没有在衡量之中并入考虑的利益？是否依照当时的价值基准来看，私益的意义受到了误解；或者对当时重要的利益之间的调整时，依照各个利益的客观重要性来看，并不衡平"。参见马纬中："应予衡量原则之研究——以行政计划为中心"，载城仲模主编：《行政法之一般法律原则》（二），三民书局股份有限公司1997年版，第514页。

〔2〕　"行政均衡原则"是指，行政主体在对各种利益权衡时，应当综合衡量各种利益因素，充分协调各种利益关系，使之有机地统一起来，在尽可能的范围内保护各种合法利益。不能借口某种利益的重要而牺牲其他利益主体的利益，即使必须在相冲突的利益之间作出选择，也应将牺牲减小到最低的程度，补偿利益牺牲者的损失。参见周佑勇：《行政法基本原则研究》，武汉大学出版社2005年版，第209页。

〔3〕　[德]卡尔·拉伦茨：《法学方法论》，陈爱娥译，商务印书馆2003年版，第286页。

〔4〕　所谓概括条款（Generalklausel），系指立法者于立法时，尽可能依列举原则（Enumerationsprinzip），仍留有某些暂时不能明确规范之漏洞时，为济立法之穷而辅以不确定法律概念为构成要件之法律条款。概括条款属需价值补充构成要件（Wertausfüllungsbedürftige Tatbestandsmerkmale）性质之法律条款，具有承接规范（Auffangnorm）之功能，其本于辅助（补充）性原则（Subsidiaritätsprinzip）有补结构规范（Anlagennorm）遗漏之功能。申言之，结构性规范若有缺漏而导致功能不足时，由概括条款承接并弥缝之，以发挥规范完整功能。参见李震山：《行政法导论》（修订11版），三民书局股份有限公司2019年版，第272~273页。

就具备了切入的契机与存在的理由。因此，裁量基准的适用，不仅要在既有的行政法规范之下进行逻辑涵摄，还需要运用利益衡量的方法于其中。

裁量基准适用中的利益衡量最主要、最基本的是调整个案中公益与私益之间的冲突，以对形式正义进行修正，实现个案的实质正义、矫正正义。而这一调整，则需借助于"公益原则"加以把握。较之于"私益"概念的确定性，"公益"则属于行政法上的不确定法律概念，其不仅在利益内容上具有不确定性，而且在受益客体上也具有多面性，"法律上所称公益也者，并非抽象的属于统治团体或其中某一群人之利益，更非执政者、立法者或官僚体系本身之利益，亦非政治社会中各个成员利益之总和，而系各个成员之事实上利益，经由复杂交互影响过程（Wechselwirkungsprozess）所形成理想整合之状态。……一般而言，公益在现代国家，系以维持和平之社会秩序，保障个人之尊严、财产、自由及权利，提供文化发展之有利条件等项为其内容"。[1] 由此，"公益原则"（即"公益关联性"，Gemeinwohlrelevanz），"其真正意涵在于：强调行政机关之行为应为公益而服务，而非所谓公益优先于私益，盖公益与私益并非全然对立之命题，保障私益亦属维护公益之一部分"。[2] 基于此，适用裁量基准在个案中进行利益衡量，获得了行为的准则。

2. 利益衡量的思维进程以先结论后证立为路径

"心理学家告诉我们，判断的过程很少是从前提出发继而得出结论的。判断的起点正与之相反——先形成一个不很确定的结论；一个人通常是从这一结论开始，然后努力去发现能够导出该结论的前提。如果他不能如愿以偿地发现适当的论点用以衔接结论与他认为可接受的前提，那么，除非他是一个武断或愚蠢的人，他将会摒弃这一结论而去寻求另一结论。"[3] 从思维路径来看，利益衡量就是在预设目的之支配下，以结果为导向和目标，以倒推的方式，从经由内心确信而先行得出的结论出发，为证立该结论的正当性寻求法律依据的法律推理模式。这种思维模式与概念法学"三段论"式的推理正好相反。"利益衡量方法，实际上是先有结论后找法律条文根据，以便使结论正当化或合理化，追求的是让法律条文为结论服务而不是从法律条文中

---

〔1〕 参见吴庚：《行政法之理论与实用》（增订8版），中国人民大学出版社2005年版，第43页。

〔2〕 参见吴庚：《行政法之理论与实用》（增订8版），中国人民大学出版社2005年版，第43~44页。

〔3〕 ［美］博西格诺等：《法律之门》，邓子滨译，华夏出版社2002年版，第27页。

引出结论。……依据的不是法律条文，而是利益衡量初步结论加找到的经过解释的法律条文。"[1] 就裁量基准适用而言，行政执法人员面对具有不可通约性的价值冲突进行利益衡量时，不是从裁量基准的文本规定本身及相应的法规范中径直得出结论，而是以其自身的立场，或者说是倾向，甚至可以说是偏见，以社会一般性常识、一般的社会正义观[2]为价值向导，首先经由利益衡量得出初步结论，然后再在裁量基准文本和法规范中找寻支撑该结论正当性、合理性的依据。

利益衡量的这种思考方法与概念法学正好相反，是对一般法学思维方式的背离，虽然这有利于改变概念法学僵化的思考模式，从技术的侧面提供价值判断的方法论，但是这种思考方法形成了对传统法学思维关于客观性、合法性、确定性等诉求的挑战。裁量基准适用本身就已赋予行政执法人员较大的形成自由，是执法人员发挥自身主观能动性的体现，利益衡量这一反向的思维方法无异于是对这一主观能动性的进一步放大，并且使主观能动性发挥所预生成的效果更加具有不可预测性，这势必会危及法的安定性与可预见性。因此，从这一角度来看，在裁量基准适用中利益衡量是一种必须严格谨慎使用的技术方法，只能是作为增强说理与补强论证的辅助性技术手段，对其运用应定位于例外而非常态，需遵循有限适用的原则予以必要的节制，应当尽量避免利益衡量泛化的倾向。

3. 利益衡量的目标应是"妥当性"标准下的平衡

利益衡量理论认为，利益衡量旨在通过协调冲突的各利益以达至各利益之间的一种"平衡"状态，从而实现利益的"均衡""衡平"。一般而言，当存在法定的利益衡量标准，或法规范已在个案中就彼此相对立、冲突的利益进行过衡量时，依法定标准或以类推适用等方法就类型化的利益冲突作出类同的衡量即可；当既无法定的利益衡量标准，也无判例或先例等可以遵循时，就需要依据自身主观性思考所形成的内心确信，通过法律内在的逻辑力量[3]，来对各种利益进行比较、选择、取舍、衡平，以消解利益冲突。即

---

〔1〕　梁上上："利益的层次结构与利益衡量的展开——兼评加藤一郎的利益衡量论"，载《法学研究》2002 年第 1 期，第 54 页。

〔2〕　参见沈岿：《平衡论：一种行政法认知模式》，北京大学出版社 1999 年版，第 255~257 页。

〔3〕　参见章剑生："论利益衡量方法在行政诉讼确认违法判决中的适用"，载《法学》2004 年第 6 期，第 52 页。

"当制度利益无缺陷时，利益衡量应该在既定的法律制度框架内进行，以避免对制度利益造成伤害；当制度利益存在缺陷时，应该对该法律制度进行弥补，以符合社会公共利益"。[1]对于利益衡量的主观标准，理论通说以是否能够实现利益的最大化或损失的最小化为是否可以达至"平衡"的判断标准，如"通过经验来发现并通过理性来发展调整关系和安排行为的各种方式，使其在最少的阻碍和浪费的情况下给予整个利益方案以最大的效果"[2]，"利益衡量旨在实现各方利益的妥协与兼顾，谋求实现整体利益最大化及损失最小化"[3]，"利益衡量的目标在于实现相关利益的最大化，把利益的牺牲或摩擦降到最低限度"[4]。然而，无论是利益的最大化标准还是损失的最小化标准，对于利益衡量所欲实现的目标而言，其实均是一种应然意义上的理想愿景。

在经济学领域，赫伯特·西蒙（Herbert A. Simon）曾对"理性经济人"假设下的"最优化"标准为之批判："数理经济学的发展，使古典经济学中的'经济人'模式具体化为一套经济最优性理论体系，完全理性的经济人几乎成为标准的经济分析基础。"[5]在这样的经济分析中，"经济学家们给经济人赋以一种全智全能的荒谬理性。这种经济人有一个完整而内在一致的偏好体系，使其总是能够在他所面临的备选方案当中做出抉择；他总是完全了解有哪些备选的替代方案；他为择善而从所进行的计算，不受任何复杂性的限制；对他来说，概率计算既不可畏，也不神秘。……这种理论由于向竞争性对策及不确定性条件下的决策等领域的扩展，逐渐达到了一种托马斯主义的精巧水平。它具有很大的智慧和美学魅力；但同具有血肉之躯的人的真实行为（或可能的行为），看不出有多大关系"[6]。"经济学家应把理论关注的焦点投放在'人的社会行为的理性方面与非理性方面的界限'。对'经济理性'的崇尚应被'有限理性'范畴所代替；理性经济人应改为有限理性

---

〔1〕 参见梁上上：《利益衡量论》（第2版），法律出版社2016年版，第243页。

〔2〕 ［美］罗斯科·庞德：《通过法律的社会控制》，沈宗灵译，商务印书馆2010年版，第80页。

〔3〕 陈金钊等：《法律方法论研究》，山东人民出版社2010年版，第493页。

〔4〕 沈岿：《平衡论：一种行政法认知模式》，北京大学出版社1999年版，第257页。

〔5〕 参见马涛：《理性崇拜与缺憾——经济认识论批判》，上海社会科学院出版社2000年版，第158页。

〔6〕 参见［美］赫伯特·西蒙：《管理行为——管理组织决策过程的研究》，杨砾、韩春立、徐立译，北京经济学院出版社1988年版，第18页。

的人或称'管理人'。……理性之所以是有限度的，这是因为人们在现实的市场交易中很难对每一个措施将要产生的结果具有完全的了解和正确的预测，常常要在缺乏了解的情况下，一定程度地根据主观判断进行决策。在决策时，也难以考虑所有可能的措施。另外，人们能否进行正确的决策，要受到决策人的技能、价值观、对目标了解的程度、应具备的有关知识的深度以及所需信息资料的完备程度的影响。因此，每个市场行为者不可能达到完全理性的行为，只能在有限度的理性条件下从事经济活动。……完全的理性导致决策人寻求最佳措施，而有限度的理性导致他寻求符合要求的或令人满意的措施。"[1] 与之对照并借镜，在法学领域，利益衡量技术所期冀达至的利益"最大化"或损失"最小化"的效果，置之于实然的实践，在大多数情形下注定只能是一种可望而不可即的向往。

由此，本书认为，裁量基准适用的利益衡量目标不应是利益最大化标准下的平衡或损失最小化标准下的平衡，而应是以理性裁量为追求的"妥当性"标准下的平衡。反观实践中两相冲突的利益的消解，极少是一方利益最大化的实现，而另一方利益对之无条件地让步与屈从，往往大概率是利益主体间以各自的"可接受性"[2]为限度的相互妥协、让步、调和，"一旦冲突发生，为重建法律和平状态，或者一种权利必须向另一种权利（或有关的利益）让步，或者两者在某一程度上必须各自让步"[3]。可以说，利益的实现同时意味着利益在一定程度上的减损与让渡，在利益各方的妥协与利益的顾全中实现利益衡量的"妥当性"结果。

"妥当性"作为利益衡量的标准，是对利益排序下各利益"优劣""轻重"之分的否定。抽象地对不同类型的利益作出排序，既不现实也不客观。

---

〔1〕　参见马涛：《理性崇拜与缺憾——经济认识论批判》，上海社会科学院出版社 2000 年版，第 158~159 页。

〔2〕　此处所指的"可接受性"，与陈金钊教授就利益衡量标准的立场问题所提出的"结论的可接受程度大小"的观点相一致。陈金钊教授在分析利益衡量应采用相对主义（主观主义）还是绝对主义（客观主义）标准之争论的基础上，提出应以"结论的可接受程度大小"为标准，其主张：决定优先保护哪个或者哪些利益的标准，是由其得出的结论哪个更具说服力来决定的。结论的可接受性已经越来越成为了法律有效性的重要依据，而且说服力的大小其作为利益衡量形式上的标准，可以回避对这个标准内容的回答，而将其交由案件的特定时、空、受众以及案件本身的具体情况来决定。参见陈金钊主编：《法律方法论》，中国政法大学出版社 2007 年版，第 255~257 页。

〔3〕　［德］卡尔·拉伦茨：《法学方法论》，陈爱娥译，商务印书馆 2003 年版，第 279 页。

利益衡量的方法是在个案中应用的，某项法益是否优先、是否重要也应是基于个案而因人、因事、因时、因地而异的，"之所以必须采取'在个案中之法益衡量'的方法，……正因为缺乏一个由所有法益及法价值构成的确定阶层秩序，由此可以像读图表一样获得结论"。[1]"妥当性"的标准虽然摈斥利益排序，但是并不否认利益在适用次序上的一些共通性原则，于此，拉伦茨通过归纳德国法院裁判得出的"利益适用次序共通性原则"既是佐证，也可作为利益衡量时的重要参酌：第一，根据《基本法》所蕴含着的"价值秩序"，在相互冲突的法益中，如果一种法益较他种法益具有明显的价值优越性，那么就应该保护这种法益，比如，相较于其他法益（尤其是财产性的利益），人的生命或人性尊严有较高的位阶；言论自由权及资讯自由权对于民主社会具有"结构性的意义"，因而较其他基本权具有更崇高的地位。第二，在大多数案件中，如果涉及位阶相同的权利间的冲突，或正因涉及的权利如此歧异，以至于根本无从作出抽象的比较，比如个人自由权与社会法益（如国民健康）的冲突、新闻自由与国家安全利益间的冲突，那么在这种情况之下，法益衡量取决于应受保护法益被影响的程度，以及取决于假使某种利益须让步时，其受害程度如何。第三，基于比例原则、最轻微侵害手段或尽可能微小限制原则的适用要求，为保护某种较为优越的法价值须侵及另一法益时，不得逾越达至此目的所必要的程度。[2]

第二节　行政裁量基准适用中利益衡量技术的展开

庞德认为："在确定了要求法律予以保护的利益是什么以后，所有利益不能全部得到保护也不能彻底的得到保护，因为许多利益是交错的、或多或少有冲突的。如何衡量这些利益就成为摆在我们面前的一个问题，……该如何评判它们的价值？用什么原则来断定它们的相对分量？在有冲突时哪个该做出让步？"[3]对于以上问题，利益衡量的技术为其提供了解决的方案。裁

---

〔1〕 参见［德］卡尔·拉伦茨：《法学方法论》，陈爱娥译，商务印书馆2003年版，第279页。

〔2〕 参见［德］卡尔·拉伦茨：《法学方法论》，陈爱娥译，商务印书馆2003年版，第279~286页。

〔3〕 参见［美］罗斯科·庞德：《法理学》（第3卷），廖德宇译，法律出版社2007年版，第246~247页。

量基准适用中利益衡量技术的展开是以实现上述"利益衡量的目标应是'妥当性'标准下的平衡"为主线的。

一、裁量基准适用中利益衡量的方法

利益衡量的技术方法"是在承认主观价值判断和保持演绎思维的结构的同时，通过对于各种价值判断的先后、轻重、优劣进行科学的理由论证和交换计算来实现法律决定的客观性、妥当性的尝试"[1]，行政执法人员在裁量基准适用中需要对法律、正义、情理等因素有着较为准确合理的直觉把握，"利益衡量的实践操作，客观上存在着'不可理论化'的向度，其间的……智慧和……技艺，有的或许只能意会而不能言传，所以也就很难获得一种完满的理论形态"[2]，因而，相对于法规范"三段论"式涵摄推理有一套清晰的适用步骤，裁量基准适用的利益衡量就很难会有一套明确了然的模式，但仍可依循着利益衡量学术演进与实践运用的轨迹归纳并提炼出利益衡量运用的一般方法要素。诚如沈岿教授所言："利益衡量的丰富内容只能在具体的情形和个案中得以充分的展开，任何企图设定'放置四海皆准'的利益衡量方法的统一规范模式，或者企图周全地列出关于利益衡量方法的详尽清单，都将成为一种建造空中楼阁式的徒劳，甚至带有一种知识专制的色彩。但是，在具备这种清醒认识的同时也应看到，作为一种普遍运用于法律制定、解释和适用领域的方法，它还是存在一些在比较抽象层面上的共性之处。换言之，尽管利益衡量在现实中的运用有着理论无法也不应概括的各种特殊情状，但它依然需要遵循一些基本的方法和原则，这也正是理论对其进行归纳的现实基础所在。"[3]

（一）利益衡量方法的梳理与例列

按照黑克（Philipp Heck）利益法学的原则，法官应以自己"评价地形成诫命"（wertende Gebotsbildung）的方式来填补诫命的欠缺，"必须要由法官先掌握到与该判决相关的利益，然后对这些利益加以比较，并且根据他从制定法或其他地方所得出的价值判断，对这些利益加以衡量。然后决定较受

---

〔1〕　参见季卫东：《法治秩序的建构》，中国政法大学出版社 1999 年版，第 98 页。

〔2〕　参见陈林林：《裁判的进路与方法——司法论证理论导论》，中国政法大学出版社 2007 年版，第 203 页。

〔3〕　沈岿：《平衡论：一种行政法认知模式》，北京大学出版社 1999 年版，第 245 页。

该价值判断标准偏爱的利益获胜"。[1]据此，可以概括出利益衡量的步骤为：探究相关的利益，包括法律所承认但没有全部都获得法律诫命保护之利益，以及法律没有特别考虑到，但值得保护的利益；法官必须受到"从制定法得出的价值判断"所拘束；从法律共同体中通行的价值判断及法官自己的评价中得出价值判断。[2]

以加藤一郎和星野英一为代表的日本学者所提出的利益衡量论其具体操作是："先在一种与现行法规相隔离的状态下，以普通人的立场，依据超越法律的标准，对案件事实中诸冲突利益进行比较衡量，得出一个初步的决断。然后带着这个决断回到现行法律法规中，其目的一方面是为了寻找现行法律上的依据，增加自己决断的说服力；另一方面也是为了用现行的法律法规来对自己先行得到的决断进行检测，经过两者之间不断的试错过程，最终得出尽可能合理、合法的判决。"[3]这一利益衡量的模式是在案件事实与法律规范不断的交互中逐渐得出结论的。

梁慧星教授将利益衡量的操作规则概括为实质判断加上法律根据。利益衡量的具体步骤是："法官审理案件，在案情事实查清后，不急于去翻法规大全和审判工作手册寻找本案应适用的法律规则，而是综合把握本案的实质，结合社会环境、经济状况、价值观念等，对双方当事人的利害关系作比较衡量，作出本案当事人哪一方应当受保护的判断。此项判断称为实质判断。在实质判断基础上，再寻找法律上的根据。"[4]"如果找到了法律根据，仍将该法律根据（法律规则）作为大前提，本案事实作为小前提，依逻辑三段论推理，得出本案判决。如果作出实质判断后，无论如何也找不到法律根据，亦即此实质判断难以做到合法化，这种情形，应当检讨实质判断是否正确？重新进行实质判断。"[5]

梁上上教授把利益划分为具有一定层次结构的"当事人的具体利益"

---

〔1〕 参见吴从周：《概念法学、利益法学与价值法学：探索一部民法方法论的演变史》，中国法制出版社 2011 年版，第 299 页。

〔2〕 参见吴从周：《概念法学、利益法学与价值法学：探索一部民法方法论的演变史》，中国法制出版社 2011 年版，第 299~304 页。

〔3〕 参见陈金钊主编：《法律方法论》，中国政法大学出版社 2007 年版，第 238 页。

〔4〕 参见梁慧星：《裁判的方法》，法律出版社 2003 年版，第 186 页。

〔5〕 参见梁慧星：《裁判的方法》，法律出版社 2003 年版，第 187 页。

"群体利益""制度利益"（即法律制度的利益）和"社会公共利益"〔1〕，主张遵循利益层次结构的规律进行利益衡量，即"以当事人的具体利益为起点，在社会公共利益的基础上，联系群体利益和制度利益，特别是对制度利益进行综合衡量，从而得出妥当的结论，即对当事人的利益是否需要加以保护"〔2〕。"在具体案件的利益衡量中，对当事人的具体利益进行衡量只有放置在利益的层次结构中进行衡量，才能保证利益衡量的公正与妥当。其中，妥善处理所涉及的法律制度的制度利益和社会公共利益的关系是关键。"〔3〕

　　沈岿教授根据我国行政法的实践，将利益衡量的一般方法和原则总结为：确认并考虑所有相关的利益主张，排除一切不应考虑的因素；在同一层面上考虑各种相关的利益，避免先入的偏见；根据实际情况确定利益衡量的价值准则；利益衡量的目标在于实现相关利益的最大化，把利益的牺牲或摩擦降到最低限度；利益衡量应与宪法、法律相结合，不得违背它们的明文规定。〔4〕

　　（二）利益衡量方法的要素与瑕疵检验

　　上述存有差异的利益衡量运作方法的不同主张，是一种意图使利益衡量技术的操作步骤趋向理性化、科学化、程式化的努力，虽然依旧无法使利益衡量摆脱作为主观性活动的样态，但是可以从其凝聚的共识中大致抽象出、提取出利益衡量方法的"公约数"。本书认为，裁量基准适用的利益衡量在方法论上的要素为：

　　首先是甄别利益，这是利益衡量的前提。拨开案件事实的外在表象，全面汇集、辨别、筛选、认定案件事实所覆盖着的利益竞争，为利益的度量确定对象。利益的对立有可能是错综复杂地呈现着，是否所有的案涉利益均应纳入衡量的范围之内，需予客观地分析与评估，参照前述利益法学派黑克的主张和德国行政判决所体现出的态度，"实务上对于应予衡量的公益与私益

---

　　〔1〕　参见梁上上："利益的层次结构与利益衡量的展开——兼评加藤一郎的利益衡量论"，载《法学研究》2002年第1期，第56~57页。

　　〔2〕　梁上上："利益的层次结构与利益衡量的展开——兼评加藤一郎的利益衡量论"，载《法学研究》2002年第1期，第57页。

　　〔3〕　梁上上："利益的层次结构与利益衡量的展开——兼评加藤一郎的利益衡量论"，载《法学研究》2002年第1期，第58页。

　　〔4〕　参见沈岿：《平衡论：一种行政法认知模式》，北京大学出版社1999年版，第245~260页。

内涵之掌握，不以有法律规定或法律上的权利为限，一切值得保护的公、私益均为应予衡量的对象。……事实上凡是有关系且重要的诸利益，均应列入考量，至于对这些利益间实际的衡量与调整，则仍须依个案回归正义的要求加以决定"。[1] 作为检验，与甄别利益相对应的利益衡量瑕疵可概括为"衡量片面"。

其次是评价利益，这是利益衡量的核心。如卡多佐所言："逻辑、历史、习惯、效用以及为人们接受的正确行为的标准是一些独自或共同影响法律进步的力量。在某个具体案件中，哪种力量将起支配作用，这在很大程度上必定取决于将因此得以推进或损害的诸多社会利益的相对重要性或相对价值。……如果你们要问，法官将何以得知什么时候一种利益已超过了另一种利益，我只能回答，他必须像立法者那样从经验、研究和反思中获取他的知识；简言之，就是从生活本身获取。"[2] 因而，对利益进行评价，一方面，需统合考量案涉的各种案内案外因素，比如尽可能地结合案件事实情节、法定事实要件、法规范自身的目的和价值、法律原则和规则、公共政策、行政惯例、行政先例、行政判例、民间习俗、公共道德准则等进行综合、客观地理解与分析；另一方面，如前所述，需以"妥当性"为评价的标准，借鉴沈岿教授所主张的以"在同一层面上考虑各种相关的利益"为基础，对个案中冲突的利益进行比对、评估，"两利相权取其重、两害相权取其轻"，保护优位的利益，并结合拉伦茨对"利益适用次序共通性原则"的阐释与梁上上教授对"利益层次结构"的划分，确定具有相对重要性的利益。作为检验，与评价利益相对应的利益衡量瑕疵主要有"未为衡量"（Abwägungsausfall）、"衡量有缺失"（Abwägungsdefizit）、"错误之评价"（Abwägungsfehleinschätzung）[3]。

最后是重新配置利益，这是利益衡量的关键。经由对个案利益冲突及所涉利益关系的利弊分析与比较后，通过利益的协调、博弈、取舍作出一个有关利益关系重新配置的"实质判断"，并运用法律解释、法律推理等方法对

---

〔1〕 参见马纬中："应予衡量原则之研究——以行政计划为中心"，载城仲模主编：《行政法之一般法律原则》（二），三民书局股份有限公司1997年版，第511~514页。

〔2〕 参见［美］本杰明·卡多佐：《司法过程的性质》，苏力译，商务印书馆1997年版，第67~68页。

〔3〕 参见马纬中："应予衡量原则之研究——以行政计划为中心"，载城仲模主编：《行政法之一般法律原则》（二），三民书局股份有限公司1997年版，第518、530页。

这一实质判断进行论证，为实质判断的结论附上"实质的利益衡量的理由和形式的法律构成的理由"，以"检验结论的妥当性、增强结论的说服力、明确结论的适用范围"，[1] 使厘定的利益分配方案能为相互妥协的利益各方所接受，自此利益关系复归平衡。作为检验，与重新配置利益相对应的利益衡量瑕疵为"衡量不均"（Abwägungsdisproportionalität）[2]。

二、裁量基准适用中利益衡量的工具

承上所述，裁量基准适用中利益重新配置的重心在于对利益"取舍"的承载，然而"取舍"是一种抉择，经常并非易事。如霍姆斯所言："在法律中，我们只能偶尔达到绝对的终极和量的确定性，因为对原告或被告的各自不同的判决背后的相互竞争的社会目标所代表的价值不可能简约成数字并且恰如其分地确定。价值，也就是相互竞争的愿望的强度，会随着不同时代的理想的不同而不同。如果这些愿望是不变的，我们就无法确定一个判决比另外一个伟大或者渺小。但进步的根本就是我们可以尽可能做得精确一点。"[3] 对于利益取舍瑕疵的评定即为"衡量不均"。一般认为，"衡量不均"是指衡量明显地不合于比例原则的要求而构成利益衡量违法。因此，利益配置"必须结合'比例原则'一起观察，运用'比例原则'的方法，探究衡量结果是否满足'最适当利益满足的要求'（Gebot der optimalen Interssen-befriedigung）？以及是否给予私益'最小的损害'（Schonungsgebote，Aktuali-sierungsgebote）。"[4] 然而，本书认为，利益的重新配置，不单单是要符合比例原则的要求，基本上行政法一般法律原则的要义都应融入利益配置的过程之中，而且可以说，即使是从利益配置扩大至整个利益衡量，行政法一般法律原则的要旨都与利益衡量的需求相契合，利益衡量的运用受行政法一般法律原则的支配。同时，"原则可能互相冲突，所以，原则有'分量'（weight）。就是说，互相冲突的原则必须互相衡量或平衡，有些原则比另一

---

〔1〕　参见陈金钊主编：《法律方法论》，中国政法大学出版社 2007 年版，第 257~259 页。

〔2〕　参见马纬中："应予衡量原则之研究——以行政计划为中心"，载城仲模主编：《行政法之一般法律原则》（二），三民书局股份有限公司 1997 年版，第 519、530 页。

〔3〕　［美］斯蒂文·J. 伯顿主编：《法律的道路及其影响——小奥利弗·温德尔·霍姆斯的遗产》，张芝梅、陈绪刚译，北京大学出版社 2005 年版，第 35 页。

〔4〕　参见马纬中："应予衡量原则之研究——以行政计划为中心"，载城仲模主编：《行政法之一般法律原则》（二），三民书局股份有限公司 1997 年版，第 519 页。

些原则有较大的分量"。[1] 行政法之一般法律原则涵盖了诸多基本原则，如行政合法原则、合理原则、自然正义原则、正当法律程序原则、比例原则、不当联结禁止原则、信赖保护原则、平等对待原则、禁止恣意原则、行政自我拘束原则、公法上情事变更原则、行政公益原则、行政明确性原则、行政便宜原则等，而且有些基本原则又由若干子项原则构成，并且某些基本原则之间以及此基本原则与彼基本原则的子项原则之间又存有互通、交叉与重叠等，因此，在裁量基准适用的利益衡量中，面对原则之间的冲突与对立，如何确定原则本身的优先选择适用关系，也同样需要权衡。以上就是行政法之一般法律原则在裁量基准适用的利益衡量中所涉及的两个面向，下面分述之。

（一）行政法一般法律原则在利益衡量中的贯通

法律原则因其一般性而不能适用于具体案件，但它们可以构成有效的实在法律条款的法律基础。这些法律规范在行政法领域里即成为一般行政法原则。[2] 裁量基准适用的利益衡量应遵循行政法一般法律原则的要求，这在于法律的解释与适用本身就是以价值为取向的，而"这些价值通常以法律原则表现出来"[3]。行政法一般法律原则作为利益衡量的法理依据，是利益衡量的"基准"。

1. 比例原则的覆盖

阿列克西（Robert Alexy）认为："原则是一种要求某事在事实上和法律上可能的范围内尽最大可能被实现的规范。因此，原则是最佳化命令（optimization commands）。它们能以不同的程度被实现。实现的强制程度不仅取决于事实因素，也取决于法律上的可能性。后者的范围取决于与其相冲突的原则和规则。"[4] 从中可以看出，原则作为最佳化命令的特性"蕴含着最重要的实质性宪法原则，即比例原则（Verhältnismäßigkeitsgrundsatz），反之亦然。

〔1〕参见［美］迈克尔·D. 贝勒斯：《法律的原则——一个规范的分析》，张文显等译，中国大百科全书出版社 1996 年版，第 13 页。

〔2〕［德］哈特穆特·毛雷尔：《行政法学总论》，高家伟译，法律出版社 2000 年版，第 66 页。

〔3〕黄茂荣：《法学方法与现代民法》（第 5 版），法律出版社 2007 年版，第 358 页。

〔4〕［德］罗伯特·阿列克西：《法：作为理性的制度化》，雷磊编译，中国法制出版社 2012 年版，第 132 页。

比例原则及其三个子原则，即适切性原则、必要性原则与狭义上的比例原则在逻辑上可从原则的定义中推导出来，反之亦然"。[1] 由此，从抽象到具体，利益衡量对行政法一般法律原则的遵从，首先应体现为合乎比例原则的要求。同时，比例原则的第三子原则，即狭义比例原则也被称为"法益相称性原则"或"衡量性原则"[2]，其所意含的"手段与目的之追求的比例关系"必须以"适当""正当""理性""均衡"为标准也表达出衡量的要求[3]，从这个意义上讲，比例原则成了"利益衡量"的代名词。另外，有观点认为："比例原则亦是基于利益衡量所生之要求，惟大多存在于欲侵害之法益与欲保护之法益间，而法益衡量则可涉及多面利益之考量，因此，比例原则应系撷取法益衡量之核心领域，且大多用之于干预行政之中。"[4]从这个角度来看，可以说，就利益衡量而言，比例原则构成了行政法学上最为典型的利益衡量法则，并且相较于"利益衡量"在词义上所映现出的空洞与在技术操作层面上所显现出的难度，比例原则化身成了一个现实的可具操作性的利益衡量工具。

2. 平等对待原则的实现与禁止过度原则的界限

如前所述，行政法领域的利益衡量有着两重角色，既是法律适用的方法，也是行政法的一般法律原则，当其被视作行政法之一般法律原则的范畴时，也被命名为"行政均衡原则"。那么，如果推论，当利益衡量作为裁量基准适用的方法时，其应符合本身作为行政法之一般法律原则对其自身的要求，也必然是成立的。因此，裁量基准适用中的利益衡量应囿于行政均衡原则的拘束。周佑勇教授提出，行政均衡原则意在为利益权衡和选择判断提供一种具体的标准，其所调整的利益关系主要有两类：第一类是公共利益与个人利益之间的关系；第二类是在权衡公共利益与个人利益之间关系的基础上，进一步权衡和比较不同的个人利益关系。行政均衡原则全面涵盖着均衡各种利益关系的准则，可具体导出"平等对待""禁止过度""信赖保护"

---

〔1〕　参见［德］罗伯特·阿列克西：《法：作为理性的制度化》，雷磊编译，中国法制出版社2012年版，第149页。

〔2〕　参见陈淳文："比例原则"，载《行政法争议问题研究》（上），五南图书出版有限公司2000年版，第100~101、105~106页。

〔3〕　参见谢世宪："论公法上之比例原则"，载城仲模主编：《行政法之一般法律原则》（一），三民书局股份有限公司1999年版，第125~126页。

〔4〕　参见李震山：《行政法导论》（修订11版），三民书局股份有限公司2019年版，第278页。

三项子原则，其中，在均衡不同个人利益之间关系方面，应当遵循平等对待原则，这一原则具体又可导出"禁止恣意原则""行政自我拘束原则"；在均衡公共利益与个人利益之间关系方面，应当遵循禁止过度原则和信赖保护原则，而禁止过度原则又具体包括"必要性原则"与"合比例性原则"。[1]

诚然，"平等并非禁止差别待遇，而系禁止恣意的差别待遇进而谋求合理的差别待遇"，这是形式平等对国家机关的要求，实质平等则要求"国家机关积极地为一定作为来弥补事实上的不平等"。[2] 可见，禁止恣意原则来源于平等原则的意义转变，德国联邦宪法法院就将《德国基本法》第 3 条第 1 项的"平等原则"解释为禁止恣意原则，并建立起著名的公式，即"如果一个法律上之区别对待或相同对待不能有一个合乎理性、得自事物本质或其他事理上可使人明白之理由，简单地说，如果该规定被认为恣意时，则违反'平等原则'"。根据禁止恣意原则，"行政官署之任何措施与该措施所处理之事实状态之间，必须保持适度的（angemessen）之关系"。[3] 而行政自我拘束原则意指"行政机关于作成行政处分时，对于相同或具有同一性的事件，如无正当理由，应受其'行政先例'或'行政惯例（Verwaltungspraxis）'之拘束，而为处理，否则即违反平等原则，而构成违法"。基于"平等权之请求权功能""不法平等之排除""信赖保护原则之要求""诚实信用原则之要求"等，[4] 行政自我拘束原则由平等原则演绎而生。至于禁止过度原则，其来自于排除"适切性原则"而仅包含"必要性原则"与"法益相称性原则"的比例原则"二阶理论"[5]，广义比例原则中的必要性原则与法益相称性原则（即合比例性原则）一同被定名为禁止过度原则。

3. 信赖保护原则的运用

滥觞于私法领域的诚实信用原则"并非私法所特有，且亦非于公法所仅

---

〔1〕 参见周佑勇："行政裁量的均衡原则"，载《法学研究》2004 年第 4 期，第 125~133 页。

〔2〕 参见邱基峻、邱铭堂："论行政法上之平等原则"，载城仲模主编：《行政法之一般法律原则》（二），三民书局股份有限公司 1997 年版，第 109~111、116~119 页。

〔3〕 参见张锟盛："析论禁止恣意原则"，载城仲模主编：《行政法之一般法律原则》（一），三民书局股份有限公司 1999 年版，第 203~204 页。

〔4〕 参见林国彬："论行政自我拘束原则"，载城仲模主编：《行政法之一般法律原则》（一），三民书局股份有限公司 1999 年版，第 249~255 页。

〔5〕 参见陈新民：《德国公法学基础理论》（下册），山东人民出版社 2001 年版，第 368~375 页；吴庚：《行政法之理论与实用》（增订 8 版），中国人民大学出版社 2005 年版，第 39~40 页。

有特殊原则，……诚实信用乃是基于公法私法所共通的法之理想，所形成的一般法律原理"〔1〕，诚实信用原则在行政法领域的直接体现即为信赖保护原则。"除了重大明显之瑕疵或其违法系可归责于相对人者外，国家行为一经作成而表露于外，人民通常会对其造成之法律状态的存续寄以信赖，以之作为行为的依据，故人民此种信赖应被保护"〔2〕，"如国家之行为罔顾人民值得保护之信赖，而使其遭受不可预计之负担或丧失利益，且非基于保护或增进公共利益之必要者，此种行为即不得为之"。〔3〕而如何保障信赖利益，也需进行法益衡量，即"受规范对象如已在因法规施行而产生信赖基础之存续期间内，对构成信赖要件之事实，有客观上具体表现之行为，且有值得保护之利益者，即应受信赖保护原则之保障。至于如何保障其信赖利益，究系采取减轻或避免其损害，或避免影响其依法所取得法律上地位等方法，则须衡酌法秩序变动所追求之政策目的、国家财政负担能力等公益因素及信赖利益之轻重、信赖利益所依据之基础法规所表现之意义与价值等为合理之规定"。〔4〕

综上，行政法之一般法律原则（包括但不限于以上所列举的基本原则），皆可以在裁量基准适用的利益衡量中发挥其各自不同的规范、约束、限定、指导、补充等功用，不仅为利益衡量划定边界，规制利益衡量的进路，而且为利益衡量提供思维指引，拓展利益衡量的方法论基础。因此，利益衡量应恪守行政法之一般法律原则的"原则之治"。

（二）行政法一般法律原则在利益衡量中的权衡

"由于原则并未清楚界定事实要件，所以对特定个案来说，并不存在一条确定的、排他适用的原则。一条原则只是支持这般判决的一个理由，而同时却可能存在另一个更优越、更适切的原则，要求裁判者作出不同的判决。因此在适用原则之际，裁判者对原则所做的权衡——比较每条相关原则在当下个案中的份量或权重，并择优予以适用——既是裁判之际的操作关键，也

---

〔1〕 参见谢孟瑶："行政法学上之诚实信用原则"，载城仲模主编：《行政法之一般法律原则》（二），三民书局股份有限公司 1997 年版，第 211 页。

〔2〕 参见吴坤城："公法上信赖保护原则初探"，载城仲模主编：《行政法之一般法律原则》（二），三民书局股份有限公司 1997 年版，第 249 页。

〔3〕 参见洪家殷："信赖保护及诚信原则"，载《行政法争议问题研究》（上），五南图书出版有限公司 2000 年版，第 120 页。

〔4〕 参见林明锵：《行政法讲义》（第 4 版），新学林出版股份有限公司 2018 年版，第 38 页。

是原则裁判的理论难点所在。因为一旦权衡不能获得'更强理由',那么据此胜出的原则以及据此所做的裁判,就不免被批评为裁判者的个人见解和主观臆断,而判决结论也就遑论法律上的'唯一正解'了。但问题是,如何获得'更强理由'并籍以权衡?"[1] 如果将以上论断中的"判决"替换为"裁量决定",那么完全可以对"法律原则间的权衡"进行一个行政法上的解读。

在个案裁量基准适用过程中,当需要运用到上述行政法之一般法律原则进行利益衡量时,如同前述利益衡量方法中的"甄别利益"一样,行政法之一般法律原则的运用在事实上预置了一个法律原则的识别与发现的过程,在此前提之下,如若原则之间发生冲突或存在对立,就需要权衡理论的方法论介入其中,以确定相冲突的原则之一相对于另一个原则的"条件式优先关系"(conditional priority)[2]——当一个原则满足某些优先条件就会较另一个原则优先适用。"在某些条件下一个原则优先于另一个原则,这些条件事实上就有效地构成了一项规则,这项规则赋予优先原则以法效果。"[3] 因此,"优先条件"的确定是原则得以优先适用的关键所在,而"优先条件"本身即构成了解决原则冲突的"权衡法则"。阿列克西将这一"权衡法则"(Abwägungsgesetz)表述为"一个原则的不满足程度或受损害程度越高,另一个原则被满足的重要性就必须越大"。[4] 在权衡法则之下,权衡被解析成:确认一个原则的不满足程度或受损害程度,确认相对立之原则被满足的重要性程度,确认相对立之原则被满足的重要性能否证成对另一个原则的损害或不满足。[5] 可以看出,这与拉伦茨"利益适用次序共通性原则"在本质上具有一致性。由此,作为行政法之一般法律原则的"权衡法则"为原则冲突的衡量提供了一个可能的方法性框架以及大致的方向性指导意见。

---

〔1〕 陈林林:"基于法律原则的裁判",载《法学研究》2006年第3期,第9页。

〔2〕 参见 [德] 罗伯特·阿列克西:《法:作为理性的制度化》,雷磊编译,中国法制出版社2012年版,第135页。

〔3〕 参见 [德] 罗伯特·阿列克西:《法:作为理性的制度化》,雷磊编译,中国法制出版社2012年版,第135页。

〔4〕 参见 [德] 罗伯特·阿列克西:《法:作为理性的制度化》,雷磊编译,中国法制出版社2012年版,第150页。

〔5〕 参见 [德] 罗伯特·阿列克西:《法:作为理性的制度化》,雷磊编译,中国法制出版社2012年版,第150页。

三、裁量基准适用中利益衡量的因素

裁量基准的适用是认定案件事实、解释法律要件、涵摄、确定法律效果的一系列相互联系的过程，"对案件事实的调查应当按照法定事实要件进行；解释法律应当考虑具体的案件事实及其各个方面的影响。适用法律不仅是寻求逻辑结果的过程，而且也是一个判断性的认识过程"。[1]适用裁量基准作出行政决定，需以对案涉的各种事实情节和法定事实要件进行综合考量为前提与基础，同时，裁量基准的适用需借助于利益的衡量，而利益衡量不但需依托于对案件事实情节、法定事实要件等案内因素的具体分析，还需诉诸公共政策、行政惯例、行政先例、行政判例等案外因素的全面酌量。基于裁量基准的适用本质上是利益衡量的过程这一立论，本书认为，裁量基准适用的利益衡量，需统筹考量对最终裁量决定的作出具有影响力和作用力的各种案内案外因素。

（一）利益衡量的案内考量因素

在裁量基准适用中，以行政处罚领域为例，对裁量基准所依据的授权法规范的授权目的、授权法规范的立法目的、行政执法的目的与动机，与违法行为相关的违法动机和目的、主观过错的大小、违法手段和方法、危害结果、违法对象，与违法行为人相关的行为人的生活状况、责任能力、行为实施后的表现，与违法相关的社会影响、社会形势等案内裁量情节[2]的考量是不可或缺的，这涉及对案件的加重[3]、从重、减轻、从轻、不予处理[4]等。如，最高人民法院在"宁夏中卫市金利工程运输有限公司诉宁夏回族自治区中卫

---

〔1〕［德］哈特穆特·毛雷尔：《行政法学总论》，高家伟译，法律出版社2000年版，第123页。

〔2〕参见洪家殷："行政制裁"，载翁岳生编：《行政法》（下册），中国法制出版社2002年版，第850~857页；林锡尧：《行政罚法》（第2版），元照出版有限公司2012年版，第194~195、221~223页；周佑勇：《行政裁量基准研究》，中国人民大学出版社2015年版，第90~99页；陈清秀：《行政罚法》，法律出版社2016年版，第252~273页。

〔3〕在我国现行有效的有关行政处罚的法律中，仅有一处关于"加重"处罚的规定，即《全国人民代表大会常务委员会关于全面禁止非法野生动物交易、革除滥食野生动物陋习、切实保障人民群众生命健康安全的决定》（2020年2月24日第十三届全国人民代表大会常务委员会第十六次会议通过）第1条的规定："凡《中华人民共和国野生动物保护法》和其他有关法律禁止猎捕、交易、运输、食用野生动物的，必须严格禁止。对违反前款规定的行为，在现行法律规定基础上加重处罚。"

〔4〕如《杭州市市场监督管理局规范行政处罚自由裁量权的若干规定》第5条对"从重、减轻、从轻、不予行政处罚"的界定较为典型。参见《关于印发〈杭州市市场监督管理局规范行政处罚自由裁量权的若干规定〉及20个行政处罚裁量基准的通知》（杭市管〔2016〕64号）。

市工商行政管理局撤销决定案"中指出:"按照《行政处罚法》第四条关于'设定和实施行政处罚必须以事实为依据,与违法行为的事实、性质、情节及社会危害程度相当'之规定,工商部门在行使处罚裁量权时,应当综合、全面地考虑案件的主体、客体、主观、客观及社会危害性等具体情况进行裁量,不能偏执一端,片面考虑某一情节而对当事人作出行政处罚。"[1]

(二) 利益衡量的案外参酌因素

前述利益衡量的思维进程是以先结论后证立为路径的,进行利益衡量不是从裁量基准文本规定本身及相应的法规范出发得出结论,而是先经由价值判断得出结论而后再回到裁量基准文本和法规范中去印证结论,那么先行的价值判断其依据的必然是超越实定法规定的其他规范因素。这些因素"并不是那种毫无控制的意志或主观偏爱的产物,而是以整个法律秩序与社会秩序为基础的,也是以那些渊源于传统、社会习俗和时代的一般精神为基础的。在对判案过程中的意志因素起限制作用的客观化要素中,主要有那些在文化中业经牢固确立的价值规范,贯串于法律制度中的基本原则,显而易见的情势必要性以及占支配地位的公共政策方针"[2]本书归纳认为,这些规范因素包括公共政策、行政惯例[3]、行政先例[4]、行政判例、与制定法有关

---

〔1〕 参见最高人民法院(2014)行提字第14号行政判决书。

〔2〕 参见 [美] E. 博登海默:《法理学:法律哲学与法律方法》,邓正来译,中国政法大学出版社1999年版,第501页。

〔3〕 参见章剑生:"论'行政惯例'在现代行政法法源中的地位",载《政治与法律》2010年第6期,第2~13页;李惠宗:《行政法要义》(第7版),元照出版有限公司2016年版,第106~107页。

〔4〕 如《哈尔滨市规范行政处罚自由裁量权工作实施方案》第4条第(二)项规定:"建立行政处罚典型案例类比制度。行政执法机关应当对按照行政处罚基准作出的处罚案件进行总结归纳,针对每一类违法行为归纳出同类违法行为的典型案例,作为该行政执法机关以后对同类违法行为进行行政处罚的先例,即对树立典型案例之后发生的事实、性质、情节、社会危害程度、当事人主观过错等情况与典型案例相当的违法行为,作出的处罚决定应当在行政处罚的种类、幅度以及程序等方面与典型案例一致或基本一致。适用典型案例类比制度,不妨碍行政执法机关在说明特殊理由的前提下作出例外的裁量。"参见《哈尔滨市人民政府办公厅关于印发哈尔滨市规范行政处罚自由裁量权工作实施方案的通知》(哈政办综〔2008〕54号)。《公安机关对部分违反治安管理行为实施处罚的裁量指导意见》第1部分第4条规定:"……对同一地区同一时期案情相似的案件,所作出的治安管理处罚应当基本均衡。"参见《公安部关于印发〈公安机关对部分违反治安管理行为实施处罚的裁量指导意见〉的通知》(公通字〔2018〕17号)。《规范农业行政处罚自由裁量权办法》第20条规定:"农业农村主管部门行使行政处罚自由裁量权,不得有下列情形:……(二)在同一时期同类案件中,不同当事人的违法行为相同或者相近,所受行政处罚差别较大的;……"参见中华人民共和国农业农村部公告第180号,2019年5月31日发布。

的背景资料〔1〕、法理和法律学说〔2〕、常识与常理〔3〕、民间习惯和风俗、公共道德准则、人性伦理〔4〕、个人社会资本〔5〕、大数据技术应用的成果〔6〕等，甚至包括上级指示〔7〕、社会舆情等，此即利益衡量的案外参酌因素。这些案外因素也属于"软法"〔8〕"条理法"〔9〕的范畴，其中的一部分可视为行政法的渊源、法源〔10〕，因此，利益衡量参酌以上因素理所必然。需要注意的是，对于公共政策，应认识到"政策对裁量权行使的影响只能是指导性的、倾向性的；政策对裁量运作的渗透应该融于具体的、情境化的个案之中"，〔11〕应避免在行政执法中脱离裁量权限和裁量基准否定个案事实的特殊性而依据政策对违法行为作出"一刀切"的格式化处理式的"裁量怠惰"。

---

　　〔1〕　参见何海波：《实质法治：寻求行政判决的合法性》，法律出版社 2009 年版，第 242~244 页。

　　〔2〕　参见杨仁寿：《法学方法论》（第 2 版），中国政法大学出版社 2013 年版，第 273~277、287~291 页。

　　〔3〕　参见张怡静、陈越峰："公正适当裁量中的'相关考虑'——从对中国行政审判案例第 71 号的讨论切入"，载《法律适用（司法案例）》2019 年第 4 期，第 52 页。实践中，如《深圳市市场和质量监督管理委员会行政处罚裁量权适用规则》第 6 条规定："行使行政处罚裁量权时，应当综合考虑违法行为的……情节，结合逻辑、公理、常理和经验进行裁量……"参见《深圳市市场和质量监督管理委员会关于印发〈深圳市市场和质量监督管理委员会行政处罚裁量权适用规则〉的通知》（深市质规〔2018〕2 号）。

　　〔4〕　参见［美］H. 乔治·弗雷德里克森：《公共行政的精神》（中文修订版），张成福等译，中国人民大学出版社 2013 年版，第 107~122 页；洪兴文：《行政自由裁量权的伦理规治研究》，湖南人民出版社 2015 年版，第 137~190 页；马长山："AI 法律、法律 AI 及'第三道路'"，载《浙江社会科学》2019 年第 12 期，第 8 页。

　　〔5〕　参见周佑勇、尹建国："论个人社会资本对行政裁量正义的影响"，载《华东政法大学学报》2007 年第 3 期，第 13~25 页。

　　〔6〕　《国务院办公厅关于全面推行行政执法公示制度执法全过程记录制度重大执法决定法制审核制度的指导意见》（国办发〔2018〕118 号）要求："加强对行政执法大数据的关联分析、深化应用，通过提前预警、监测、研判，及时发现解决行政机关在履行政府职能、管理经济社会事务中遇到的新情况、新问题，提升行政立法、行政决策和风险防范水平，提高政府治理的精准性和有效性。"

　　〔7〕　参见余凌云：《行政法讲义》（第 3 版），清华大学出版社 2019 年版，第 191~192 页。

　　〔8〕　参见宋功德："行政裁量法律规制的模式转换——从单一的硬法或软法模式转向软硬并举的混合法模式"，载《法学论坛》2009 年第 5 期，第 31~37 页。

　　〔9〕　参见莫于川："行政权行使的条理法规制"，载《现代法治研究》2017 年第 4 期，第 50~54 页。

　　〔10〕　参见杨海坤、章志远：《中国行政法基本理论研究》，北京大学出版社 2004 年版，第 120~145 页。

　　〔11〕　参见郑春燕："行政裁量中的政策考量——以'运动式'执法为例"，载《法商研究》2008 年第 2 期，第 64 页。

"法规授权行政机关针对具体案情为裁量，该主管机关便应戮力以赴，若因其疏忽、误解，乃至有意认为对该事项没有裁量权，死守僵硬的政策、方针或'上级'之要求，根本未深入具体案情为裁量，仍属裁量权的滥用。"[1]同样，对于行政惯例，也应防止以不合理甚至违法的惯例为挡箭牌而疏于对个案进行具体裁量以及机械地固守"陈例"而导致行政僵化。[2]对于民间习俗、公共道德准则、个人社会资本以及社会舆情，既应关注社会公众的普遍价值观和道义性诉求，又需悉力压缩个人社会资本异化所产生的"选择性执法"等负面效应对于裁量正义的消极影响，竭力遏制"缘情而法"[3]。对于大数据技术应用的成果，应着眼于大数据技术以其全样本、混杂性、相关性[4]的特性和全覆盖的分析、精确的算法等对裁量的辅助作用以及对裁量偏见与不确定性的消减功能。

四、裁量基准适用中利益衡量的实现

裁量基准适用中利益衡量的目标应是"妥当性"标准下的平衡，为达至这一企望，不仅需要通过技术手段的展开确立利益衡量的具体操作方法、引入行政法之一般法律原则作为利益衡量技术方法应用的工具、通盘考量制约和影响利益衡量的各种案涉因素，而且还需要打开利益衡量的主观"暗箱"，通过建构良性、有效的利益沟通机制以确保利益衡平的实现。

（一）利益衡量"交往"范式的程序理性保障

法国比较法学家勒内·达维（René David）指出："现在比过去要求更多的是说服与合作，行政机关所发布的许多'命令'如仍以单方决定的形式出现，则事先应通过一个称为'协商'的程序，与有关个人或企业谈判。"[5]

---

〔1〕 叶俊荣："论裁量瑕疵及其诉讼上的问题"，转引自郑春燕："行政裁量中的政策考量——以'运动式'执法为例"，载《法商研究》2008年第2期，第64页。

〔2〕 参见郑雅方：《行政裁量基准研究》，中国政法大学出版社2013年版，第124~127页。

〔3〕 参见陈金钊：《法律解释学——权利（权力）的张扬与方法的制约》，中国人民大学出版社2011年版，第215页。

〔4〕 参见［英］维克托·迈尔-舍恩伯格、肯尼思·库克耶：《大数据时代：生活、工作与思维的大变革》，盛杨燕、周涛译，浙江人民出版社2013年版，第27~94页；白建军："大数据对法学研究的些许影响"，载《中外法学》2015年第1期，第29~35页；孙百昌：《互联网+大数据在执法办案中的应用》（第2版），中国工商出版社2017年版，第15~18页。

〔5〕 参见［法］勒内·达维：《英国法与法国法：一种实质性比较》，潘华仿、高鸿钧、贺卫方译，清华大学出版社2002年版，第108页。

利益衡量妥当性的博弈是利益竞争主体之间经协调、让步达成共识的表现，其体现出作为行政法律关系主体的行政主体与行政相对人之间商谈、对话、互动、沟通的"交往"过程，哈贝马斯（Jürgen Habermas）有言："所谓交往行为，是一些以语言为中介的互动，在这些互动过程中，所有的参与者通过他们的言语行为所追求的都是以言行事的目的，而且只有这一个目的。"〔1〕"交往行为概念所涉及的是至少两个以上具有言语和行为能力的主体之间的互动，这些主体使用（口头的或口头之外的）手段，建立起一种人际关系。行为者通过行为语境寻求沟通，以便在相互谅解的基础上把他们的行为计划和行为协调起来。"〔2〕这表明，裁量基准适用中的利益衡量并非行政主体单向度的行为，而是行政主体与行政相对人"复数主体的交往行为"〔3〕，在交往行动中，所有人都能自由平等地参与对话、辩论，所有人都可以提出自己的主张，证明自己的观点，也可以反驳别人的观点，所有人都不以支配性、强制力左右别人的观点，这是一种没有强制的相互协商、讨论，从而达到相互理解的基础上的意见一致的过程。交往行为体现出的是一种交往理性，"交往理性的范式不是单个主体与可以反映和掌握的客观世界中的事物的关系，而是主体间性关系，当具有言语和行为能力的主体相互进行沟通时，他们就具备了主体间性关系。……从参与者角度来看，'沟通'不是一个带来实际共识的经验过程，而是一个相互说服的过程，它把众多参与者的行为在动机的基础上用充足的理由协调起来。沟通就是旨在有效达成共识的交往"〔4〕。而交往理性的实现则需要程序理性的保障，"任何在交往行为中直接形成的共识都是暂时性和过程性的，共识的最终形成需要暂时性共识的不断积累与整合，但交往行为自身不具有整合的功能。……程序正义不能从某一根本规范演绎出来，而只能通过不同层面的交涉和议论分别实现。所以说，程序系统本身即具有把片段性的交涉过程加以衔接整合的特征。交

〔1〕　［德］尤尔根·哈贝马斯：《交往行为理论》（第1卷·行为合理性与社会合理化），曹卫东译，上海人民出版社2018年版，第371页。

〔2〕　参见［德］尤尔根·哈贝马斯：《交往行为理论》（第1卷·行为合理性与社会合理化），曹卫东译，上海人民出版社2018年版，第115页。

〔3〕　参见王学辉："超越程序控权：交往理性下的行政裁量程序"，载《法商研究》2009年第6期，第29页。

〔4〕　参见［德］尤尔根·哈贝马斯：《交往行为理论》（第1卷·行为合理性与社会合理化），曹卫东译，上海人民出版社2018年版，第485~486页。

往过程中的暂时性共识正是通过程序进行整合的。程序'作茧自缚'的效应确保每一阶段的暂时性共识都是确定的、有效的，并通过交往过程的制度化机制实现最终的共识"。[1] 由此，需在裁量基准适用的利益衡量过程中引入并构建体现"交往"范式的程序公开性与程序参与性制度作为利益沟通的实现机制，即运用行政程序所形成的行政过程信息披露机制与过程竞争机制来促进裁量基准适用中利益衡量妥当性目标的实现。由于行政公开制度在"第四章 行政裁量基准适用'说明理由'的技术"末尾部分已经论及，其作为利益沟通机制得以实现的前提，在制度上的功能与价值在此不再赘述。

（二）"交往式"实质性利益沟通参与机制的实现

"程序是交涉过程的制度化。"[2] 本书认为，除需弥补形式化利益沟通方式所固有的弊端与缺陷之外，应着力搭建起以行政主体、行政相对人及行政相关人、第三方主体为"多中心"[3]的"交往式"实质性利益沟通参与机制。

首先，对于行政参与本身而言，问题的关键在于既要防止参与流于形式而导致的参与效力[4]过低，也要避免参与意见主导裁量决定而引致的参与效力过高所可能引发的裁量怠惰以及裁量决定质效降低，后者目前发生的概率虽然不大，但是需对其有所防范。就实质功用而言，行政参与应是一种"有意义的参与"，于此，朱迪·弗里曼（Jody Freeman）对管制机构合作模式下行政参与所提出的意见仍然具有借鉴价值，其指出："有意义的参与，可以将受到最大影响主体的贡献制度化，并且给其规定某些管制机制的责任。这里的'制度化'，……是参与应当是决定过程持续性的特征。制度化的参与……既包括阐述可能的回答，也包括阐述问题的机会；这种参与，要求淡化制度内与制度外那些负责治理者之间的界限。……参与是否有意义，部分取决于当事人选择的管制方案形式，部分取决于其投入的性质。那些鼓

---

[1] 参见王学辉："超越程序控权：交往理性下的行政裁量程序"，载《法商研究》2009年第6期，第32页。

[2] 季卫东：《法律程序的意义——对中国法制建设的另一种思考》，中国法制出版社2004年版，第33页。

[3] 参见［美］迈克尔·麦金尼斯主编：《多中心体制与地方公共经济》，毛寿龙译，上海三联书店2000年版，第80~83页。

[4] 行政参与的效力是指行政参与是否能够对行政立法、决策或执法的最终结果产生影响，以及产生多大程度的影响。参见刘福元：《行政参与的度量衡——开放式行政的规则治理》，法律出版社2012年版，第208页。

励不断投入并且要求共同负责实施、监控与修正的方案，比那些拒绝让当事人负责并且鼓励在某一次互动之后就不再投入的方案更为可取。"〔1〕接叙此话题，余凌云教授就行政裁量的治理曾提出"由当事人选择法律效果的决策模式"，即"积极探索和改变政府作业方式，建立新的决策模式，让行政行为不再单纯地、唯一地经由行政机关的裁量而作出。……比如，采取由当事人选择法律效果的规制方法，也就是对于某一特定的行为，设定若干个法律效果或者法律处理，由当事人自己选择其中之一"，并举例加以说明，"如，对于携带限带物来到天安门广场的当事人，可以由其选择：（1）丢弃限带物；（2）暂存限带物；（3）既不愿丢弃、也不愿暂存者，禁止进入天安门广场"，〔2〕这一观点所映现出的策略对于裁量基准适用中利益沟通的实质性参与具有重要的示范与引领作用，与弗里曼"有意义的参与"殊方同致，当为重视。

其次，对于作为行政参与制度核心所在的行政听证而言，问题的"七寸"同样聚焦在制度运行流于形式的诟病上。《美国联邦行政程序法》（1978年修订）〔3〕第554、556、557条所涉行政机关作出裁决行为的听证，可以总结为是一种审判型或称作审讯型的听证，其第556条d中规定，"当事人有权以口头的或书面的证据提出其案件或进行辩护，也有权提出反证，并且为了弄清全部事实的真象，也可以进行质证"。美国统一州法律委员会全国会议的《示范州行政程序法》（1981年修订）〔4〕第4-211条（2）也规定："在有必要充分披露所有相关事实和问题的程度上，主持官应为所有当事人提供机会以回应、展示证据和论点、进行对质并提出反驳证据，除非为有限的介入授权或听证前决定所限制。"以上规定显现出听证的关键点在于当事人围绕行政证据的举证与质证，缺乏这样的实质性环节，借以听证实现利益衡量的价值终将是无法竟全功的。

---

〔1〕　参见［美］朱迪·弗里曼：《合作治理与新行政法》，毕洪海、陈标冲译，商务印书馆2010年版，第41~43页。

〔2〕　参见余凌云："行政裁量的治理——以警察盘查为线索的展开"，载《北大法律评论》2009年第2期，第340~341页。

〔3〕　Administrative Procedure Act, 5 U. S. C. （1978）.

〔4〕　Model State Administrative Procedure Act（Uniform Law Commissioners 1981）（approved and recommended for enactment in all the states at the National Conference of Commissioners on Uniform State Laws Annual Conference in New Orleans, Louisiana, July 31-August 7, 1981）.

最后，对于作为更深层次行政参与机制的调解、和解而言，我国《行政诉讼法》第 60 条第 1 款规定："人民法院审理行政案件，不适用调解。但是，行政赔偿、补偿以及行政机关行使法律、法规规定的自由裁量权的案件可以调解。"《行政复议法实施条例》第 40 条规定："公民、法人或者其他组织对行政机关行使法律、法规规定的自由裁量权作出的具体行政行为不服申请行政复议，申请人与被申请人在行政复议决定作出前自愿达成和解的，应当向行政复议机构提交书面和解协议；和解内容不损害社会公共利益和他人合法权益的，行政复议机构应当准许。"其第 50 条规定："有下列情形之一的，行政复议机关可以按照自愿、合法的原则进行调解：（一）公民、法人或者其他组织对行政机关行使法律、法规规定的自由裁量权作出的具体行政行为不服申请行政复议的；……"这些规定为在利益衡量中引入调解、和解制度提供了法理上的正当性类推依据。调解与和解两者都能产生"法律上可执行的权利和义务"[1]，这类以通过交涉、磋商的方式对利益纷争进行充分表达的机制，更有利于消弭利益冲突而最终达成合致。

此外，对于多元主体行政参与机制的创设而言，设立第三方主体有限参与的裁量基准适用重大、疑难、复杂案件利益衡量集体讨论制度[2]、集体会办制度、集体评议制度、过程评估制度[3]、事中质询制度、事中声明异议制度[4]、事中约见制度等，具有相当程度上的可行性、可塑性与可操作性。此前，肇始于 2009 年 6 月的原嘉兴市南湖区环境保护局"环境行政处

---

〔1〕 参见［澳］皮特·凯恩：《法律与道德中的责任》，罗李华译，商务印书馆 2008 年版，第343 页。

〔2〕 如《关于规范行使环境监察执法自由裁量权的指导意见》规定，"对涉及自由裁量的重大或者复杂事项，环境监察机构负责人应当集体讨论，共同研究后作出决定。视情况可组织专家进行评议，提出专家建议供决策参考"。参见《环境保护部办公厅关于印发有关规范行使环境行政处罚自由裁量权文件的通知》（环办〔2009〕107 号）。

〔3〕 参见卢护锋："论行政自由裁量权的内部控制"，吉林大学 2009 年博士学位论文，第 96页；关保英："行政相对人介入行政行为的法治保障"，载《法学》2018 年第 12 期，第 45~47 页。

〔4〕 行政声明异议是指，行政主体的行政行为作出后，可以先向行政相对人予以透露而不是通过严格的法定程序向行政相对人送达；相对人认为行政机关之不当行政措施，对其权益造成损害时，在法定期限之内向原处分机关提出不同意见或理由，请求行政机关得重新议定，对其损害加以救济。参见张淑芳："行政声明异议制度研究"，载《法律科学（西北政法学院学报）》2005 年第 2期，第 74~78 页；郑美华、谢瑞智编著：《法律百科全书·Ⅲ·行政法》，谢瑞智发行（三民书局股份有限公司经销）2008 年版，第 281~282 页；关保英："行政相对人介入行政行为的法治保障"，载《法学》2018 年第 12 期，第 48 页。

罚案件公众评审团机制"〔1〕，发端于 2010 年 4 月的合肥市"行政处罚案件群众公议团机制"〔2〕，都着眼于案外公众代表介入行政处罚的过程，在处罚决定作出前对处罚的事实、理由、依据进行评议，并形成公议意见以影响处罚的最终结果，因此，在裁量基准适用的利益沟通中嵌入此类公众实质参与程式的实践形态，并经一定限度的规制、优化、改进之后可付诸认可。

---

〔1〕　环境行政处罚案件公众评审，是指将公众参与机制引入环境行政处罚的审议过程，组成公众评审团以召开案件公众评审会的形式，对原本法律只赋予行政机关的自由裁量权进行评议，区环保局案件审核委员会以公众评审团集体决议意见，作为最终作出行政处罚决定的重要参考依据。如公众评审团集体决议意见与区环保局的初审处罚意见不相符合，则区环保局案件审核委员会集思广益，慎重研究，以公众评审团集体决议作为最终下达行政处罚决定书之前的重要参考依据，并于 5 个工作日内向各评审团成员反馈最终处罚结果。参见嘉兴市《南湖区环境行政处罚案件公众参与制度实施办法（试行）》（2009 年 7 月 15 日）。

〔2〕　行政处罚案件群众公议，是指行政机关在案件调查终结后、处罚决定作出前，将拟作出处罚决定的事实、理由、依据提交群众公议员进行评议，并形成群众公议意见，作为行政机关作出处罚决定的重要参考。行政机关作出处罚决定时，未采纳群众公议意见的，应当在 10 个工作日内向群众公议团作出书面说明，并将处罚决定和群众公议意见报同级政府法制机构备案。参见《合肥市人民政府办公厅关于印发合肥市行政处罚案件群众公议暂行办法的通知》（合政办〔2010〕10 号）、《合肥市人民政府办公厅关于印发合肥市行政处罚案件群众公议办法的通知》（合政办〔2011〕18 号）、《合肥市行政处罚案件群众公议办法》（合肥市人民政府令第 179 号，2015 年 4 月 28 日发布）。

CHAPTER 6
第六章

行政裁量基准适用"证据补强"的技术

第一节　行政裁量基准适用的合理性目标对证据补强技术的主导

一、方林富案裁量基准适用的证据阙如

回溯到方林富案，西湖区市场监督管理局因行政相对人在广告宣传用语中使用一个"最"字就作出"20万元罚款"的行政处罚决定，该决定是否"过罚相当"，特别是有无充分收集和运用行政证据证成其适用裁量基准作出处罚决定具有"合理性"[1]，根据"案卷排他性原则"[2]，从其行政处罚案卷特别是行政处罚决定书中都无法推导出结论。

---

〔1〕"合理性"一词是一种作为"定性"的主观化、直观式表达，在此其实质上是指作出行政处罚决定需符合"比例原则"的要求，而不能畸轻畸重。如果说合理性是对裁量状况的主观评价，那么比例原则就是对合理性认定的客观标准。我国《行政处罚法》第4条第2款关于"设定和实施行政处罚必须以事实为依据，与违法行为的事实、性质、情节以及社会危害程度相当"的规定，即"过罚相当原则"，其在本质上就是比例原则的具体要求，具有比例原则中"必要性"和"均衡性"的要素。这是因为"比例原则旨在强调国家在进行干预行政时，'不得为达目的而不择手段'。比例原则在强调目的与手段间之均衡。在行政秩罚的施行上，应考虑违反情节的轻重与行政不法行为的结果，在立法及执行上选择适当的处罚手段，并应遵循正当程序"。而过罚相当原则或称"责罚相当性原则""责任程度原则"（sog. Schuldmaßprinzip），其要求是要"按照行为人之个别案件违规情节轻重，适度处罚，其量罚额度应符合个别案件的妥当性。不应有过于严苛以致显失公平合理的情形，也不应有过于放纵，以至于根本无法填补违规行为所造成之损害或预防再犯之处罚目的"。因而可以说，过罚相当原则作为比例原则在行政处罚领域的"代言"，就体现为行政处罚决定的合理性问题。参见郑琦："比例原则的个案分析"，载《行政法学研究》2004年第4期，第60页；李惠宗：《行政罚法之理论与案例》，自刊（元照出版有限公司总经销）2005年版，第95页；陈清秀：《行政罚法》，法律出版社2016年版，第74页。

〔2〕参见王名扬：《美国行政法》，中国法制出版社1995年版，第492~494页。

西湖区市场监督管理局"（杭西）市管罚处字〔2015〕534 号"行政处罚决定书中列明其作出处罚决定的相关证据有："1. 2015 年 11 月 5 日，投诉人现场投诉单一份、举报转办单一份、收款收据复印件两份；2. 2015 年 11 月 5 日，对当事人现场检查笔录一份；3. 2015 年 11 月 6 日对当事人委托人调查笔录一份；4. 当事人工商营业执照、食品流通许可证、当事人负责人身份证、被委托人身份证复印件各一份，授权委托书一份；5. 现场照片六张〔1〕；6. 其它证明材料。"对此，西湖区市场监督管理局认为，对于发布违法广告之类行为的处罚系"行为罚"，即只要行为成立就应给予 20 万元以上的罚款，再收集证据意义不大，而且该案 20 万元罚款已是法定的最低额，故也无须全面收集具体裁量的相关证据。显而易见，以上证据中，前五份证据是认定此案行政相对人具有基本违法事实的证据和关于相对人基本情况的证据，这些证据仅能证明西湖区市场监督管理局适用裁量基准作出处罚决定是否具有合法性，最后一份证据是概括性的空白兜底表述，无实质作用。因此，此案无证明西湖区市场监督管理局适用裁量基准作出处罚决定是否具有"合理性"的证据。

（一）行政裁量决定的证据漏洞

方林富案中的相对人是否具备我国《行政处罚法》（2017 年修正）第 27 条规定的"主动消除或者减轻违法行为危害后果的""违法行为轻微并及时纠正，没有造成危害后果的"法定从轻、减轻或不予处罚情形的证据（"案内证据"）缺失。比如，包含有绝对化用语的店内墙壁广告、店堂外侧墙柱广告、展示柜广告的发布起始时间，印刷有绝对化用语广告的商品纸质、塑料包装物的批次数及对应的批量，作为绝对化用语广告受众的店铺每日大概的顾客量〔2〕，

---

〔1〕 分别为：方林富炒货店经营场所西侧墙上 2 块印有"方林富炒货店杭州最优秀的炒货特色店铺"和"方林富杭州最优秀的炒货店"内容的广告、西侧柱子上 1 块印有"杭州最优炒货店"字样的广告牌、展示柜内 2 块写有"中国最好最优品质荔枝干"和"2015 年新鲜出炉的中国最好最香最优品质燕山栗子"内容的商品介绍板、展示柜外侧下部所贴的 1 块写有"本店的栗子，不仅是中国最好吃的，也是世界上最高端的栗子"内容的广告牌、对外销售栗子所使用的印有"杭州最好吃的栗子"和"杭州最特色炒货店铺"等字样的包装袋。

〔2〕 根据媒体报道，方林富炒货店"每天的顾客有一两千人"。参见鲍亚飞："卖卖瓜子栗子，只因一个'最'字罚 20 万 杭州方林富起诉市场监管局"，载《钱江晚报》2016 年 10 月 27 日。据此推算，以板栗上市后销售季为 3 个月计，其违法广告除网络自媒体等受众以外的直接受众约有 9 万至 18 万人次。

以及相对人违法行为持续存在的情况[1]。这些证据都是对裁量基准适用具有关键证明力的证据，可用于证明相对人发布绝对化用语广告历时时间长、发布数量多、传播范围广而不符合违法行为轻微的标准，以及具有社会危害性并造成了影响性危害反应和事实性危害后果[2]，并且相对人既未停止违法行为也未在实施违法行为后采取有效措施去纠正（改正）违法行为、主动消除或减轻违法行为带来的危害后果，从而不符合法定从轻、减轻或不予处罚的情形。而对于这些证据，西湖区市场监督管理局并未调取或在处罚决定中加以援引。

（二）行政决定的裁量事实屏缺

基于案件对社会公众情感的影响力即案件的社会效果，西湖区市场监督管理局也未从相对人违法行为事实以外但又与案件处理结果相关的事实（"案外事实"）中收集、提炼用于证成其适用裁量基准作出处罚决定已遵

---

〔1〕一审庭审中提到，西湖区市场监督管理局行政执法人员在接到群众举报后到现场进行查处的过程中，行政相对人仍然有抵触情绪，并不是立即采取有效措施予以消除违法状态，而仅仅是用黑笔在"最"字上斜划改成"真"字或简单涂黑，"最"字仍然依稀可见，直至执法人员送达行政处罚决定书时，店内仍到处可见绝对化用语广告。而且，处罚决定书送达后至一审开庭前一周的7个月时间内，相对人仍未采取积极有效措施纠正违法行为，仍在店内使用涂改后的包装袋，对此，相对人表示"忙不过来""疏忽了"。（据此，该案处罚决定书中称"另根据《杭州市规范行政处罚自由裁量权的规定》第九条的规定，当事人未曾发生过相同违法行为的情形，且主动中止违法行为，依法从轻处罚"，属于事实认定错误，相对人并未主动中止违法行为。）

〔2〕社会危害性，是指违法行为对法律所要保护的社会关系即法益的侵犯性。危害后果是指违法行为发生后所导致的事实性的客观损害以及主观的社会危害，即包括事实性危害和影响性危害，事实性危害也就是"后果"，影响性危害也就是社会的反应。《广告法》禁止绝对化用语广告的立法目的是防止误导消费者和不正当地贬低同类商品或服务，因此是一种"行为罚"而非"结果罚"。发布绝对化用语广告的危害后果主要在于影响性危害，是对《广告法》所要保护的社会关系的破坏。只要行政相对人实施了发布绝对化用语广告的行为，就有可能侵犯消费者和同类商品或服务提供者的合法权益，就构成违法，依法应予处罚。同时，如果出现事实性危害后果的，则应从重处罚，或适用其他罚则进行处罚。方林富案毫无疑问具有影响性危害，而且也已产生了事实性的危害后果，一方面，该案的案发系消费者因购买行为而认为被误导从而要求行政执法机关查处所引发的投诉举报，已涉及消费者的合法权益问题；另一方面，相对人发布违法广告的行为也已损害到同行其他生产经营者的公平竞争权利，在杭州本地曾自称或被媒体等评价为"最好吃糖炒栗子"的商家还有"盛文甘栗""光芒甘栗"等，但这些商家都无一有违反《广告法》规定使用绝对化用语广告进行宣传的行为，就仅有该案相对人一直坚持使用"最"字等绝对化用语广告进行广告发布，这实际上造成了对同行其他生产经营者的贬低，侵害了其公平竞争权利。因此，即使按照新修订的《行政处罚法》第33条关于"初次违法且危害后果轻微并及时改正的，可以不予行政处罚"的规定，方林富案也不符合"危害后果轻微"的条件。

循"应当考虑相关因素""最小侵害原则""法益相称性原则"等要求的事实。此案引发公众质疑和社会关注的核心点在于相对人因使用一个"最"字就被处以20万元高额罚款,而"20万元"处罚是否"过罚相当"的衡量标准却难以确定,这正是此案的难点与特殊之处。一审庭审中相对人的律师称"2015年浙江人均可支配收入3.5万元左右,20万元相当于一个人白干了5年,这样的处罚太重了",以此衬托"过罚不相当"。而根据淘宝网提供的数据[1],由相对人开设的店名为"方林富炒货店"的淘宝网店,2014年4月8日至2016年4月6日的经营额为329.0861万元;根据媒体在案发前后的报道[2],可以估算出相对人其实体店销售的山核桃、瓜子、香榧等几十个品种的干货中仅板栗一项的年销售额,2014年、2015年就分别约达312万元、416万元;根据杭州市西湖区北山街道提供的税收数据,2015年1月1日至2016年4月12日,相对人代开发票、开出卷筒发票的合计开票金额为354.19378万元;同时,经对相对人所在市域内其他炒货店的走访了解,炒货店的普通利润率在30%左右。以此足以衬映"过罚相当"。而对此,西湖区市场监督管理局本完全可以依职权进行调查,计算和掌握相对人的营业额或利润额,以从侧面迂曲印证其处罚行为并无不当,而其却未有作为。

概括而言,方林富案中,西湖区市场监督管理局未全面、充分收集和运用能够证成其适用裁量基准作出处罚决定具有合理性的行政证据,这一证据既包括具有直接证成性的"案内证据",也包括具有辅助证成性的"案外事实"(拟制的行政证据),由此导致其适用裁量基准作出处罚决定的合理性因缺乏周全、充溢的行政证据支撑与补强而无法显现,最终致使其无从回应处罚决定是否是"过罚相当"。

二、裁量基准适用合理性目标支配下的证据补强技术

有鉴于此,又由于裁量基准适用中裁量决定的合理性最终受裁量基准适用的合理性所支配,而且合理性的目标不仅是行政处罚范畴而且也是非行政处罚领域裁量基准适用的共通诉求,并且实质上是裁量基准适用的主要价值

---

〔1〕 参见《关于杭余市管协字〔2016〕H3125号协助调查函回复》。

〔2〕 参见王潇潇:"用一颗香甜软糯的糖炒栗子 率先打开秋天的味蕾",载《都市快报》2015年9月23日。

追求，因此，在适用裁量基准时就需要收集和运用案内证据与案外事实来共同证成裁量基准适用的合理性，此即裁量基准适用"证据补强"的技术。

在适用裁量基准的行政执法案件中，案件事实必然涵盖"裁量情节事实"。通常认为，裁量情节事实是来源于违法行为本身的对裁量基准适用有影响的事实，仅表现为行政相对人违法行为自身是否具有被免除、减轻、从轻或从重处理的法定情节事实，是一种案内事实。但是本书认为，这是不全面的，"裁量情节事实"还应包括：行政主体从行政相对人违法行为事实以外的事实中收集、提炼出的用于辅助证成自身适用裁量基准作成裁量决定符合合理性裁量要求的事实，这一类事实本书称为"案外事实"，如前述方林富案中淘宝网提供的方林富炒货店其淘宝网店的经营额、根据媒体报道估算出的其实体店板栗的销售额、北山街道提供的其发票开票金额、其所在市域内炒货店的普通利润率等，此类事实虽然与行政相对人违法行为的事实无任何关联，但是却会对案件处理结果合理性的证成起到辅助作用。概言之，案内事实与案外事实的联结共同构成"裁量情节事实"，案内事实是"行政裁量决定的事实"，案外事实是"行政决定的裁量事实"，在特定情形案件的处理上两者缺一不可。

需要澄清的是，裁量基准适用"证据补强"的技术，并非通过"行政证据"在"事实认定—裁量"之间建立起某种关系。因为事实认定与裁量之间并无关联，也不可能建立关系。案件事实本身是客观确定的，而作为定案依据的事实则需经过调取行政证据、质证、认证的过程也才能确定，因而并不存在裁量可言。裁量的前提是作为定案依据的事实已经查清，此时，一般情况下，以"行政证据"为媒介，在"案内事实—案内证据—裁量决定的合理性"之间建立起联系，裁量决定的合法性与合理性基本上都能实现；特殊情形下，以"拟制的行政证据"为中介，在"案外事实—拟制的行政证据—裁量决定的合理性"之间建立起关联，以案外事实补充或强化裁量决定的合理性。

由于本书在立论上的上述创新所要突出表达的观点是强调需借助于案外事实来补充或强化裁量基准适用的合理性，因此对这一裁量基准适用技术的命名突显"补强"二字；同时，如在"第三章 行政裁量基准适用有效性实现的技术支撑"中所述及的，对裁量基准适用进行司法审查的标准是"纳入合理性标准在内的合法性标准"，因此裁量基准在适用上的合理性目标相对于合法性目标而言是一种"补强";另外,虽然"案外事实"可以用于辅助证成在案件之中适用裁量基准作出行政决定具有合理性,能够起到证明的作用,但是案外事实并不能成为而且也不是"案内证据",因为案内证据只与案件事实本身直接相关或间接相关,因此本章把"案外事实"拟制为行政证据,并连同"案内证据"一并称为"证据"。由此,"证据"与"补强"组成了裁量基准适用"证据补强"技术这一名称的构成元素。

鉴于裁量基准适用"证据补强"的技术是以"证据"来证明、补充、强化裁量基准适用的"合理性",并且最终要实现裁量决定的"合理性",因此,裁量基准的适用就必然应围绕合理性目标的实现对行政证据(含拟制的行政证据)补强的技术提出具体要求。

本章逻辑导图如下:

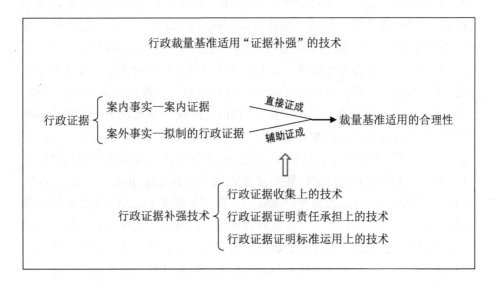

第二节　行政裁量基准适用合理性目标的实现对证据补强技术的要求

裁量基准适用围绕合理性目标的实现对行政证据(含拟制的行政证据,下同)补强技术的具体要求包括:行政证据收集上的技术要求、行政证据证明责任承担上的技术要求、行政证据证明标准运用上的技术要求。

一、行政证据收集上的技术要求

基于行政证据"形成性"与"关联性"的属性对行政证据需尽可能全面、充分的共性要求，行政机关应依"全面调查义务"全面、充分收集和调取能够证成裁量基准适用具有合理性的行政证据，并且需依据行政行为"一体注意原则"，既要调取对行政相对人不利的证据，也要提取对相对人有利的证据，同时可以依据"行政证据共通原则"援用其他行政机关已经认定为违规事实的证据作为处分的依据，也可以在合理范围内确定行政相对人及相关人参与调查事实的义务。

（一）行政证据与行政诉讼证据的相联与两立

行政证据是"潜在的行政诉讼证据"，在"行政程序后置司法审查程序带来对案件事实的二元审查制度"[1]之下，行政证据与行政诉讼证据之间保持着一种延续关系。但是，行政证据不同于行政诉讼证据，行政证据即"行政执法证据""行政程序证据"，一般是指行政主体在行政执法程序中为了使作出的行政行为合法适当，根据行政法律规范所设定的事实要素并依据法定程序收集、审核、运用的证明特定行政相对人法律行为或事实的根据。行政证据属于"非诉讼证据"，与"行政诉讼证据"分属两个不同的证据制度范畴，拥有独立的证据规则体系。在美国，就存在着两个体系的证据规则："一为适用于法院审判的证据规则。这个体系的规则起源于普通法，现在主要规定在 1975 年制定的联邦证据规则中（Federal Rules of Evidence），适用于一切由陪审员参加审判的案件，也在很大程度上适用于不由陪审员参加审判的案件。二为适用于行政裁判程序的证据规则。这个体系的证据规则散见于判例中，现在主要规定在联邦和各邦的行政程序法中。除行政程序法中的规定以外，其他单行法律和行政机关所制定的法规中也往往有关于证据方面的规定。行政机关的裁决，不受法院证据规则的约束。……但行政机关在有法律明文规定或自愿采取时，也可适用法院的证据规则。"[2] 行政证据与行政诉讼证据的本质区别在于，在作为证据的基本属性上，除了都具有证据

---

〔1〕 参见徐继敏："行政程序中的证据制度论"，载何家弘主编：《证据学论坛》（第 7 卷），中国检察出版社 2004 年版，第 352 页。

〔2〕 参见王名扬：《美国行政法》，中国法制出版社 1995 年版，第 468~470 页。

的客观性、关联性、合法性"三性"要件以外，行政证据具有"形成性"[1]，而行政诉讼证据具有"审查性"。"行政乃是一种具有整体性，且不断向未来形成，而为一系列有目的社会形成（Sozialgestaltung）"[2]，"形成性行为，是指设定私人的法地位的行为"[3]，所谓"形成性"，是指基于行政行为的发生来首次确定权利和义务，进而生成新的行政法律关系的属性；"审查性"是指对作为行政决定依据的行政证据的二次复查性，以判断其证据能力和证明力。行政证据在本质上是一种形成性的证据，行政诉讼证据则是一种审查性的证据，这是两者各自区别于对方的独有属性。

（二）行政证据"形成性"与"关联性"的属性对行政证据的共性要求

在行政机关作出行政行为之前，行政相对人的权利义务是一种抽象、静置在法律中的应然状态下的权利义务，行政机关和行政相对人之间不发生实际的行政法律关系，正是行政证据的介入为行政相对人权利义务的确定与行政法律关系的"变现"提供了可能性。因而，行政证据"形成性"的特性要求行政证据需全面、充分，以在源头上为行政决定的审慎性和公正度输送供给。同时，根据行政证据"关联性"对证据与案件事实之间应具有逻辑关联和法律关联的要求，行政证据也应尽可能全面、充分，只要是与待证事实之间符合一种表面上的相关性而不要求达到能够证明案件事实程度的证据，只要是对处理决定有影响效用的证据，都可被纳入行政证据的范畴，以此为随后的质证及认证中认定其有无证据能力和依"自由心证"[4]判断其证明力大小、强弱提供充足的素材。"行政机关在它的自由裁量权之内可以接纳任何可能得到的证据，但是在最终裁决权利请求之前，必须有部分可接纳证

---

[1]　参见高家伟：《行政诉讼证据的理论与实践》，工商出版社 1998 年版，第 44~46 页；李红枫："行政处罚证据原理研究——兼论与行政诉讼证据的比较"，中国政法大学 2004 年博士学位论文，第 7、26 页。

[2]　翁岳生："行政的概念与种类"，载翁岳生编：《行政法》（上册），中国法制出版社 2002 年版，第 14 页。

[3]　[日] 盐野宏：《行政法》，杨建顺译，法律出版社 1999 年版，第 87 页。

[4]　行政证据认证中的"自由心证"要求作出行政决定的行政执法人员综合各种证据材料，判断事实的真伪，以形成内心的确信之后对证据的证明力大小和强弱作出认证的结论。《最高人民法院关于行政诉讼证据若干问题的规定》（法释〔2002〕21 号）第 54 条"法庭应当对经过庭审质证的证据和无需质证的证据进行逐一审查和对全部证据综合审查，遵循法官职业道德，运用逻辑推理和生活经验，进行全面、客观和公正地分析判断，确定证据材料与案件事实之间的证明关系，排除不具有关联性的证据材料，准确认定案件事实"的规定，即体现了自由心证的要求。

据证明此请求。"[1]

(三) 行政证据收集的"全面调查义务"与"协力义务"的连系

行政证据的全面、充分，取决于行政机关基于"职权调查主义"的"全面调查义务"。全面调查义务强调行政机关对于证据的采集，"必须用尽所有可能的认识手段"，如"在行政机关之处罚程序上，行政机关应调查系争案件是否满足全部的处罚要件要素、有无减轻责任之事由存在，包括阻却违法事由或无过失责任之事由存在"。[2]并且需依据行政行为"一体注意原则"[3]，既要调取对相对人不利的证据，也要提取与采纳对相对人有利的证据，"且行政机关如对于当事人提出有利于己之事实证据后，仍有疑虑时，为期发现真实，本应充分行使阐明权，就处罚基础事实以及当事人抗辩之原因事实是否存在，即应向当事人阐明，令其陈述事实、声明证据，或依职权调查其他证据，以澄清相关疑义；……"[4]对此，《重庆市规范行政处罚裁量权办法》（重庆市人民政府令第 238 号，2010 年 8 月 18 日发布）第 24 条"行政处罚实施机关应当依法全面、客观收集行使行政处罚裁量权有关的证据，不得只收集对当事人不利的证据"的规定，值得借镜。另外，根据"行政证据共通原则"[5]，为提高行政效率，避免反复调查，并考虑到证据具有时效性而并非长久存在等因素，行政机关可以援用其他行政机关已认定为违规事实的证据作为处分的依据。关于行政相对人及相关人的"协力义务"，系指"行政机关在进行违反行政法义务之调查过程中，为厘清事实，究明真相，依法由当事人提供协助，以确定违法构成要件之存在与否"。[6]协力义务的发生是基于"对于行政法律关系的形成经过与事实状况，当事人有时比行政机关更熟知或更能掌握正确的资料"，[7]因此，行政机关在合理范围内

---

〔1〕 参见［美］伯纳德·施瓦茨：《行政法》，徐炳译，群众出版社 1986 年版，第 311 页。

〔2〕 参见陈清秀：《行政罚法》，法律出版社 2016 年版，第 320 页。

〔3〕 "行政机关为任何行政行为，均须注意当事人权利之维护，故对于当事人有利之情事，自不得忽略，惟基于依法行政之考量，对于当事人不利之情形，亦须一并注意。"参见林明锵：《行政法讲义》（第 4 版），新学林出版股份有限公司 2018 年版，第 50~51、186 页。

〔4〕 参见陈清秀：《行政罚法》，法律出版社 2016 年版，第 320~321 页。

〔5〕 参见陈清秀：《行政罚法》，法律出版社 2016 年版，第 339~340 页。

〔6〕 洪家殷："行政罚调查程序中之当事人协力义务"，载《当事人协力义务/行政调查/国家赔偿》，元照出版有限公司总经销 2006 年版，第 122 页。

〔7〕 参见葛克昌："行政罚之裁处程序"，载廖义男主编：《行政罚法》（第 2 版），元照出版有限公司 2008 年版，第 259 页。

确定行政相对人及相关人参与调查事实的义务，当为必要。

二、行政证据证明责任承担上的技术要求

行政机关经由行政调查而收集到各种证据材料之后，若通过评估形成了内心确信，确认了待证事实的存在，行政调查的目的就已达成，调查程序即告终结，但若经评估以及穷尽各种调查手段之后仍无法厘清事实，而行政机关又必须作成行政决定，此时就会涉及证明责任的问题。"行政调查系由行政机关本于职权，采取各种调查手段，以厘清事实，获得心证，属程序面；而举证责任则系在调查后仍无法厘清事实时，如何决定不利益效果之归属，具实体法性质。"〔1〕行政证据证明责任不仅包括行政程序中行政法律关系主体双方提供证据的责任（主观证明责任），还包括其所负的说服、论证责任（客观证明责任）。证明责任的核心问题在于证明责任的分配规则。民事诉讼领域关于客观证明责任分配的"规范理论"可以为行政证据证明责任的分配提供有益借鉴，规范理论适用于行政法规范时，应以行政权为中心分配客观证明责任，由主张行使行政权的一方主体对行政权产生要件承担客观证明责任，由主张不行使行政权的一方主体对行政权妨碍、消灭、排除要件承担客观证明责任。而无论是对行政行为合法性的证明还是对合理性的证明，都属于行政证据证明责任的范围，行政执法机关适用裁量基准作出行政决定，不仅要证明适用裁量基准合法，而且还需证明适用裁量基准合理。不容忽视的是，裁量基准本身即是证明行政行为合理性不可或缺的因素之一，执法机关对作为裁量决定依据及证明裁量决定合理的裁量基准本身负证明责任。

（一）诉讼证明责任机理的引入

在英美法系，证明责任是诉讼法上一个总括的术语，由"提出证据的责任"（Burden of presantation of evidence）和"说服责任"（burden of persuasion）构成，其中，说服责任是指当事人所提供的证据具有足够的证明力量，能够确定当事人所主张的事实。〔2〕在大陆法系，诉讼法上证明责任的分类之一，是将证明责任分为"主观证明责任"和"客观证明责任"，主观证明责任

---

〔1〕 洪家殷："论行政调查中职权调查之概念及范围——以行政程序法相关规定为中心"，载《东吴法律学报》2010年第3期，第17页。

〔2〕 参见王名扬：《美国行政法》，中国法制出版社1995年版，第471~472页。

（亦称提供证明责任、形式证明责任、诉讼上的证明责任或虚假证明责任）是一种行为意义上的证明责任，是指哪一方当事人应当对具体的要件事实举证；客观证明责任（亦称判定责任、实质证明责任、非常的证明危险、证明风险、争议风险或者判定之风险）即结果意义上的证明责任，是指如果当诉讼中的一项事实主张最终不能被证明时，也即在法官自己对该项事实主张存在或者不存在始终不清楚的条件下，由何方负担不利后果的问题。[1]对于两大法系的证明责任，相比较而言，提出证据的责任与主观证明责任、说服责任与客观证明责任，在大体上是可以一一对应的。根据我国《行政诉讼法》第34条第1款"被告对作出的行政行为负有举证责任，应当提供作出该行政行为的证据和所依据的规范性文件"的规定，以及《最高人民法院关于行政诉讼证据若干问题的规定》（法释〔2002〕21号）第1条第1款"被告不提供或者无正当理由逾期提供证据的，视为被诉具体行政行为没有相应的证据"的表意，我国行政诉讼上的证明责任被限定于提供证据的责任，而明显不包含"诉讼上无法确定判断一定法律效果的权利发生或消灭所必要的事实是否存在时，对当事人有法律上不利于己的假定被确定的风险"[2]的说服、论证责任。由于行政程序与行政诉讼程序承接关系的存在，本书主张将我国行政诉讼上证明责任的内涵进行扩大，并将这一内涵及其机理引入行政程序之中加以运用。因此，本书所述的行政证据证明责任，不仅包括行政程序中行政法律关系主体双方提供证据的责任（主观证明责任），还包括其所负的说服、论证责任（客观证明责任），[3]即行政法律关系主体双方对所

---

〔1〕 参见［德］普维庭：《现代证明责任问题》，吴越译，法律出版社2006年版，第10~12页。

〔2〕 参见马怀德主编：《行政诉讼原理》（第2版），法律出版社2009年版，第243页。

〔3〕 对此，关保英教授主张"行政行为举证的双向化"，提出："如果说在行政诉讼中举证责任由行政主体完全承担的话，那么在行政执法中举证责任则应当由行政主体和行政相对人分担，这样的分担是保证行政行为准确性的前提条件。显然，应当规定行政相对人有义务或者有权利进行举证，而这个举证是存在于行政行为作出的过程中的。""在行政行为实施的过程中，行政相对人把握行政事实的能力则往往要优于行政主体，因为任何一个行政行为都有相对特殊的主客观条件，行政行为在作出的过程中是一个一个产生的，而行政主体的行政职权则是相对抽象的，谁更有资格掌握这种一个一个的具体情况呢？毫无疑问，非行政相对人莫属。……在行政行为作出时，对有关事实依据和法律依据的了解和掌握，行政主体和行政相对人各掌握一部分。这便要求在一个行政行为作出时，双方主体都应当提供相应的证据，无论把举证责任单方面地分配给行政主体，还是单方面地分配给行政相对人，都是不科学的。这样的双向举证在我国制定统一的行政程序法典时应当予以考虑。"参见关保英："行政相对人介入行政行为的法治保障"，载《法学》2018年第12期，第47~48、50页。

主张的事实负有提供证据证明的责任，并且当事实处于真伪不明[1]状态时主张该事实的一方主体负担不利的后果。

（二）行政证据证明责任分配规则的重置

1. 行政证据证明责任分配对诉讼领域"规范理论"的借鉴

证明责任的核心问题在于证明责任的分配规则，即当争议的事实处于真伪不明状态时，应当由哪一方主体承担证明责任的问题。在民事诉讼领域，德国法学家罗森贝克（Leo Rosenberg）提出了关于客观证明责任分配的"规范理论"（Normentheorie，或称"规范有利原则""法律要件分类说"），即在单一法规范中，以"权利产生规范"为基本规范，以"权利妨碍规范""权利消灭规范""权利排除规范"为相对规范，[2]"每一方当事人均必须主张和证明对自己有利的法规范（=法律效果对自己有利的规范）的条件"，[3]"原告必须对权利产生的事实加以证明，而被告必须对权利妨碍的事实、权利消灭的事实、权利排除的事实加以证明"。[4]普维庭（Hanns Prütting）对规范理论作出经典表述："如果法官对一个权利形成要件真伪不明，那么请求权人承担不利后果。如果法官对一个权利妨碍要件，权利阻碍要件或者权利消灭要件的事实真伪不明，那么由请求权人的对方当事人承担

---

〔1〕"真伪不明"系事实既非存在，亦非不存在，作为大前提法规范之构成要件存否即属不明，既不能认其存在，亦不能认其不存在，即不能得出法律效果存在或不存在之结论。参见吴东都：《行政诉讼与行政执行之课题》，学林文化事业有限公司 2003 年版，第 33 页。

〔2〕权利产生规范是指一个权利（请求权）形成或创设的规范；权利妨碍规范是指从一开始就阻止权利产生规范的效力的产生，导致该规范根本不能发挥其效力，因而其法律后果也不能实现的规范；权利消灭规范是指在权利产生规范生效之后，将权利产生规范的效力归零的规范；权利排除规范是指法律规范赋予被请求者以形成权，通过形成权的行使，被请求者可以排除针对他而产生的权利的主张及其实现的规范。参见［德］莱奥·罗森贝克：《证明责任论》（第 5 版），庄敬华译，中国法制出版社 2018 年版，第 122~125 页。另，关于基本规范与相对规范，罗森贝克提出，何等法规范被视为有利于原告，何等法规范被视为有利于被告，应当以法体系的普遍结构为基础。所有的法体系都以一个基本规范与之相对的相对规范之间的对抗关系作为基本结构。基本规范规定一般通常情况下的法律效果，相对规范则在一般通常情况的基础上规定若干的例外情况，并使这些例外情况的法律效果与基本规范的法律效果相对抗，要么不允许基本规范的法律效果产生，要么将基本规范的法律效果在持续一段时间后消灭，要么将基本规范的法律效果予以排除。参见江必新、徐庭祥："行政诉讼客观证明责任分配的基本规则"，载《中外法学》2019 年第 4 期，第 919 页。

〔3〕［德］莱奥·罗森贝克：《证明责任论》（第 5 版），庄敬华译，中国法制出版社 2018 年版，第 121 页。

〔4〕［德］莱奥·罗森贝克：《证明责任论》（第 5 版），庄敬华译，中国法制出版社 2018 年版，第 132 页。

不利后果。"〔1〕规范理论基于法规范适用的基本方式和法规范的表意及对抗结构来分配客观证明责任，使客观证明责任分配与实体法的价值目标保持一致，进而使分配结果更符合实体法实体公正的价值取向。"将证明责任分配的基本规则与众多的实质性原则作一番比较可以得出结论，基本规则和规范说不是程序法的形式上的构造，相反它由各个实质性依据所决定，因而具备实体公正性。"〔2〕是以，规范理论也可以为行政证据证明责任的分配提供有益借鉴，又由于行政法规范适用的基本方式及法规范的基本规范与相对规范的对抗结构与民事实体法规范别无二致，因此，将规范理论引入行政证据证明责任的分配中具有可行性与可操作性。

2. "规范理论"之下行政法规范的重塑

规范理论应用于民事诉讼，以原告的民事权利为中心分配客观证明责任，是以民事实体法的对抗结构作为依据。因此，将规范理论适用于行政法规范时，首先需要对行政法规范的对抗结构进行重新识别。

民事实体法以民事权利产生、妨碍、消灭、排除作为其法律效果并规定产生这些法律效果的构成要件事实，与之比照，行政法规范则是以行政权的产生、妨碍、消灭、排除作为其法律效果并规定产生这些法律效果的构成要件事实，即以行政权的产生规范为基本规范，以行政权的妨碍、消灭、排除规范为相对规范，并以此形成对抗关系。如前述方林富案所涉及的《广告法》（2015 年修订）第 57 条第（一）项的规定，"发布有本法第九条、第十条规定的禁止情形的广告的"，"由工商行政管理部门责令停止发布广告，对广告主处二十万元以上一百万元以下的罚款，情节严重的，并可以吊销营业执照，由广告审查机关撤销广告审查批准文件、一年内不受理其广告审查申请"，即是一个典型的行政权产生规范。如《食品生产许可管理办法》第 2条第 1 款 "在中华人民共和国境内，从事食品生产活动，应当依法取得食品生产许可" 所规定的行政机关普遍行使食品生产许可权，被作为权力妨碍规范的第 19 条第（一）项 "申请事项依法不需要取得食品生产许可的，应当即时告知申请人不受理" 规定的这一例外情形妨碍而不得行使食品生产许可权。而《旅游行政许可办法》第 8 条第 2 款 "旅游行政许可所依据的法律、

---

〔1〕 ［德］普维庭：《现代证明责任问题》，吴越译，法律出版社 2006 年版，第 235~236 页。
〔2〕 ［德］普维庭：《现代证明责任问题》，吴越译，法律出版社 2006 年版，第 486 页。

法规、规章修改或者废止，或者准予行政许可所依据的客观情况发生重大变化的，为了公共利益的需要，旅游主管部门可以依法变更或者撤回已经生效的行政许可。……" 就是一个权力消灭规范。如《农业法》第 67 条的规定即属于权力排除规范，比方其第 3 款规定："任何机关或者单位不得以任何方式向农民或者农业生产经营组织进行摊派。……农民和农业生产经营组织有权拒绝任何方式的摊派。"

　　另外，在行政法领域还存在着一种特殊的规范，即程序规范。"由于一项行政职权不能单独依据程序规范行使，故程序规范在规范说视角下不是独立的职权形成规范或相对规范。但问题在于没有一项行政职权能够脱离程序规范而行使，所以应当将程序规范认定为补充规范。""当行政机关以职权形成规范为依据作出行政行为时，程序规范就是职权形成规范的补充规范；当行政机关以相对规范为依据作出不行使职权决定时，程序规范就是相对规范的补充规范。"〔1〕如根据《行政处罚法》（2017 年修正）第 38 条第 2 款的规定："对情节复杂或者重大违法行为给予较重的行政处罚，行政机关的负责人应当集体讨论决定。"〔2〕这一集体讨论程序规范就是行政机关行使处罚权的权力产生规范之补充规范，但是当行政机关在集体讨论程序中如因发现违法行为人的同一个违法行为已经被另一个行政机关给予了罚款的处罚而依据 "一事不再罚" 原则作出不予罚款决定时，集体讨论程序规范就成为该不予罚款的权力妨碍规范之补充规范。

　　3. 行政法规范的对抗结构与行政证据客观证明责任的分配规则

　　基于上述以行政权为中心对行政法规范对抗结构的重新解析，可以推导出初步结论，即规范理论适用于行政法规范时，应以行政权为中心分配客观证明责任。由此，本书提出以下行政证据客观证明责任分配的基本规则：主张行使行政权的一方主体对行政权产生要件承担客观证明责任，主张不行使行政权的一方主体对行政权妨碍、消灭、排除要件承担客观证明责任。由于行政权产生要件与妨碍、消灭、排除要件都有可能对行政机关有利，也都有可能对行政相对人有利，因此，行政法律关系主体双方都有可能对行政权产

---

〔1〕　参见江必新、徐庭祥："行政诉讼客观证明责任分配的基本规则"，载《中外法学》2019年第 4 期，第 925~926 页。

〔2〕　2021 年修订的《行政处罚法》第 57 条第 2 款将 2017 年修正的《行政处罚法》第 38 条第2 款修订为 "对情节复杂或者重大违法行为给予行政处罚，行政机关负责人应当集体讨论决定"。

生要件承担客观证明责任，也都有可能对行政权妨碍、消灭、排除要件承担客观证明责任。例如，当行政机关适用裁量基准作出行政决定时，行政机关必然是行政权产生要件的主张者，因此由其对权力产生要件承担客观证明责任，由行政相对人对权力妨碍、消灭、排除要件承担客观证明责任。当行政机关拒绝作出裁量决定时，如果是行政机关主张权力产生要件不存在，而行政相对人持对抗主张，则由行政相对人对权力产生要件承担客观证明责任；如果是行政机关主张权力妨碍、消灭、排除要件存在，则由行政机关对权力妨碍、消灭、排除要件承担客观证明责任。当行政机关怠于适用裁量基准构成行政不作为时，行政相对人就成为权力产生要件的主张者，由其对权力产生要件承担客观证明责任。

（三）行政证据证明责任范围的重申

在行政证据证明责任分配规则被确定以后，接下来涉及的就是行政证据证明责任的范围[1]问题。前述方林富案中西湖区市场监督管理局无从回应其作出的行政处罚决定是否是"过罚相当"，原因就在于此案无证明其适用裁量基准作出处罚决定是否具有"合理性"的证据，而无论是对行政行为合法性的证明还是对合理性的证明，都属于行政证据证明责任的范围。行政实体法上的合理性延伸到行政诉讼领域，就是作为被告的行政机关对行政行为的合理性承担证明责任，但是我国《行政诉讼法》第6条仅规定"人民法院审理行政案件，对行政行为是否合法进行审查"，似乎将被告的证明责任局限于行政行为的合法性，而该法第70条第（五）项和第（六）项、第77条第1款却又分别规定"行政行为滥用职权的""行政行为明显不当的"与"行政处罚明显不当的"，法院可以作出撤销判决、变更判决，又鉴于该法第34条"被告对作出的行政行为负有举证责任，应当提供作出该行政行为的证据和所依据的规范性文件"的规定，可以认定，被告对行政行为合理性的证明责任并未被排除在外，被告理应对行政行为的合理性举证。由此，再推回到行政实体法中去，行政执法机关适用裁量基准作出行政决定时，不仅要证明适用裁量基准合法，还需证明适用裁量基准合理。另外，我国虽然未制

---

[1] 证明责任的范围不同于证明责任的内容，证明责任的范围是指证明主体应当对哪些事项负证明责任，证明责任的内容是指证明主体应当提供什么证据来证明相应事项。参见杨临宏：《行政诉讼法：原理与制度》，云南大学出版社2011年版，第207~208页。

定出台统一的《行政程序法》对行政证据制度加以规范，但是在地方立法实践中，《湖南省行政程序规定》《江苏省行政程序规定》《兰州市行政程序规定》等地方政府规章均已明确规定行政机关应当对其作出的行政执法决定的合法性、适当性负举证责任。[1] 具体到行政处罚领域，也早已有学者指出："行政处罚证据，不仅包括能够证明公民、法人或者其他组织存在违法行为的客观事实，而且也包括能够证明是否应从重、从轻、减轻、免予实施行政处罚真实情况的法律事实。"[2] 后者就是指对行政行为的合理性加以证明，这在《汕头市规范行政处罚裁量权规定》（汕头市人民政府令第 116 号，2010 年 10 月 18 日发布）第 14 条第 3 款中已得到体现，即"行政处罚实施机关应当全面、客观收集当事人是否具有不予行政处罚、减轻行政处罚、从轻行政处罚、从重行政处罚等情节的证据"。

与证明责任的范围相关涉，不容忽视的是，裁量基准本身即是证明行政行为合理性不可或缺的因素之一，但是行政执法实务中却存在着对裁量基准"用而不引""引而不示"的现象，部分行政执法机关作出行政决定虽然适用了裁量基准但其并不在执法文书中引用，更不会向行政相对人示明，或是尽管在执法文告中援用却不向相对人开示，直到在可能接续的行政争议救济程序阶段才予以释明或出示。然而，当裁量基准经由司法审查的"对象"转变成为司法审查的"法源"之后，受法规范位阶理论的主导，其法源地位显然与法律、法规、规章相比有高下之分，其法源分量也低于法律、法规、规章，[3] "在司法审查过程中，裁量基准作为法源不具有绝对的刚性和唯一性，它是一根具有重要参考价值的基础性轴线，行政行为合法性判断应立足于这根基线并结合其他的考量因素。……换言之，作为一种法源，裁量基准的主要功能不在于'刚性适用'，而在乎为法院的裁判提供一种可供考量的

---

〔1〕 参见《湖南省行政程序规定》（湖南省人民政府令第 289 号，2018 年 7 月 10 日发布）第 72 条："行政机关对依职权作出的行政执法决定的合法性、适当性负举证责任。……"《江苏省行政程序规定》（江苏省人民政府令第 100 号，2015 年 1 月 6 日发布）第 59 条第 1 款："行政机关对依职权作出的行政执法决定的合法性、适当性负举证责任。"《兰州市行政程序规定》（兰州市人民政府令〔2015〕第 1 号，2015 年 1 月 14 日发布）第 50 条第 1 款："行政机关对依职权作出的行政执法决定的合法性、适当性负举证责任。"

〔2〕 参见杨解君："行政处罚证据及其规则探究"，载《法商研究》1998 年第 1 期，第 47 页。

〔3〕 参见雷磊："指导性案例法源地位再反思"，载《中国法学》2015 年第 1 期，第 277~279、286~289 页。

'轴线'，弥补司法审查能力的局部不足。"〔1〕因此，可以确定裁量基准作为法源的定位仅是一种辅助性、补强性的规范，只会为增加说服力而与法律、法规等"一并"被援引而不会被"单独"援引使用〔2〕，在效力上较为羸弱。如果说裁量基准在行政执法程序中领有绝对效力，那么其在行政争议救济程序中就仅据有相对效力。此时，对比裁量基准在行政争议救济程序中作为"参考"的援用与在行政执法程序中作为"依据"的适用所引致的效力与效用的反差，执法机关毋宁变"被动"为"主动"，对作为裁量决定依据及证明裁量决定合理的裁量基准本身负证明责任。

三、行政证据证明标准运用上的技术要求

行政证据证明标准是对证明活动的结果加以衡量和评价的尺度，其区别于对某一单一证据证明力的认证标准。对待证事实的证明标准因行政程序与案件情况的不同而呈现出多元化样态，在运用时需按照由强至弱的程度予以区分。证明标准的非法定化必然会引致行政执法机关为规避行政败诉风险而趋利避害刻意提高证明标准，造成法律适用的偏畸与紊乱，因此，即使证明标准没有被法律固化，为维护法安定性的价值，执法机关在裁量基准适用中运用行政证据作出行政决定也不应当提高原有的证明标准。

（一）行政证据证明标准的识别与区分运用

承担证明责任的证明主体，需运用其收集、调取来的行政证据对作为证明对象的待证事实进行证明或确认，而且这一证明或确认"就整个案件观察，必须达到一定的证明程度，才能符合可以确定事实的标准"〔3〕，这就涉及行政证据"证明标准""证明成熟性标准"〔4〕的问题。"如果说证明对象及其范围的确定是证明活动的起点，而证明责任的分担及其履行推动

---

〔1〕 参见朱新力、唐明良："尊重与戒惧之间——行政裁量基准在司法审查中的地位"，载《北大法律评论》2009 年第 2 期，第 347~348 页。

〔2〕 法院不会单独援引裁量基准作为行政裁判的唯一依据，因为独立援引裁量基准会将其置于"依据"的功能地位，而其本身却只是"依据"的"依据"，与其功能定位不相符，而且也有"明目张胆"地背离《行政诉讼法》第 63 条"人民法院审理行政案件，以法律和行政法规、地方性法规为依据。……人民法院审理行政案件，参照规章"规定之嫌疑。

〔3〕 参见王名扬：《美国行政法》，中国法制出版社 1995 年版，第 486 页。

〔4〕 参见章剑生："行政程序中证据制度的若干问题探讨"，载《法商研究》1997 年第 6 期，第 60~62 页。

着证明活动的过程，那么，证明标准就是最终对证明活动的结果加以衡量和评价的尺度。"[1]"证明标准"是就整个案件所涉及的待证事实的认定而言的，区别于对某一单一证据证明力的"认证标准"。认证标准涉及证据之间在证明效力上的强弱与等差，体现的是某一证据是否将被采信仍处于未决状态，而证明标准则涉及所有已被采信的证据与待证事实之间的证明价值。[2]

　　"行政机关……在适用证明标准时，往往考虑案件的性质，作出决定的结果和对当事人的影响，以及行政机关所执行的政策等各种因素，而要求不同程度的证明标准。"[3]据此，我国学界和实务界均认为，行政证据证明标准应是一种以盖然性[4]作为尺度，以法律真实[5]作为定性，针对不同行政程序和不同案件情况的多元化证明标准[6]。但是，这一多元确信标准的具体内容构成，至今尚未达成一致定论。本书经梳理与归纳，认为行政证据证明标准大抵包含"排除合理怀疑标准"[7]"清楚而有说服力标准"[8]"占优

---

　　[1]　陈光中主编：《证据法学》（第3版），法律出版社2015年版，第356页。

　　[2]　参见毕玉谦："论诉讼中的认证"，载《人民司法》2000年第5期，第45页。

　　[3]　参见王名扬：《美国行政法》，中国法制出版社1995年版，第486页。

　　[4]　"盖然性"（probability）这一概念，与"确定性"（certainty）相对，意味着认知未获得确定性知识之前的中间状态。参见张斌："英美刑事证明标准的理性基础——以'盖然性'思想解读为中心"，载《清华法学》2010年第3期，第127页。

　　[5]　"法律真实"与"客观真实"是一对范畴。"法律真实"是指对案件事实的认识符合法律所规定或认可的真实，是法律意义上的真实，是在具体案件中达到法律标准的真实。"客观真实"是指对案件事实的认识完全符合客观的实际情况，即符合客观标准的真实。参见何家弘："论司法证明的目的和标准——兼论司法证明的基本概念和范畴"，载《法学研究》2001年第6期，第45页。

　　[6]　徐继敏：《行政程序证据规则研究》，中国政法大学出版社2010年版，第130~142页；姬亚平：《行政证据制度建构研究》，中国政法大学出版社2015年版，第68~106页。

　　[7]　如限制人身自由和适用听证程序的行政处罚案件、案件程序性事实的认定，可适用"排除合理怀疑标准"。参见王名扬：《美国行政法》，中国法制出版社1995年版，第486页；高家伟：《行政诉讼证据的理论与实践》，工商出版社1998年版，第181~189页；甘文：《行政诉讼证据司法解释之评论——理由、观点与问题》，中国法制出版社2003年版，第176~179页；陈峰、张杰：《法治理念下的行政程序证据制度研究》，经济管理出版社2017年版，第209~211页。

　　[8]　如适用简易程序和一般程序的行政处罚案件、作出不予行政许可决定的案件，可适用"清楚而有说服力标准"。参见高家伟：《行政诉讼证据的理论与实践》，工商出版社1998年版，第202~204页；甘文：《行政诉讼证据司法解释之评论——理由、观点与问题》，中国法制出版社2003年版，第179~181页。

势的盖然性标准"[1]"合理可能性标准"[2]等，在运用时需依照由强至弱的程度区分为之。

（二）行政证据证明标准的固化与据守

证明标准本属于法律问题，自应由法律加以固化，以使各方均能对证明标准形成一个稳定的预期，以符合法的安定性要求。德国通说认为证明标准原则上必须固定化，"基于法律的安定性、预见可能性及平等性，此经证明之标准应抽象决定，如果证明度是相对的，即在个案中始决定证明度，上述之法律的安定性等无法受到确保"。[3]证明标准的非法定化以及莫衷一是，必然会引发应用上的混乱。

在实务中，部分行政执法机关为减小或避免因行政行为被诉而败诉的风险，在执法中对案件事实的认定，比照行政诉讼证明标准刻意提高行政证据证明标准，就是明显一弊。如最高人民法院在"杨秀英等诉刘显恩公司工商行政管理纠纷再审案"中认为，"根据 2005 年修订的公司登记管理条例和《企业登记程序规定》等相关行政法规的规定，工商行政管理机关在办理公司登记时只需要进行形式审查。但是，即便工商行政管理机关作出该工商登记行为的材料齐全、符合法定形式，工商行政管理机关已经履行了形式审查的义务，在确有证据证明被诉工商行政管理机关作出的工商登记行为所依据的材料是虚假或错误时，也应确认违法。首先，确有实质错误的行政行为理应得到及时纠正。其次，《中华人民共和国行政诉讼法》第六十九条规定：'行政行为证据确凿，适用法律、法规正确，符合法定程序的，或者原告申

---

〔1〕 如行政许可等授益性行政案件、行政裁决和行政调解案件，可适用"占优势的盖然性标准"。参见王名扬：《美国行政法》，中国法制出版社 1995 年版，第 486~487 页；高家伟：《行政诉讼证据的理论与实践》，工商出版社 1998 年版，第 191~194 页；甘文：《行政诉讼证据司法解释之评论——理由、观点与问题》，中国法制出版社 2003 年版，第 173~176 页。

〔2〕 如行政机关采取临时保全措施和在紧急情况下采取强制措施的案件，可适用"合理可能性标准"。参见卞建林译：《美国联邦刑事诉讼规则和证据规则》，中国政法大学出版社 1996 年版，第 21~22 页；高家伟：《行政诉讼证据的理论与实践》，工商出版社 1998 年版，第 216 页；马怀德、刘东亮："行政诉讼证据问题研究"，载何家弘主编：《证据学论坛》（第 4 卷），中国检察出版社 2002 年版，第 221 页；蔡小雪：《行政诉讼证据规则及运用》，人民法院出版社 2006 年版，第 185~186 页；陈峰、张杰：《法治理念下的行政程序证据制度研究》，经济管理出版社 2017 年版，第 213~214 页。

〔3〕 参见吴东都：《行政诉讼之举证责任——以德国法为中心》，学林文化事业有限公司 2001 年版，第 46~47 页。

请被告履行法定职责或者给付义务理由不成立的，人民法院判决驳回原告的诉讼请求。'依法进行形式审查的行政行为，如果所依据的材料是虚假或错误的，显然不属于上述'证据确凿'的情形，而应属于主要证据不足的行政行为。再次，如果对履行形式审查义务，但确有实质错误的行政行为，不判决确认违法，不利于行政机关不断提高行政执法水平"。[1] 此案中，工商部门根据《行政许可法》第 12 条第（五）项和第 56 条，实施"企业或者其他组织的设立等，需要确定主体资格的事项"的行政许可，"……申请人提交的申请材料齐全、符合法定形式的，行政机关应当当场予以登记……"，作出公司登记行为履行的是法定的形式审查义务，其采用的是较低程度的行政证据证明标准，而司法机关基于救济与监督的立场是以"证据确凿"这一较高程度的行政诉讼证明标准对其作出否定性评价。对于司法的评定存而不论，工商部门通常会"引以为鉴"而有倾向性地提高公司登记行为的证明标准，这实质上是变相地变更和违背实定法的规定，不但会背离立法所意定的行政程序效率价值，而且更为严重的是会破坏法安定性原则，引致法律适用的偏畸与紊乱。因此，即使没有规则化的行政证据证明标准，纵使行政诉讼证明标准会牵制司法对于行政的评判效果，执法机关对待证事实的认定也不应当提高原有的证明标准。

---

〔1〕　参见最高人民法院（2016）最高法行申 1286 号行政裁定书。

CHAPTER 7

第七章

行政裁量基准适用的补充技术

对于方林富案行政处罚决定持"过罚不相当"见解的一方,其相应的主张是对行政相对人的处罚应当予以"法外考量":在法定处罚幅度最低限(20 万元罚款)以下对相对人减轻处罚或不予处罚,即针对此案认为应当"逸脱"行政裁量基准的边界"变更适用"或"不予适用"裁量基准。毋庸置疑,如同刑罚采取"罪刑法定主义"原则一样,行政处罚恪守"处罚法定主义"[1]原则,然而行政的特质是积极主动,虽然受到法的拘束,但是行政绝非机械的依法,更不是执法的机器。[2] 为达致个案正义,实现行政执法的法律效果与社会效果相统一,当适用裁量基准处理特殊情形个案有不当之虞时,行政执法机关有权逸脱适用裁量基准,然则,无论是"变更适用"抑或是"不予适用",只有具有必要性、可行性与合理性,才具有可实现性与可操作性。因此,需要对裁量基准变更适用与不予适用的逸脱技术进行分析与归纳。同时,裁量基准收缩适用的技术、裁量基准在层级体系中以及在规范变更后选择适用的技术,也不可或缺,需以总结并提炼。

第一节　行政裁量基准"逸脱适用"的技术

一、裁量基准逸脱适用的义务来源与界域

(一) 裁量基准逸脱适用的正当性基础及佐证

"裁量基准只应该成为行政裁量遵循的一个基础性轴线,围绕着这根轴

---

〔1〕 参见陈清秀:《行政罚法》,法律出版社 2016 年版,第 31~70 页。

〔2〕 参见翁岳生:"行政的概念与种类",载翁岳生编:《行政法》(上册),中国法制出版社 2002 年版,第 16~20 页。

线，实践的运作应该是因时、因地、因势的上下微微摆动，……在有的情况下，应该、也必须适当地离开基准。……以基准为核心构成的决定模式，面对复杂多样的个案，必须保持一定的张力，要给执法人员留有一定的回旋余地。"[1] 当具体个案适用于裁量基准时，如遇有特殊的正当理由，应当允许其"逸脱"基准而例外地变通适用，以避免机械适用所带来的个案正义减损，"当个案裁量与一般裁量发生冲突时，个案裁量应优先于一般裁量"。[2] 所谓裁量基准的逸脱权，是指裁量者在执法时根据个案而逸脱裁量基准的边界，选择不予适用或变更适用基准的决定权。[3] 裁量基准适用的逸脱行为意味着对个案特殊情形考虑义务的遵循，意味着裁量基准的存在并未剥夺行政机关的裁量权，因而行政机关因酌量个案特殊情形而摆脱裁量基准的羁绊行使裁量权也并不一定就意味着违法，是以，逸脱裁量基准的适用作为一种"个案衡量的回应机制"[4] 具有正当性前提，并且亦具有正当性基础。在德国，一般裁量（即裁量基准）与个别裁量发生冲突时，"应当审查一般裁量是否以及在何种程度上具有适法性。适当的平衡可以借此实现：行政机关应当接受有关裁量权行使的行政规则的约束，但在特殊情况下可以撇开这个约束"。[5] 在法国，"行政机关对属于指示（即裁量基准）范围以内事项所作的行政处理中，不适用指示所规定的标准，必须说明理由，究竟是根据公共利益的需要还是由于案件本身的特殊情况。不说明理由或理由不成立的行政处理是越权的行为，利害关系人可以请求行政法院撤销"。[6] 在日本，具有裁量权的行政机关是否能够脱离裁量基准而随意作出决定，"从确保裁量权的公正行使、平等对待原则、相对人的信赖保护等的要求来看，要作出和准则不同的判断，需要有使其合理化的理由。只要不能作出充分的说明，就产

---

〔1〕　参见余凌云："游走在规范与僵化之间——对金华行政裁量基准实践的思考"，载《清华法学》2008 年第 3 期，第 77 页。

〔2〕　李建良：《行政法基本十讲》（第 8 版），元照出版有限公司 2018 年版，第 305 页。

〔3〕　周佑勇、钱卿："裁量基准在中国的本土实践——浙江金华行政处罚裁量基准调查研究"，载《东南大学学报（哲学社会科学版）》2010 年第 4 期，第 51 页。

〔4〕　参见朱新力、骆梅英："论裁量基准的制约因素及建构路径"，载《法学论坛》2009 年第 4 期，第 21 页。

〔5〕　参见［德］哈特穆特·毛雷尔：《行政法学总论》，高家伟译，法律出版社 2000 年版，第 128 页。

〔6〕　王名扬：《法国行政法》，中国政法大学出版社 1988 年版，第 183 页。

生违法的问题"。[1] 在我国，部分地方政府和部门制定的裁量基准适用规则（即规范裁量基准的总则性规定）中，也设计有裁量基准适用的逸脱条款，如《浙江省行政处罚裁量基准办法》（浙江省人民政府令第335号，2015年4月30日发布）第9条第2款规定："适用行政处罚裁量基准将导致个案处罚明显不当的，行政处罚实施机关可以在不与法律、法规和规章相抵触的情况下，变通适用裁量基准，但必须经行政处罚实施机关集体讨论决定，并充分说明理由；裁量基准非由本机关制定的，应当将处罚实施情况报制定机关备案。"这一规定，被《浙江省行政程序办法》（浙江省人民政府令第348号，2016年10月1日发布）第43条第2款所吸收并扩大为"行政机关实施行政执法行为应当遵循行政执法裁量基准，但适用裁量基准将导致某一行政执法行为明显不当的，行政机关可以在不与法律、法规和规章相抵触的情况下，变通适用裁量基准，但必须经行政机关负责人集体讨论决定，并充分说明理由"。

另外，在司法审查的层面也要求行政机关需考虑个案的具体情况而逸脱适用裁量基准，如在"何某某与珠海市公安局交通警察支队香洲大队公安行政管理案"中，香洲交警大队因何某某实施了"驾驶机动车发生交通事故后，应当撤离现场而未撤离现场，妨碍交通"的违法行为，依据《珠海经济特区道路交通安全管理条例》第45条第1款、第46条第1款、第71条的规定，对其作出罚款500元（法定处罚幅度为200元至500元）的行政处罚，并且称："全省公安交通管理综合应用平台已设定此类违法行为罚款数额为500元，因处罚均要通过该平台出具及打印决定书，故无法对罚款额度进行调整、无自由裁量权"，二审法院认为："交警部门以其无法修改全省平台之设定主张无法对罚款额度进行调整，违背上述规定（《行政处罚法》第4条第2款）要求。结合何某某未转移车辆对交通造成之妨碍程度，以及其他情节及事实，应认定其妨碍道路交通的程度、损害交通秩序的性质及情节较轻，不应进行顶格处罚，但可对应处罚幅度之相对较低标准予以处罚。"[2]

（二）裁量基准逸脱适用的"向轻规则"

裁量基准逸脱适用的直接效果或者说直接目的就是变更适用或不予适用裁量基准，不言而喻，"逸脱适用"所遵循的是"向轻规则"，即变更适用

---

〔1〕 参见［日］盐野宏：《行政法》，杨建顺译，法律出版社1999年版，第76页。
〔2〕 参见广东省珠海市中级人民法院（2015）珠中法城终字第34号行政判决书。

或不予适用裁量基准只能是指向有利于行政相对人的方向，而不能通过变更或不予适用裁量基准来加重相对人的法律责任。"向轻"包括行政处罚上的从轻、减轻、不予处罚，"考虑到裁量基准向非行政处罚领域扩展和蔓延的状况，……同样也包括行政许可裁量中行政许可条件的豁免或宽松化，以及行政强制裁量基准中行政强制情形的消减或收缩化等"。[1]

有必要厘清的是，在行政处罚中，通过逸脱而"不予适用"裁量基准，"向轻"的结果一般指涉的是"不予处罚"。除鉴于行政相对人的责任能力而不具有有责性以及超过追诉时效期限不再给予处罚等以外，不予处罚仅限于《行政处罚法》（2017 年修正）第 27 条第 2 款规定的"违法行为轻微并及时纠正，没有造成危害后果的"和《行政处罚法》（2021 年修订）第 33 条规定的"初次违法且危害后果轻微并及时改正的""当事人有证据足以证明没有主观过错的"可归责情形。针对情节轻微的违反行政法上义务的行为，由于其不法内涵较小、危害法益较轻，故授予行政机关衡量具体情势经审酌后决定是否对相对人免予处罚的裁断权，这是"处罚便宜原则"[2]的体现。

二、裁量基准逸脱适用的条件要素

（一）裁量基准逸脱适用的规范续造

实质上，裁量基准的变更适用或不予适用，是由对"成文裁量基准"的

---

〔1〕 参见熊樟林：《行政裁量基准运作原理重述》，北京大学出版社 2020 年版，第 171 页。

〔2〕 "便宜原则"又称作"机宜原则""权变原则""随机应变原则"，作为行政法上的一般结构性原则，是指基于行政资源之有限性、较大公益之保护及行政程序经济的考量，行政权得据实际需要，而享有在不同事务中不同的权衡空间，但行政权运用此一弹性决定时，实际上亦须以上述考量作为准则。参见罗名威："论行政法上之便宜原则"，载城仲模主编：《行政法之一般法律原则》（二），三民书局股份有限公司 1997 年版，第 459、491、494~495 页。处罚便宜原则来源于"便宜原则"，是考量一般违反行政处罚的行为相较于刑法上的犯罪行为而言，其社会非难性更低，而比照刑事处罚宥恕轻微犯罪行为的"微罪不举""职权不起诉"制度所确立的原则，"对于符合处罚构成要件之行为，本于法定原则应予以追究处罚，惟若于个案中，认以不处罚为适当或采取其他措施，较有利于行政目的之达成时，本于便宜原则，即可放弃处罚"。参见洪家殷："行政罚上便宜原则之研究"，载《东吴公法论丛》2007 年第 1 卷，第 76~77 页。处罚便宜原则与处罚法定主义原则相对立，"此二原则之适用，主要在于当违法行为已符合违反秩序之构成要件时，是否应予追究并加以处罚。本于法定原则，既有充分之事实，足认行为人之行为已构成法规所规定之违反秩序之要件时，自须由追诉机关予以追诉，同时处罚机关亦须加以处罚，以符合法律上之规定。然而本于便宜原则，尽管根据上述之法律规定对于该行为应有可罚性，惟在个案中，行政机关仍有放弃继续追诉及制裁之权能"。参见洪家殷："行政制裁"，载翁岳生编：《行政法》（下册），中国法制出版社 2002 年版，第 834 页。

适用转入对"不成文裁量基准"的适用，是在裁量基准不同表现形态之间的切换适用，因而脱离不了裁量基准适用说明理由、利益衡量、证据补强的技术框架，亦即行政执法机关结合所需保护的法益，在叙明理由[1]、综合衡量个案具体情形、获得有效证据佐证以及遵守法定程序的条件下，行使裁量权可以越出成文裁量基准的边界，转而适用不成文裁量基准，否则就会构成"裁量怠惰"。

实现个案正义的道路荆棘丛生，裁量基准的逸脱适用既是通向它的手段，也可能转身就成为毁灭它的"屠城木马"。逸脱适用裁量基准尽管可以在一定程度上防止对裁量基准的僵化套用以追求个案正义，但是仍需警惕与防范裁量基准逸脱适用的过度与泛化以及所造成的裁量基准的虚置化，即逸脱适用裁量基准并非毫无约束，而必须要有相应的规则限制以进行"规范续造"。上述的条件要素只能视作是裁量基准逸脱适用的"基础要件"，其无法构成对逸脱行为存在滥用可能的有效遏制，逸脱适用还需同时满足以下两个要素才可成立：一是在裁量空间之内适用裁量基准仍将导致行政处理决定明显不当时，方可考虑逸脱适用裁量基准，这是"前置要件"；二是在裁量空间之外变更适用或不予适用裁量基准应符合法定的情形，而不能忽视法定的限定条件随意变更或不予适用裁量基准，这是"结果要件"。在"前置要件—基础要件—结果要件"的结构模式中，前置要件决定着逸脱适用的必要性，基础要件把控着逸脱适用的可行性，结果要件则维系着逸脱适用的合理性。未严格满足此"三要素"，不得随意逸脱适用裁量基准。

（二）裁量基准适用豁免的阻却

回到方林富案，也就是说，只有在罚款 20 万元至 100 万元的裁量幅度空间内进行 20 万元罚款将导致处罚决定构成明显不当，并且在 20 万元的下限之下减轻处罚或不予处罚符合《行政处罚法》（2017 年修正）第 27 条规定的应当依法减轻或不予处罚的情形[2]时，才可以逸脱裁量基准的下限而变更适用或不予适用裁量基准。对此，一方面，根据前述"第六章 行政裁

---

[1] 参见陈清秀："依法行政与法律的适用"，载翁岳生编：《行政法》（上册），中国法制出版社 2002 年版，第 244~246 页；王贵松：《行政裁量的构造与审查》，中国人民大学出版社 2016 年版，第 117 页。

[2] 对应 2021 年修订的《行政处罚法》第 32、33 条。

量基准适用'证据补强'的技术"的分析，此案行政相对人发布绝对化用语广告历时时间长、发布数量多、传播范围广而不符合违法行为轻微的标准，同时，行为具有社会危害性并造成了影响性危害反应和事实性危害后果，并且相对人既未停止违法行为也未在实施违法行为后采取有效措施去纠正（改正）违法行为、主动消除或减轻违法行为带来的危害后果，从而不符合法定从轻、减轻或不予处罚的情形。另一方面，对比我国1994年《广告法》和2015年《广告法》关于使用绝对化用语广告行为罚则的前后变化[1]，立法的修改明显表明对该行为加大惩罚力度、统一执法尺度的立法目的，立法的背景资料也显现出对该行为的处罚一律以统一量化的、明确的、硬性的20万元为罚款数额的基线是立法机关的立法原意与有意为之的立法抉择，体现出立法机关"零容忍严处罚"的立法立场[2]，因而西湖区市场监督管理局在法定裁量幅度内对相对人从轻处以最低额度20万元的罚款，已穷尽其裁量权限，未见明显不当。故此案不符合裁量基准逸脱适用的条件，西湖区市场监督管理局没有任何理由突破法定罚款额度的下限为减轻处罚或不予处罚，唯有不折不扣地执行《广告法》的规定，否则将被依法追究相关

---

〔1〕　1994年《广告法》第7条第2款规定"广告不得有下列情形：……（三）使用国家级、最高级、最佳等用语"，第39条规定"发布广告违反本法第七条第二款规定的，由广告监督管理机关责令负有责任的广告主、广告经营者、广告发布者停止发布、公开更正，没收广告费用，并处广告费用一倍以上五倍以下的罚款；情节严重的，依法停止其广告业务。构成犯罪的，依法追究刑事责任"。修订后的2015年《广告法》第9条规定"广告不得有下列情形：……（三）使用'国家级'、'最高级'、'最佳'等用语"，第57条规定"有下列行为之一的，由工商行政管理部门责令停止发布广告，对广告主处二十万元以上一百万元以下的罚款，情节严重的，并可以吊销营业执照，由广告审查机关撤销广告审查批准文件、一年内不受理其广告审查申请；对广告经营者、广告发布者，由工商行政管理部门没收广告费用，处二十万元以上一百万元以下的罚款，情节严重的，并可以吊销营业执照、吊销广告发布登记证件：（一）发布有本法第九条、第十条规定的禁止情形的广告的；……"

〔2〕　原国家工商行政管理总局时任局长张茅2014年8月25日在第十二届全国人民代表大会常务委员会第十次会议中就《广告法》修订的必要性之一谈道："（原《广告法》）法律责任的针对性和操作性不强，惩处力度不够，难以有效遏制广告违法行为。"参见郎胜主编：《中华人民共和国广告法释义》，法律出版社2015年版，第183页。《全国人民代表大会法律委员会关于〈中华人民共和国广告法（修订草案三次审议稿）〉修改意见的报告》（2015年4月24日）中指出："在修订草案征求意见和审议过程中，一些常委委员、地方、部门、企业提出，实践中违法广告屡禁不止，很大的原因是因为各地执法规范和标准不一。法律委员会建议国务院相关部门在修订后的广告法出台后，应当加快统一执法规范和标准，加强培训，提高执法水平和质量，确保法律的各项规定得到不折不扣的落实。"参见郎胜主编：《中华人民共和国广告法释义》，法律出版社2015年版，第197页。

法律责任[1]。

有鉴于此，逸脱适用裁量基准之"前置要件"中的"明显不当"，其是专门用于评价"裁量权行使"的明显不当，即只能就裁量空间之内行使裁量权的"当"与"不当"问题进行讨论，而如果不涉及裁量权的行使，那么就遑论"当"与"不当"的问题。因此，方林富案中，在西湖区市场监督管理局已经用尽裁量权、于法定裁量空间最下限对相对人作出从轻处罚，即在不存在处罚不当问题的情况下，并且在相对人也无法定减轻处罚的情形下，一审法院适用用于评断裁量权行使的《行政诉讼法》第77条第1款"行政处罚明显不当，……人民法院可以判决变更"的规定，认定西湖区市场监督管理局20万元罚款明显不当并判决变更为10万元[2]，尚需商榷。

同时，通过对一审行政判决书的分析，可以推断出一审法院的裁判逻辑是：在相对人无法定减轻处罚情节、制定法上也无其他有关减轻处罚规定的情状下，仅将《行政处罚法》（2017年修正）第4条第2款确立的"过罚相当原则"作为依据，以西湖区市场监督管理局处罚数额明显不当为由，径行判决变更作减轻处罚。与之相同类型的案件，司法实务中还有仅以《行政处罚法》（2017年修正）第27条第1款第（四）项"其他依法从轻或者减轻行政处罚的"规定为依据，直接作变更判决给予减轻处罚的判例[3]。这些做法都是对现行立法的突破，实不可取。因此，逸脱适用裁量基准需尤为注意对"结果要件"中"应符合法定情形"要求的把握。

---

[1]《全国人民代表大会法律委员会关于〈中华人民共和国广告法（修订草案）〉修改情况的汇报》（2014年12月22日）中提到："有的常委委员提出，为进一步规范广告活动，保护消费者权益，应当加强广告监管，强化广告监管部门的责任，对不作为、乱作为，实行问责。法律委员会经研究，建议增加以下规定：……工商行政管理部门对在履行广告监测职责中发现的违法广告行为或者对经投诉、举报的违法广告行为，不依法予以查处的，对负有责任的主管人员和直接责任人员，依法给予处分。"参见郎胜主编：《中华人民共和国广告法释义》，法律出版社2015年版，第190页。该建议最终成为2015年修订的《广告法》第73条第1款。同时，实践中已有行政机关因肆意突破法定裁量幅度的下限减轻处罚被检察机关提起公益诉讼的案例。参见"宿松县市场监督管理局质量监督检验检疫行政管理案"，安徽省宿松县人民法院（2019）皖0826行初19号、（2019）皖0826行初20号行政判决书。

[2] 参见杭州市西湖区人民法院（2016）浙0106行初240号行政判决书。

[3] 参见"北京快乐三六五商店与北京市延庆区食品药品监督管理局等销售过期食品行政处罚案"，北京市第一中级人民法院（2018）京01行终763号行政判决书；"北京乡土青铁锅焖面面馆与北京市延庆区市场监督管理局不服食品卫生管理责令停业改进行政处罚案"，北京市第一中级人民法院（2019）京01行终1189号行政判决书。

另外，对于逸脱适用裁量基准之"基础要件"中的"说理机制"，有学者专门作出区分设计："下级行政执法机关脱离上级机关制定的裁量基准的，实行从宽说理原则，着重就地域差异性进行说明；本级行政机关脱离自身所定裁量基准的，实行从严说理原则，着重就个案特殊性、新颖性进行说明。"[1]殊值赞同。

以方林富案一审裁判思路为比照，基于逸脱适用裁量基准需成就的上述严格限定的条件要素，时下行政机关在竞相推行"优驾自动容错"[2]"轻微违法违规经营行为免罚清单"[3]"轻微违法行为告知承诺制"[4]"轻微违法经营行为免处罚免强制清单"[5]等政策和措施时，需依法审慎为之。

三、裁量基准逸脱适用的控制因素

（一）个案社会效果对裁量基准逸脱适用的介入

"在许多情况下，机械地适用规则就意味着非正义；我们需要的是个别化的正义，也就是说，正义的程度要适应单个案件的需要。"[6]回顾以往裁量基准逸脱适用的逻辑起点，其初衷在于追逐个体化的正义，以使裁量权的行使更加符合法的实质合理性要求，并获致正当化的法律效果，同时兼顾行政执法社会效果的实现，而社会效果往往并不容轻视。

---

〔1〕　章志远："行政裁量基准的理论悖论及其消解"，载《法制与社会发展》2011年第2期，第159页。

〔2〕　参见杭州市公安局交通警察支队《关于实施交通违法整治三项管理措施的通知》（杭公交明发〔2019〕1号）；骆静怡："4月5日起杭州实行'优驾自动容错'"，载《每日商报》2019年4月3日。

〔3〕　参见上海市司法局、上海市市场监督管理局、上海市应急管理局《关于印发〈市场轻微违法违规经营行为免罚清单〉的通知》（沪司规〔2019〕1号）；《上海市市场监督管理局 上海市司法局关于印发〈市场监管领域轻微违法违规经营行为免罚清单（二）〉的通知》（沪市监规范〔2021〕6号）。

〔4〕　参见浙江省市场监督管理局、浙江省司法厅《关于印发〈关于在市场监管领域实施轻微违法行为告知承诺制的意见〉的通知》（浙市监法〔2019〕24号）；《浙江省交通运输厅 浙江省综合行政执法指导办公室关于在交通运输领域推行轻微违法行为告知承诺制的意见（试行）》（浙交〔2020〕40号）。

〔5〕　《关于印发〈广州市市场轻微违法经营行为免处罚免强制清单〉的通知》（穗司发〔2020〕7号）。

〔6〕　［美］肯尼斯·卡尔普·戴维斯：《裁量正义》，毕洪海译，商务印书馆2009年版，第20页。

法必须以整个社会的福利为其真正的目标，[1]因此，执法对社会效果的追求是法的本质要求的表征，代表了社会之于正义的一般性理解及判断，注重执法的社会效果即成为法律实施的题中应有之义。执法如果罔顾其行为和结果对社会所产生的效用，那么执法就有可能会偏离甚至背离制定法的精神与目的。更为重要的是，执法对于个案实体正义的实现具有或然性，加之当前执法的公信力与公众的认可度之间存在一定的缝隙，促使执法必然要衡平社会效果。在方林富案中，部分舆论媒介情绪化的正义更是在相当程度上把执法裹挟在民意的朴素认知之下，公众对代表公权力行使的维护经济管理秩序的行政处罚行为产生了质疑，申言之，公众以其自身对个案不正义的评判减弱了其对社会治理进程中法治保障功能的信任。由此，虽然法律的生命在于实施，法律的权威在于执行，但是公众对于法律实施与执行的认同和接受才是法律真正的力量之源。

然而，对于个案社会效果的追求并非无止境，社会效果既非执法的基本价值面所在，也非比法律效果更为重要，在价值逐取上两者应形成有机统一与相对平衡，不能一味为了实现执法的社会效果，就以之为"风向标"而大肆逸脱适用裁量基准。毕竟，就裁量基准适用而言，相比僵化之遵守，恣意的逸脱在对裁量基准实现个案正义价值诉求的折损上更胜一筹。为此，应当在法律之内寻求执法的社会效果[2]，对逸脱适用裁量基准在必要性上进行严格控制。因此，裁量基准逸脱适用的控制因素是上述条件要素中"前置要件"的具体化。

（二）法的秩序价值对裁量基准逸脱适用的抑制

以下借助拉德布鲁赫（Gustav Radbruch）关于法的价值理念——法的安定性、合目的性、正义[3]的阐释作为分析工具，确立逸脱适用裁量基准的控制技术。

第一，逸脱适用裁量基准所要实现的价值应高于法的安定性价值。"法应具安定性，即不可此时此处如是，而彼时彼处则异其解释和适用，此亦为

---

〔1〕 参见［意］托马斯·阿奎那：《阿奎那政治著作选》，马清槐译，商务印书馆1963年版，第105页。

〔2〕 参见江必新："在法律之内寻求社会效果"，载《中国法学》2009年第3期，第7~8页。

〔3〕 参见［德］阿图尔·考夫曼、温弗里德·哈斯默尔主编：《当代法哲学和法律理论导论》，郑永流译，法律出版社2002年版，第129~137页。

正义之要求。"[1]法的安定性，即法的存续性、稳定性、确定性、一致性、可预见性，是法治的核心构成要素之一，也是"更为重大的社会价值"[2]之一。在行政法领域，行政明确性原则是作为法的内在道德的"法律清晰性"[3]的体现，其与维护法的安定性有着密切联系，法的安定性以公权力行为（内容）明确为前提。行政行为的内容应明确[4]，"旨在使人民就行政机关会在何种情况下可能采取何种行为，以及违反法定义务时之法律效果为何等，有预见可能性而知何者当为或不当为。尤其是负担之行政处分内容不明确时，将使法律关系陷于不安定之状态，使人民处于不利地位"。[5]法的安定性价值还通过行政法上的信赖保护原则予以实现。信赖保护原则"系从传统法理中之诚实信用、法安定性及基本权利保障（人格权、财产权等）等原则综合演化而成"[6]，是法安定性的基本要求，涉及"法秩序安定与国家行为可预期性"[7]，如我国《行政许可法》第 8 条第 1 款"公民、法人或者其他组织依法取得的行政许可受法律保护，行政机关不得擅自改变已经生效的行政许可"的规定，即是信赖保护原则的体现。信赖保护原则折射出公权力行为应具备公信力的要求，其主旨在于"人民对公权力行使结果所生之合理信赖，法律自应予以适当保障"[8]，以避免使行政相对人遭受不可预计之负担或损失。由此，如果以放弃或减损法的安定性为代价而逸脱适用裁量基准以换取或实现某种社会效果，难免会有舍本逐末之流弊。因此，一般而

---

〔1〕邵曼璠："论公法上之法安定性原则"，载城仲模主编：《行政法之一般法律原则》（二），三民书局股份有限公司 1997 年版，第 282 页。

〔2〕参见 [美] 本杰明·卡多佐：《司法过程的性质》，苏力译，商务印书馆 1997 年版，第 44 页。

〔3〕参见 [美] 富勒：《法律的道德性》，郑戈译，商务印书馆 2005 年版，第 75~77 页。

〔4〕行政行为在内容和行为上是否明确，以"可理解性""可预见性"及"司法审查可能性"三个要素作为判断基准，"法治国家所要求的规范明确性包括规范中的'构成要件'及'法律效果'须使人民能够理解；从而能产生预见可能性，知所因应；发生疑义时，透过司法可进行规范的审查"。其中，行为上的明确则落脚于"法律效果"方面。并且，"基于法安定性，法规限制基本权或依据法规得干涉基本权之程度愈强，则其明确性要求愈高，尤其，负担性法规，其目的、内容及范围必须明确，……"参见李惠宗：《行政法要义》（第 7 版），元照出版有限公司 2016 年版，第 108~113 页；林锡尧：《行政法要义》（第 3 版），元照出版有限公司 2006 年版，第 53 页。

〔5〕参见李震山：《行政法导论》（修订 11 版），三民书局股份有限公司 2019 年版，第 272~275 页。

〔6〕参见李震山：《行政法导论》（修订 11 版），三民书局股份有限公司 2019 年版，第 279 页。

〔7〕参见吴志光：《行政法》（第 8 版），新学林出版股份有限公司 2017 年版，第 28 页。

〔8〕参见林明锵：《行政法讲义》（第 4 版），新学林出版股份有限公司 2018 年版，第 35 页。

言，基于法的安定性价值，遵照适用裁量基准是原则，逸脱适用构成例外。

第二，逸脱适用裁量基准应有利于实现裁量的合目的性追求。"目的是整个法的创造者。"[1] 毛雷尔（Hartmut Maurer）指出："裁量主要服务于个案正当性。行政机关处于这种情形之下：既要按照法定目的观考虑（法律目的，合理性），又要考虑案件的具体情况，从而找出适当的、合理的解决办法。行政机关应当首先审查：裁量授权的目的是什么？哪些观点是决定性的？然后从这些方面判断案件的具体情况，并作出相应的决定。合目的性和便宜性在其中也可能产生影响。"[2] 根据《德国行政法院程序规则》（2019年修订）[3] 第 68 条所涉及的对行政行为是否符合"行政目的"的"合目的性"审查，"不合目的之行政处分乃谓行政处分虽未违法或具有裁量上之瑕疵，然而行政官署欲未全然合乎所追求之目的或甚至超越之，如其内容虽为法规所容许且无不合比例之情形，但尚有其他合法之内容，得为较优的、较合目或较合理的决定可能，或是根本放弃此不合目的之措施恐较为适切时，该处分即不合目的"。[4] 基于此，无论是适用裁量基准抑或是逸脱适用裁量基准，其所欲达至的法效果，都应与行政目的相吻合，"因为行政是追求利益的作用，所以除了要具备合法性之外，还要具备合目的性"[5]。同时，由于行政目的对于法益的表达是具象的，其来源于授予裁量权的授权法规范的授权目的与授权法规范自身的立法目的对同一法益的抽象承载，因此，裁量基准的适用以及逸脱适用不仅应与行政目的相一致，而且还需与授予裁量权的授权法规范的授权目的、授权法规范的立法目的相贯通。从反面而言，目的不适当即包括"具体裁量决定所追求的目的不是法律授权的目的，或者在追求法定目的的同时还存在着法律所不允许的附属目的（collateral purposes）或隐藏目的（ulterior purposes）"。[6] 如是，倘若逸脱适用裁量

---

〔1〕 ［德］伯恩·魏德士：《法理学》，丁晓春、吴越译，法律出版社 2013 年版，第 233 页。

〔2〕 ［德］哈特穆特·毛雷尔：《行政法学总论》，高家伟译，法律出版社 2000 年版，第 127 页。

〔3〕 Verwaltungsgerichtsordnung（VwGO）2019.

〔4〕 参见程明修："论行政目的"，载城仲模主编：《行政法之一般法律原则》（二），三民书局股份有限公司 1997 年版，第 66~67 页。

〔5〕 翁岳生："行政的概念与种类"，载翁岳生编：《行政法》（上册），中国法制出版社 2002 年版，第 17 页。

〔6〕 参见余凌云："论对行政裁量目的不适当的审查"，载《法制与社会发展》2003 年第 5 期，第 75 页。

基准非但无法彰显裁量之合目的性追求，也无助于实现对与法的理念和精神相契合的社会基本价值的追求，甚至限缩、扭曲、抽离于行政目的与法的授权意旨和法的主旨，就会适得其反。

第三，逸脱适用裁量基准应更能接近实体公平正义的实现。"正义有着一张普洛透斯似的脸（a Protean face），变幻无常、随时可呈不同形状并具有极不相同的面貌。"[1]"正义"言人人殊，在此并不对正义的概念展开具体讨论，而仅是拘囿于对正义实现的探讨。"裁量有助于达成个案之妥当性。行政机关必须一方面斟酌法律'授权裁量的目的'，另一方面斟酌具体状况，就个案寻求最妥当的答案。"[2]裁量基准的适用作为个案正义在行政法上的实践，可以避免裁量基准落入"具文"之讥。问题在于，通过适用裁量基准所实现的正义，往往会演变成一种一般化的个案正义，或称为"批发的正义"，而基于个案特殊情形考虑义务逸脱适用裁量基准所兑现的正义则是一种具体化的个案正义，是真正意义上的"裁量正义"。然而，个案裁量正义的实现与法安定性的持守作为行政执法所必须关注也无可回避的两种价值，其之间构成一种"二律背反"[3]的逻辑。不言而喻，为追求个案公平正义而逸脱适用裁量基准势必带来法的安定性的减损，但是，"法的安定性高于合正义性"[4]，因此，唯有经利益衡量，仅当逸脱适用裁量基准更能接近实体公正时，方可为之。

法的安定性、合目的性、正义始终处于彼此背反、对立却又相互补充的紧张关系之中，三者共同支配着裁量基准的逸脱适用，与其说这三重法的价值理念是对裁量基准逸脱适用的一组控制因素，不如将其视作是逸脱适用之前的一连环预先评估、检验措施，其为裁量基准逸脱适用的启动设立了一道

---

〔1〕 ［美］E. 博登海默：《法理学：法律哲学与法律方法》，邓正来译，中国政法大学出版社1999 年版，第 252 页。

〔2〕 林锡尧：《行政法要义》（第 3 版），元照出版有限公司 2006 年版，第 256 页。

〔3〕 参见 ［德］康德：《纯粹理性批判》，邓晓芒译，人民出版社 2004 年版，第 347~386 页。

〔4〕 "给法律观点之间的争议做出一个结论，比给它一个正义的且合目的性的结论更重要；法律规则的存在比它的正义性与合目的性更重要；正义和合目的性是法律的第二大任务，而第一大任务是所有人共同认可的法的安定性，也就是秩序与安宁。"参见 ［德］G. 拉德布鲁赫：《法哲学》，王朴译，法律出版社 2005 年版，第 74 页；柯岚："拉德布鲁赫公式的意义及其在二战后德国司法中的运用"，载《华东政法大学学报》2009 年第 4 期，第 65~67 页；雷磊："再访拉德布鲁赫公式"，载《法制与社会发展》2015 年第 1 期，第 110~121 页。

"防火墙"。互为因果，裁量基准的逸脱适用反过来可以衡平、协调这三种价值理念之间的冲突，进而实现执法的法律效果与社会效果相统一。

综上，裁量基准逸脱适用所应满足的条件要素以及对逸脱适用进行有效控制的因素，共同构成了裁量基准逸脱适用的技术元素。

第二节　行政裁量基准"收缩适用"的技术

《最高人民法院关于审理行政许可案件若干问题的规定》（法释〔2009〕20 号）第 11 条提出："人民法院审理不予行政许可决定案件，认为原告请求准予许可的理由成立，且被告没有裁量余地的，可以在判决理由写明，并判决撤销不予许可决定，责令被告重新作出决定。"这是"裁量收缩"理论在我国行政法中得到认可的最早体现。"裁量意味着行政机关可以在不同的处理方式之间选择。但是，在具体案件中选择余地可能压缩到一种处理方式。也就是说，只有一种决定没有裁量瑕疵，其他决定均可能具有裁量瑕疵，行政机关有义务选择剩下的这种决定。这种情况称为'裁量压缩至零'或者'裁量收缩'。"[1]"从价值或者立场上说，行政裁量收缩论首先承认行政裁量的价值，但又将行政便宜主义限制在合理的范围之内。"[2]裁量收缩（至零）意味着在特定情境下裁量行为的裁量性减弱到已无可裁夺的空间，由原本复数的、开放的选择而变成必须作成特定的、单一的决定或措施，是裁量行为的羁束化、义务化。

一、裁量基准收缩适用的技术要件

裁量收缩发生在效果裁量之中，当裁量萎缩为零时，行政机关既无"决定裁量"的自由，也无"选择裁量"之余地，是否作出行政行为或作出具有何种内容的行政行为的裁量皆受到了制约[3]，就结果而言，"事实上仅

---

[1] [德] 哈特穆特·毛雷尔：《行政法学总论》，高家伟译，法律出版社 2000 年版，第 132 页。另需注意的是，"裁量缩收未必均至零，而仅缩小裁量范围。裁量缩收至零时，行政机关应作成唯一之行为（作为或不作为）"。参见林锡尧：《行政法要义》（第 3 版），元照出版有限公司 2006 年版，第 265 页。

[2] 王贵松："行政裁量收缩论的形成与展开——以危险防止型行政为中心"，载《法学家》2008 年第 4 期，第 40 页。

[3] [日] 中西又三：《日本行政法》，江利红译，北京大学出版社 2020 年版，第 107 页。仅

有一种为合义务裁量之结果"[1]。对于裁量收缩的适用，其范围涉及干预行政领域、给付行政或授益行政领域、提供保护措施或采取排除危险行动领域、公法上结果除去请求权领域、行政程序重新开始领域[2]等。本书以其最集中适用的危险防止型行政领域为对象，分析其构成要件。此领域在裁量收缩理论技术体系的构筑上，扮演着尤为重要的角色。

危险防止型裁量收缩的构成要件存在"二要件说""三要件说""四要件说""五要件说"等不同观点。"二要件说"的框架较为独特，"五要件说"的内容是各观点的"最大公约数"。两种学说的互补基本勾勒出裁量收缩构成要件的大致图景。"二要件说"以"主轴""支轴""回轴"来分配裁量收缩的构成因素与判断基准，主轴即包括"所涉法益的重要性"和"危害法益的强度与严重性"在内的"重要法益的确保"，支轴是基于"平等原则""信赖保护原则"二个面向所构成的"行政自我拘束"，回轴以"事实不能""期待不可能""补充性原则"（系争事件若行政相对人可通过自力救济或民事救济等途径加以解决，行政机关则无介入的义务与必要）作为阻却事由。[3]"五要件说"所包含的内容为"被害法益的重大性""危险的迫切性""危险发生的预见可能性""损害结果的回避可能性""规制权限发动的期待可能性"。[4]以下围绕"五要件说"确立裁量基准收缩适用技术的各个决定性因素：

第一，"被害法益的重大性"要件。重大被害法益范围的厘定是"发动行政权的紧要度增强，裁量权渐次收缩"[5]的基础。裁量收缩论所要保护的重大被害法益应是私力救济所无力企及而只能依赖公权力施以保护的那部

---

〔1〕　参见陈敏：《行政法总论》（第9版），陈敏发行（新学林出版有限公司经销）2016年版，第193~194页。

〔2〕　参见李建良："论行政裁量之缩减"，载翁岳生教授祝寿论文编辑委员会：《当代公法新论（中）——翁岳生教授七秩诞辰祝寿论文集》，元照出版有限公司2002年版，第138~146页。

〔3〕　参见李建良："论行政裁量之缩减"，载翁岳生教授祝寿论文编辑委员会：《当代公法新论（中）——翁岳生教授七秩诞辰祝寿论文集》，元照出版有限公司2002年版，第120~138页。

〔4〕　参见原田尚彦『行政責任と國民の権利』（弘文堂，1979年）73~74頁参照；遠藤博也『行政法Ⅱ各論』（青林書院新社，1987年）147~148頁参照；冷罗生：《日本公害诉讼理论与案例评析》，商务印书馆2005年版，第320~322页；王贵松："行政裁量权收缩之要件分析——以危险防止型行政为中心"，载《法学评论》2009年第3期，第112~116页。

〔5〕　参见杨建顺："论给付行政裁量的规制完善"，载《哈尔滨工业大学学报（社会科学版）》2014年第5期，第8页。

分生命、身体、健康、财产权益，以及针对特定主体具有特殊价值的法益，或一切"权利""损害"[1]，抑或处于宪法法律层级之中的宪法法益[2]。不同的法益因其重要性的程度存在差别，其需受到保护的力度也就不尽相同，相应的裁量收尽[3]的可能性也应存有差异。

第二，"危险的迫切性"要件。危险的紧迫状态不仅为行政的介入提供了正当性理由，而且也构成了裁量减缩的现实基础，其涉及"紧迫性的程度"与"危险性的程度"[4]两方面问题。一方面需着眼于从"紧迫性的程度"进行认定，危险虽未达到迫切的情形，但危险的发生仍然具有较高盖然性时，就应当视作危险存在；另一方面应连同"危险性的程度"一并作出判别，危险并非一定要求是现实的、具体的，当危险的发生具有极大的预测可能性时，抽象危险也成立危险。

第三，"危险发生的预见可能性"要件。对于事实可能造成的危害后果以及应否与之对应地作为或不作为进行预判，是行政机关基于职责所应负担的义务。通常而言，危险发生的预见要求行政机关以"知道或容易知道"危险的急迫状况为成立标准，也存在着借由司法判例而形成的较之缓和的"行政机关若行使权限加以调查即能得知危险"[5]的判定标准。同时，行政机关在业已知悉或掌握了危险可能发生的线索之后，应当依据权限进一步主动发现危险、防范危险，这是出于国家保护义务[6]的应然性要求。"与过去保护秩序的预防工作不同，这种新的预防不再是针对阻止一个具体的、正在面临的违法现象，而是要及早地看到有可能造成破坏的根源和威胁的根源。"[7]

---

〔1〕 参见刘宗德：《行政法基本原理》，学林文化事业有限公司 1998 年版，第 325 页。

〔2〕 参见［德］卡尔–埃博哈特·海因、福尔克·施莱特、托马斯·施米茨："裁量与裁量收缩——一个宪法、行政法结合部问题"，曾韬译，载《财经法学》2017 年第 4 期，第 100~103 页。

〔3〕 参见章剑生：《现代行政法总论》（第 2 版），法律出版社 2019 年版，第 107 页。

〔4〕 参见刘宗德：《行政法基本原理》，学林文化事业有限公司 1998 年版，第 326~328 页。

〔5〕 参见刘宗德：《行政法基本原理》，学林文化事业有限公司 1998 年版，第 329 页。典型的案例如"何川江诉成都市公安局成华区分局行政不作为案"，四川省成都市中级人民法院（2004）成行终字第 30 号行政判决书；"李尚英等与广饶县交通局不履行法定职责行政赔偿上诉案"，山东省东营市中级人民法院（2004）东行终字第 53 号行政判决书。

〔6〕 参见王贵松："行政裁量权收缩的法理基础——职权职责义务化的转换依据"，载《北大法律评论》2009 年第 2 期，第 367~374 页。

〔7〕 ［德］埃贝哈德·施密特–阿斯曼等：《德国行政法读本》，于安等译，高等教育出版社 2006 年版，第 54 页。

第四，"损害结果的回避可能性"要件。损害结果的可回避性是评判行政机关采取的行为与案件最终的损害结果之间是否存有因果律的重要因素，行政机关在知晓或预见到危险的存在之后，应采取积极措施避免危险结果的产生，若危害结果的避免具有可能性，则行政机关如果不作为或不恰当作为，就必定会受到非难。但是，对于如何确定"能否避免损害后果"，还没有相对明确一致的标准。一般而言，回避可能性的判断强调行政机关只要行使权力就能够轻而易举地防止损害发生，但也已和缓为只要通过"有效适切方法"〔1〕行使权力就可以避免危害发生这一弱化后的标准。

第五，"规制权限发动的期待可能性"要件。对于危险的存在，行政相对人基于行政介入请求权〔2〕对行政机关行使规制权限以预防、消除危险的可能性存有期待，即只要行政机关具有相应的法定规制权限，行政介入请求权就可得以实现。但是，如果行政机关并未被赋予相关的规制权限，也并不代表相对人的期待就会落空，因为受行政保护义务的拘束，行政机关仍应积极避免损害结果的发生。因此，行政保护始终值得期切。同时，就如何判断行政保护的可期待性，目前存在"行为人标准说""平均人标准说""国家标准说"三种学说〔3〕，即行政机关有无可能去行使规制权限，究竟是以行政机关自身的能力为标准去判断，还是站在行政机关一般、普遍水准的立场上去判别，抑或是根据国家或法秩序的期待所指去判定，众说不一。本书认为，既然期待可能性要件是以相对人的期待诉求为出发点，并且裁量收缩本就是针对个案特殊性为实现个案正义而对相对人权益保护程度上升的结果，因而，期待可能性的判断无论是采撷以上哪一标准，均应兼顾个案中行政相对人的客观情况这一因素为之共同判断。

总体而言，当行政相对人的重大法益遭遇到紧迫的危险，而行政机关对危险发生的预见又具有可能性，并且其拥有权限和义务能够采取相应举措去避免损害出现，此时裁量权能就必须收缩。然而，"裁量收缩的要件只是一个

---

〔1〕　参见刘宗德：《行政法基本原理》，学林文化事业有限公司1998年版，第331页。

〔2〕　参见王贵松："行政裁量权收缩的法理基础——职权职责义务化的转换依据"，载《北大法律评论》2009年第2期，第359~367页；[日]原田尚彦：《诉的利益》，石龙潭译，中国政法大学出版社2014年版，第80~86页。

〔3〕　参见陈兴良："期待可能性问题研究"，载《法律科学（西北政法学院学报）》2006年第3期，第78页。

判断框架，其实质内容是对相互冲突的基本权利与行政便宜进行比较衡量"〔1〕，因此，对以上裁量收缩构成要件的运用，折射到裁量基准上，应从个案出发，结合具体的个案实际来决定裁量基准是否收缩适用、如何收缩适用以及收缩适用的程度大小等，而不能只拘泥于构成要件循规蹈矩。

二、裁量基准收缩适用的持重立场

平特纳指出："尽管这类（裁量）缩减可作为一种非典型的例外而存在，但对一般情况而言，却不允许法定的裁量范围以此为其结构的支撑点。"〔2〕这表明，对于裁量收缩这一型构的适用，必须秉持一种严格主义的立场。特别是针对裁量收缩至零的认定与运用更应当持谨慎的态度，可以说："仅在行政机关的不作为或者某种十分确定的行为对于保障相关宪法法益受到最低限度的尊重或保护是绝对必要的情形中，才能认定裁量收缩至零的存在。"〔3〕如果动辄即援用裁量收缩论来压制、窄化行政自主的空间，甚而以之为基点添附给行政机关广泛的介入义务，那么不仅行政相对人将因之受到比以往更多的规制，而且裁量所赋予行政的自主余地以及裁量自身所固有的价值都将陷入难以为继的境地，更为重要的是，裁量收缩的正当性将消失殆尽，最终会使裁量学说归谬。而在实践中，罔顾裁量收缩的适用条件，随意为之扩张应用的例证俯拾即是，有待磋议。如，2009 年 6 月，南昌市为保障道路交通有序、安全、畅通，对交通违法行为实施宽严相济的管理措施，其中规定"无证驾驶机动车的，一律扣留车辆，处 1000 元罚款，并处 15 日以下行政拘留"〔4〕，而《道路交通安全法》第 99 条规定，"未取得机动车驾驶证、机动车驾驶证被吊销或者机动车驾驶证被暂扣期间驾驶机动车的"，"由公安机关交通管理部门处二百元以上二千元以下罚款，可以并处十五日以下拘留"。又如，2009 年 8 月，原公安部消防局召开相关会议，要求各地要加大执法力度，依法严肃查处各类消防违法行为，坚决执行"六个一

〔1〕 王天华："裁量收缩理论的构造与边界"，载《中国法学》2014 年第 1 期，第 142 页。

〔2〕 ［德］平特纳：《德国普通行政法》，朱林译，中国政法大学出版社 1999 年版，第 61 页。

〔3〕 参见 ［德］卡尔-埃博哈特·海因、福尔克·施莱特、托马斯·施米茨："裁量与裁量收缩——一个宪法、行政法结合部问题"，曾韬译，载《财经法学》2017 年第 4 期，第 109 页。

〔4〕 参见王剑华、封云、周芳："无证驾驶一律行政拘留"，载 https://jiangxi.jxnews.com.cn/system/2009/06/24/011 142227. shtml，2021 年 3 月 25 日访问。

律"，其中规定"对违反规定使用明火作业或者在具有火灾、爆炸危险的场所吸烟、使用明火的，一律拘留 5 日"[1]，而《消防法》第 63 条第（二）项对此类违法情形规定的法律责任是"处警告或者五百元以下罚款；情节严重的，处五日以下拘留"。

第三节　行政裁量基准"选择适用" 的技术

如"第二章 行政裁量基准适用正当性实现的技术保障""第三章 行政裁量基准适用有效性实现的技术支撑"所论，裁量基准在性质上主要属于行政机关制定的内部行政规则，其以行政规范性文件的形式体现，并且在效力上具有对内对外的拘束力。这就意味着裁量基准在制定主体上具有广泛性，理论上，几乎所有层级的行政机关皆可设定裁量基准，而且这些裁量基准均具有适用效力。以此为前提，鉴于一方面，裁量基准是行政法律规范具体化的结果，行使裁量权的依据就呈现出多元化样态，既有本机关订定的裁量基准，也有上级机关订立的裁量基准，还有授予裁量权的授权法规范；另一方面，实践中，不同层级的裁量基准针对同一裁量事项确定的效果规范有可能是相一致的，也有可能是相抵触[2]的，这就存在适用哪一层级裁量基准的取舍问题；再一方面，授予裁量权的授权法规范如若进行了修改而裁量基准本身并未随之修订，以及裁量基准自身发生变更，由之新法与旧基准、旧基准与新基准并立。因而，裁量基准选择适用的问题就会产生并存在，随之选择适用的相关技术方法与原理也需确立。

一、裁量基准在层级体系中的选择适用

裁量基准作为授权法规范的具体化，其生成就是为了增强授权法规范适用的适用性，降低授权法规范适用的偏差，因而本机关立定的裁量基准相较于授权法规范具有天然的优先适用性。也即并非法规范在位阶上高于裁量基

---

〔1〕 参见董豆豆、张景勇："公安部消防局：坚持'六个一律'做好国庆安保工作"，载 http://www.gov.cn/jrzg/2009-08/20/content_ 1397579. htm，2021 年 3 月 25 日访问。

〔2〕 本书参照我国《立法法》对不同位阶法律规范的冲突使用"相抵触"一词、对相同位阶或准相同位阶法律规范的冲突使用"不一致"的措辞，对不同层级裁量基准的冲突以及裁量基准与授权法规范的冲突使用"相抵触"的表述。

准，就必然在适用上占先于裁量基准，"上位规范之效力固然优于下位规范，发生法规竞合时，上位规范可推翻下位规范，然并非适用法规于个别事件之际，其优先顺序，亦正如法规在规范层级中之顺位，恰属相反，适用优先与位阶上下秩序乃反其道而行。质言之，位阶最低者反而最先适用，……惟位阶愈低者其内容愈具体，与个案关系最直接，亦最便于解决问题"〔1〕。需要注意的是，虽然本机关裁量基准较之授权法规范在适用上具有优先性，但是并不代表其可以被单独援用，这是基于裁量基准并不为行政相对人创设新的权利和义务，只是始终依附于授权法规范将裁量权行使的空间作进一步细化、量化的技术化处理，因此，在裁量决定的作出依据中，授权法规范必不可缺少，而不能只以裁量基准为根据。此时，对裁量基准的援引虽然只是对裁量决定的补强，但是与其具有优先适用性并不矛盾。

同理，也并非上级行政机关的裁量基准在适用上就具有优先性，虽然受制于行政的科层制结构，裁量基准在本质上是一种上级行政机关对下级行政机关的职权命令，裁量基准的内部效力也正是来源于此，但是下级裁量基准本身就属于对上级裁量基准"遵照执行"的一种表现〔2〕，这就注定了其比上级裁量基准更为具体化、更具可操作性，因而也更具有适用上的优先地位，对其予以优先适用更持之有故。借助于这一意义进行理解，可以认为，上级裁量基准对下级裁量基准适用上的拘束力是就整体上的行政服从义务而言的，这并不否认当两者内容不相抵触时应先行适用下级裁量基准，因为此"适用"即"服从"。

除此之外，实务上还存在一种情形就是下级行政机关并未制定裁量基准，而上级裁量基准与授权法规范也并不抵触，那么是应当适用上级裁量基准，还是直接适用授权法规范，存有分歧。本书认为，原则上仍应当优先选择适用上级裁量基准，而不能越过上级裁量基准径直采选适用授权法规范。这在于其一，基于上述分析，上级裁量基准相较于授权法规范具有优先适用性；其二，唯有当切合前述裁量基准逸脱适用的条件要素与控制因素时，或是满足裁量基准收缩适用的构成要件时，才有可能诉诸授权法规范的应用。如，

---

〔1〕 参见吴庚：《行政法之理论与实用》（增订 8 版），中国人民大学出版社 2005 年版，第 48 页。
〔2〕 参见周佑勇、周乐军："论裁量基准效力的相对性及其选择适用"，载《行政法学研究》2018 年第 2 期，第 10 页。

曾产生过较大争议的"周文明诉文山县交警案"[1]中，关于文山交警到底是应当征引上级裁量基准《云南省道路交通安全违法行为罚款处罚标准暂行规定》还是该当仅以授权法《道路交通安全法》为依据进行处罚的争执，落脚点即在于此。

以上阐述是建立在上下级裁量基准及授权法规范三者就同一裁量事项设定的效果规范是相一致的基础之上的，接下来更为重要的问题是，当上级裁量基准与下级裁量基准的条款相抵触时，是否是必须适用上级裁量基准。本书认为，不能一概而论。当两者相抵触时，并不应以上级裁量基准为标尺判别下级裁量基准与之是否抵牾，因为两者在实质上是"同位法"，效力相同，上级裁量基准并不是适格的判定依据。而是应以其共同的上位授权法规范作为标准为之判断，若上级裁量基准对照授权法规范其本身存在合法性、合理性问题，虽上下级裁量基准条款相抵触，但适用下级裁量基准在所必然。

二、裁量基准在规范变更后的选择适用

"在修改了相关行政性法规或作出了以行政基准之内容违法为旨趣的判决时，行政基准也要变更。并且，只要新的行政基准符合修改后的行政性法规或判决旨趣，即使是对私人不利的变更，也很难将其视为问题。"[2]因此，如若授予裁量权的授权法规范进行变更而裁量基准却未因之一并修改，那么一旦新修订的授权法规范生效，原则上就应当选择舍弃原有裁量基准的适用。倘若新法与旧法交替阶段没有过渡条款[3]对新旧授权法规范的过渡适用作出安排，那么应当根据"实体从旧""程序从新""从新从轻（优）""从旧从轻（优）"[4]等规则进行适用：即在旧授权法规范有效期间发生的

---

〔1〕　参见云南省文山县人民法院（2007）文行初字第 22 号行政判决书；云南省文山壮族苗族自治州中级人民法院（2008）文行终字第 3 号行政判决书。

〔2〕　[日] 平冈久：《行政立法与行政基准》，宇芳译，中国政法大学出版社 2014 年版，第 268 页。

〔3〕　参见陈新民：《德国公法学基础理论》（下册），山东人民出版社 2001 年版，第 582~587 页。

〔4〕　参见《最高人民法院关于印发〈关于审理行政案件适用法律规范问题的座谈会纪要〉的通知》（法〔2004〕96 号）"三、关于新旧法律规范的适用规则"；《行政诉讼法》第 34 条第 1 款"被告对作出的行政行为负有举证责任，应当提供作出该行政行为的证据和所依据的规范性文件"；孔祥俊：《法律解释与适用方法》，中国法制出版社 2017 年版，第 625~628 页；吴志光：《行政法》（第 8 版），新学林出版股份有限公司 2017 年版，第 58~59 页。

行为，在新授权法规范生效之后进行裁处的，对于实体问题应当选择适用行为发生时有效的旧授权法规范，此时依然可以适用未予变更的旧裁量基准，这体现了"法不溯及既往原则"[1]；对于程序问题则应当选择适用对行为进行处理时有效的新授权法规范，此时就无法再适用未经变更的旧裁量基准，这体现的是"不真正的溯及效力"[2]。作为例外，其一，除非行为发生时有效的旧授权法规范对行政相对人更为有利，否则原则上应当选择适用对行为进行处理时有效的新授权法规范；其二，除非在对行为进行处理时有效的新授权法规范对相对人更为有利，否则原则上应当选择适用行为发生时有效的旧授权法规范。在这两种情形之下，对于后者，旧裁量基准仍旧有适用的余地，这体现出对相对人合法权益更为有利保护的理念。

而假若授权法规范未为修改，仅是裁量基准发生了变更，那么一般而言应当承认对裁量基准变更溯及适用的禁止，这主要是基于对裁量基准变更所产生的信赖保护问题的考量。但是，相反观点则从裁量基准变更并非法律规范变动，其不会对行政相对人权利义务产生实质影响，因而也不会造成信赖利益损害的角度出发，认为裁量基准变更是相当于变更后的新基准直接取代旧基准而赓续适用，根本不会产生溯及适用问题，因而变更后的新基准当然可以适用于变更前已发生的行为。此即裁量基准溯及适用的"阻却说"与"容许说"。[3] 鉴于前述"第三章 行政裁量基准适用有效性实现的技术支撑"所秉持的观点，本书认为，正是受行政法上平等原则、行政自我拘束原则、信赖保护原则等的统制，裁量基准具有了外部适用效力，因而裁量基准也具备了信赖保护原则适用的根基，一概地认可裁量基准变更溯及适用的应允性则无助于法治原则的执守与裁量正义的兑现。

---

〔1〕 参见［德］弗里德里希·卡尔·冯·萨维尼：《法律冲突与法律规则的地域和时间范围》，李双元等译，法律出版社 1999 年版，第 202~212 页。

〔2〕 参见陈清秀："依法行政与法律的适用"，载翁岳生编：《行政法》（上册），中国法制出版社 2002 年版，第 217~218 页。

〔3〕 参见周佑勇："裁量基准的变更适用是否'溯及既往'"，载《政法论坛》2018 年第 3 期，第 142~144 页。

CONCLUSION

余　论

　　行文至此，本书完成了对行政裁量基准适用技术学理与体系的研究和建构，对于何为裁量基准适用技术、裁量基准适用的具体技术手段与方法是什么以及如何对其加以运用，也都有了一个较为清晰的结论。但是，本书认为，裁量基准适用技术并不止于上述所论及的说明裁量基准适用理由的技艺、衡平裁量基准适用中利益冲突的技巧、运用行政证据补强裁量基准适用的技能以及逸脱适用、收缩适用、选择适用裁量基准的相关技领及其运用规则、原理，其并不构成裁量基准适用技术的全部，裁量基准适用技术应当是一个面向理论与实践交互的开放体系，其既有赖于对现有技术手段的不断更新与完善，也有待于对新技术方法的接续探索与开拓。

　　于此之外，本书还存在着与研究主题相关联的未尽话题需要单独加以强调和叙明，这包括人工智能技术对裁量基准适用技术的影响问题、行政法律方法论研究体系与框架的构建问题。基于人工智能技术作为新兴事物被预设的功能指向和"当下对人工智能法律问题的研究停留在对策论上"[1]，当无可回避地把人工智能技术这一热点、前沿论题与行政裁量、裁量基准适用及适用技术的命题连结在一起作进一步思考时，被期待或被热衷于看到的结论或许更多的是人工智能技术对行政裁量、裁量基准适用及适用技术的冲击、颠覆甚或取代，然而本书在此所要强调并予以纠正的是人工智能技术的引入虽然会给传统意义上的行政裁量、裁量基准适用及适用技术带来影响，但是其影响并不是想当然地指人工智能技术一旦被应用于行政过程之中，行政裁量、裁量基准适用及适用技术就不再被需要、就不复存在了，

---

　　〔1〕　参见刘艳红："人工智能法学研究的反智化批判"，载《东方法学》2019年第5期，第123～125页。

而是指人工智能技术的介入会使行政裁量、裁量基准适用及适用技术产生相应的迭新与变革，特别是会拓展裁量基准适用技术的空间，使裁量基准适用技术更加趋于多元化。关于法律方法论，其既为本书裁量基准适用技术研究的展开提供了路径指引和方法引导，也构成了本书确立行政法律方法论研究体系与框架的基石。本书虽然起笔及行文引入并运用法律方法论的学理对裁量基准适用技术进行研究，裁量基准适用技术的建构是本书的主旨与核心任务，但是本书有意落笔于对行政法律方法论的探讨上，通过尝试对行政法律方法论理论体系框架的搭建，为行政法规范适用的技艺、技巧、技能、技领及其规则、原理等寻求方法论上的解决方案作出初步性的、前期性的探究。

一、人工智能技术之下行政裁量基准适用技术的存续与革新

《国务院办公厅关于全面推行行政执法公示制度执法全过程记录制度重大执法决定法制审核制度的指导意见》（国办发〔2018〕118 号）指出："……要积极推进人工智能技术在行政执法实践中的运用，研究开发行政执法裁量智能辅助信息系统，利用语音识别、文本分析等技术对行政执法信息数据资源进行分析挖掘，发挥人工智能在证据收集、案例分析、法律文件阅读与分析中的作用，聚焦争议焦点，向执法人员精准推送办案规范、法律法规规定、相似案例等信息，提出处理意见建议，生成执法决定文书，有效约束规范行政自由裁量权，确保执法尺度统一。"人工智能技术在行政执法实践与行政裁量领域的应用即涉及"裁量自动化"问题。

"裁量自动化"隶属于"行政自动化"，行政自动化是指对一些规格化的行政事务以机器代替人来处理，而无须以人工个别处理，而"自动化"的主要特质，是以机器运作过程不必人为操作的程度来衡量。[1] 由此，自动化行政依自动化程度与深度的不同，可区分为"半自动化行政"与"全自动化行政"。在半自动化行政中，"机器"或者说"自动化系统"仅是作成裁量决定的辅助工具，此际，"人工智能"并非"人类智能"，[2] 裁量决定

〔1〕 蔡志方："论行政自动化所衍生的法律问题"，载蔡志方：《行政救济与行政法学》（三）（修订1版），正典出版文化有限公司2004年版，第442页。

〔2〕 参见高航、俞学劢、王毛路：《区块链与人工智能：数字经济新时代》，电子工业出版社2018年版，第311页。

的作成仍需在相当大程度上依赖于"人工"的作用，如原南京市环境保护局的"环保行政处罚自由裁量辅助决策系统"[1]；而全自动化行政，无人工实时介入自动办理模式等，如深圳市的政务服务事项"秒批"服务[2]，往往会造成不需要裁量、不存在裁量的错觉，但实质上，在全自动化行政中，裁量因素、裁量基准以及裁量基准适用的程式、策略、规则等都业已被预设在自动化系统之中，全自动化行政行为依然是或推定是行政机关的意思表示，[3]而"机器"并不具有独立的法律人格，[4]"行政机关仍为行政程序之主宰，（机器）所为之表示或决定，皆为行政机关之行为，并非以'物'役'人'"[5]。因此，裁量自动化处于裁量决定作成的辅助层面，其"在行政程序中的应用必须符合行政活动的原则"[6]。由此，人工智能技术的运用并不会使裁量决定的作成不再需要行政裁量、裁量基准适用及适用技术，或使之不复存在，其之间并非对立存在、相互冲突的关系，但无可否认的是人工智能技术的导入会给行政裁量和裁量基准适用带来实质性影响，会使裁量基准适用技术发生相应变革。

　　具体而言，除批量行政行为[7]之外，裁量自动化行政行为并不意味着行政机关适用裁量基准阐明理由、权衡利益、固化证据以及对裁量基准逸脱、收缩或选择适用等义务的免除与降低，只是说明理由的形式与时间节点、利益衡量的方式与方法、证据的形态与证明的方式及标准和对逸脱、收缩、选择适用裁量基准的判断与估量等发生了改变而已，比如，说明理由以

---

　　[1] 参见"南京'环保行政处罚自由裁量辅助决策系统'正式运行"，载《领导决策信息》2010 年第 19 期，第 20~21 页。

　　[2] 参见《深圳市人民政府办公厅关于印发深圳市推广"秒批"模式工作方案的通知》（深府办〔2018〕22 号）。

　　[3] 参见查云飞："人工智能时代全自动具体行政行为研究"，载《比较法研究》2018 年第 5 期，第 172~174 页。

　　[4] 参见胡敏洁："自动化行政的法律控制"，载《行政法学研究》2019 年第 2 期，第 62~63 页。

　　[5] 参见陈敏：《行政法总论》（第 9 版），陈敏发行（新学林出版有限公司经销）2016 年版，第 699 页。

　　[6] 参见［德］汉斯·J. 沃尔夫、奥托·巴霍夫、罗尔夫·施托贝尔：《行政法》（第 1 卷），高家伟译，商务印书馆 2002 年版，第 43 页。

　　[7] 批量行政行为，即批量作出的自动化行政行为。批量行政行为在行政程序上可以享有一定的豁免，如无需行政机关负责人签名或可以复制其签名、特定情形下可以不说明理由、无需事先举行听证等。参见［德］哈特穆特·毛雷尔：《行政法学总论》，高家伟译，法律出版社 2000 年版，第 442~444 页。

短信、微信、电子邮件等形式实现并且后移为事后程序，[1] 利益的甄别、评价、重新配置及利益衡量因素的考量与机器"算法"相结合，新的证据形态、证明方式出现以及证明标准能否达到受"算法黑箱""算法歧视"的影响，裁量基准逸脱适用的控制因素、收缩适用的决定因素、选择适用的判别由各种"算法"进行评估、分析、调整等。可见，裁量自动化并不能导致裁量基准适用技术缺位甚至消失，其效用或者说其贡献在于可以使裁量基准适用技术实现革新，丰富裁量基准适用技术的内涵与外延。之所以如此，其深层次原因在于裁量自动化并不构成裁量理论整体范畴中的"元命题"，因为之于行政裁量的研究，裁量基准、裁量基准适用及适用技术等体系性研究是"根本"，诸如裁量自动化等问题性研究是"枝节"，裁量自动化问题的理论定位决定了其实践功用。

二、开启"法律方法论"之维的技术法治之路

裁量基准适用技术是"法律方法"具体运用的体现，其所重点研究的具有实践指向的裁量基准适用的技艺、技巧、技能、技领及其规则、原理等，溯源于"法律方法论"（"法律适用方法的学说"[2]）的理论体系。基于方法论的视域，行政法领域"法律方法论"的研究范畴大致包括一般的法律如何向具体的决定转化，如何针对个案寻找恰当的法律，如何准确地理解和表述法律，如何规范地分析法律问题等。其研究和应用所要达到的目标就是"探寻法律与事实之间的关系，追求判断的正当性或者可接受性"，"为达致理解，寻找法律的正确使用方法"，"发现法律或立法者的意图，探寻客观意义避免误解"。[3] 有鉴于此，行政法律方法论的研究与应用极为重要，其还体现出在中国特色社会主义法律体系形成之后，对于法治的促进，从依托于立法，从"立法中心主义"，转向于动态的法的实现过程，转向于依靠对法律技能运用有较高要求的精细化的执法与司法这一进路。从这个意义上讲，法治是一门实践的技艺。

---

〔1〕 参见马颜昕："自动化行政方式下的行政处罚：挑战与回应"，载《政治与法律》2020 年第 4 期，第 143 页。

〔2〕 参见［奥］恩斯特·A. 克莱默：《法律方法论》，周万里译，法律出版社 2019 年版，第 18~21 页。

〔3〕 参见陈金钊："法律方法的概念及其意义"，载《求是学刊》2008 年第 5 期，第 78~80 页。

但是，到目前为止，国内学界对法律方法论体系还没有形成系统深入的研究，对作为部门法的行政法的法律方法论的研究则更少，可见的成果限于行政法解释的探究，限于围绕行政案例、行政判例所展开的学理分析，限于有关行政法教义学、法律发现、价值衡量的研究等，[1] 还尚未形成一整套关于行政法规范适用方法的理论体系。作为本书分析例证的方林富案所显现出的裁量基准适用技术上的"短板"，具有典型性和代表性，折射出我国学界和实务界对行政法律方法论关注及应用的滞迟。这已成为掣肘行政法治的沉疴。为此，探索建构行政法的法律方法论，为行政法规范的适用方法提供系统性的理论支撑与体系化的技术供给尤为必要，其应成为我国行政法学研究的使命[2]与行政法学发展的时代课题。

然而，方法论的问题历来属于法学研究中较为艰深的课题，行政法律方法论的建构需循序渐进。可行性的切入点与解决方案在于首先需搭建起行政法律方法论的"研究体系与框架"，以此为进一步系统性的理论研究提供有益的视角和方向。

（一）确立行政法律方法论研究体系与框架的前提

行政法规范应用过程中的法律发现、法律解释、法律论证、利益衡量（价值衡量）、漏洞补充、法律分析以及法律推理等法律方法[3]都属于"行政法律方法"的研究对象，这是一种对行政执法实践和执法技能的研究。行政法律方法的研究对象及其研究目标、问题意识等都是围绕着"行政法规范如何被运用"展开的。而"行政法律方法论"较之更进一阶、更为宏观，是对行政法规范如何被运用的规则、原则、规律、原理等的概括式研究。"从学科本身的特质来看，法律方法的研究是实践性的，关注的是法律如何通过方法运用到实践中去。当这种关注实践的理论达到一定深度以后，我们

---

〔1〕 参见黄竹胜：《行政法解释的理论建构》，山东人民出版社 2007 年版；张弘、张刚：《行政解释论：作为行政法之适用方法意义探究》，中国法制出版社 2007 年版；高秦伟：《行政法规范解释论》，中国人民大学出版社 2008 年版；王旭：《行政法解释学研究：基本原理、实践技术与中国问题》，中国法制出版社 2010 年版；伍劲松：《行政解释研究》，人民出版社 2010 年版；李洪雷：《行政法释义学：行政法学理的更新》，中国人民大学出版社 2014 年版等。

〔2〕 参见［日］铃木义男等：《行政法学方法论之变迁》，陈汝德等译，中国政法大学出版社 2004 年版，第 65 页。

〔3〕 参见陈金钊等：《法律方法论研究》，山东人民出版社 2010 年版，第 162～191 页。

还要关心其自身理论的完善，这就是要把法律方法提升为法律方法论。"〔1〕具体到方林富案，西湖区市场监督管理局在执法过程中虽运用了诸如法律发现、法律解释、法律推理等法律方法，但问题的关键在于，其并没有掌握这些法律方法运用的规则、原理，因而其执法效果就不难揣测了。因此，搭建行政法律方法论的研究体系与框架，其前提是：在区分"行政法律方法"与"行政法律方法论"不同范畴的基础上，将行政法律方法运用的规则、原理等设定为行政法律方法论研究的对象。

（二）确立行政法律方法论研究体系与框架的主线

方林富案裁量基准适用技术上的症结，究其根本，可归结于法律思维的缺乏上。法律思维是"根据法律的思考"，法律对思维的过程进行约束并对思维的结论进行限定。法律的显著特征虽然是对行为的规范，但是对行为规范的前提是思维必须接受法律的约束，故法律思维是一切法律活动的核心，而以法律方法运用的规则、原理等为研究内容的法律方法论则必然是在法律思维统辖下的方法论。法律思维在内容上由法律思维结构、法律思维方法、法律思维程序所构成。以法律信仰为中心的法律观念是法律思维的深层要素，其主要起到引导调节法律思维方向的作用；法律概念、原理等知识系统是法律思维得以生成的基础性要素，也是理解法律的前见性因素；法律思维方法是法律思维活动的工具性要素，是达到法律思维活动目的不可缺少的手段与措施。〔2〕行政法律方法论的理论研究环绕法律思维这一核心，直指法律职业者行政法上法律思维观念的养成、法律思维水平的提升、法律思维方法的应用并渗透于具体行政执法的实践。因此，搭建行政法律方法论的研究体系与框架，其主线是：将行政法的法律思维确定为行政法律方法论研究的核心。

（三）确立行政法律方法论研究体系与框架的范围

法律方法运用的过程是理解、解释、应用法律的过程。在逻辑轨迹上，以法律发现为基础，首先是"涵摄"，针对案件事实找出具体明确的法律依据之后运用法律推理得出相关判断结果；当出现模糊、冲突的法律之后，如针对不确定法律概念等，运用法律解释的方法，明晰法律依据的适用；当出

---

〔1〕 陈金钊主编：《法律方法论》，北京大学出版社 2013 年版，第 39 页。

〔2〕 参见陈金钊："法律思维及其对法治的意义"，载《法商研究》2003 年第 6 期，第 65~68 页。

现多种法律解释时，运用法律修辞、法律论证、法律分析、法律推理、法律逻辑等方法作出可接受性的判断；当出现法律漏洞或空白时，运用利益衡量（价值衡量）、法律思维规则，根据公序良俗、法学原理等进行漏洞补充。[1] 基于此，行政法律方法论研究的主要内容包括：行政法中理解意义上的法律解释方法（简称"法律解释"），主要是缓解法律文义与复杂的社会关系之间的紧张关系，在行政执法中应用和完善法律；运用法律的修辞方法（简称"法律修辞"），主要是强化法律运用中的说理成分，增强行政决定的可接受性；确定意义的法律推理方法（简称"法律推理"），主要是捍卫法律意义的客观性和实施法律的正义成分。[2] 因此，搭建行政法律方法论的研究体系与框架，其范围是：将上述原素列定为行政法律方法论研究的内容。

回顾本书观点的展开与阐明，本书在研究进路上以法律方法论的学理为指导构建裁量基准适用技术及其相应理论，继而又以裁量基准适用技术及其理论的研究成果为借鉴建构行政法律方法论的研究体系与框架，旨在以有限之水平与褊狭之思智为行政法律方法论的研究抛出引玉之砖，以期有所裨益。总之，对行政裁量基准适用等法规范适用技术的探索是一种未尽的追求，其最终应回归于法律方法论的怀抱，并以法律方法论为逻辑起点和归宿。法治不仅是宏大的叙事与抽象的理念，更是细腻的技艺与具象的方法，未来我们应在"法律方法论"的维度之下走出一条技术法治之路。

---

〔1〕　陈金钊："决策行为'于法有据'的法之塑造"，载《东南大学学报（哲学社会科学版）》2015 年第 2 期，第 89 页。

〔2〕　从功能的角度看，法律解释实际上主要是关于法律知识、原理、规范的处理技能，其需要提升的是对复杂实务与概念的理解能力，掌握法律发现、法律适用、法律批评的能力以及对法律规则的处理技术等。法律修辞主要是法律作为语言系统的运用能力，在于进行有说服力的论证，包括对现有论点的识别能力、论证构造的方法和论点的比较等技能。法律推理是法律方法的基础，要保证法律思维中正确地运用逻辑规则，从而得出符合思维规律和公平正义的观点。这三种方法的综合运用构成了较为完整的法律方法。而关于法律解释、法律修辞和法律逻辑的研究就是法律方法论。参见陈金钊主编：《法律方法论》，北京大学出版社 2013 年版，第 42 页；陈金钊："法律方法论课程开发研究"，载陈金钊、谢晖主编：《法律方法》（第 14 卷），山东人民出版社 2013 年版，第 57~61 页。

REFERENCE

参考文献

一、中文类参考文献

（一）著作类

1. ［美］肯尼斯·卡尔普·戴维斯：《裁量正义》，毕洪海译，商务印书馆 2009 年版。

2. ［日］盐野宏：《行政法》，杨建顺译，法律出版社 1999 年版。

3. ［美］罗斯科·庞德：《通过法律的社会控制》，沈宗灵译，商务印书馆 2010 年版。

4. ［美］哈罗德·J. 伯尔曼：《法律与革命——西方法律传统的形成》，贺卫方、高鸿钧、张志铭、夏勇译，中国大百科全书出版社 1993 年版。

5. ［奥］恩斯特·A. 克莱默：《法律方法论》，周万里译，法律出版社 2019 年版。

6. ［美］本杰明·N. 卡多佐：《法律的成长》，李红勃、李璐怡译，北京大学出版社 2014 年版。

7. ［德］卡尔·恩吉施：《法律思维导论》（修订版），郑永流译，法律出版社 2014 年版。

8. 王贵松：《行政裁量的构造与审查》，中国人民大学出版社 2016 年版。

9. ［德］卡尔·拉伦茨：《法学方法论》，陈爱娥译，商务印书馆 2003 年版。

10. 杨仁寿：《法学方法论》（第 2 版），中国政法大学出版社 2013 年版。

11. ［德］罗伯特·阿列克西：《法律论证理论——作为法律证立理论的理性论辩理论》，舒国滢译，中国法制出版社 2002 年版。

12. ［加］道格拉斯·沃尔顿：《法律论证与证据》，梁庆寅、熊明辉等译，中国政法大学出版社 2010 年版。

13. ［德］罗伯特·阿列克西：《法 理性 商谈：法哲学研究》，朱光、雷磊译，中国法制出版社 2011 年版。

14. 朱政：《法律适用的理论重构与中国实践》，中国社会科学出版社 2015 年版。

15. 沈宗灵：《现代西方法理学》，北京大学出版社 1992 年版。

16. 陈金钊主编：《法律方法论》，北京大学出版社 2013 年版。

17. 陈金钊等：《法律方法论研究》，山东人民出版社 2010 年版。

18. 胡玉鸿：《法学方法论导论》，山东人民出版社 2002 年版。

19. 吴庚：《政法理论与法学方法》，中国人民大学出版社 2007 年版。

20. ［德］埃贝哈德·施密特-阿斯曼等：《德国行政法读本》，于安等译，高等教育出版社 2006 年版。

21. 陈敏：《行政法总论》（第 9 版），陈敏发行（新学林出版有限公司经销）2016 年版。

22. 林锡尧：《行政法要义》（第 3 版），元照出版有限公司 2006 年版。

23. 李惠宗：《行政法要义》（第 7 版），元照出版有限公司 2016 年版。

24. ［德］哈特穆特·毛雷尔：《行政法学总论》，高家伟译，法律出版社 2000 年版。

25. ［德］平特纳：《德国普通行政法》，朱林译，中国政法大学出版社 1999 年版。

26. ［德］齐佩利乌斯：《法学方法论》，金振豹译，法律出版社 2009 年版。

27. 林明锵：《行政法讲义》（第 4 版），新学林出版股份有限公司 2018 年版。

28. ［德］汉斯·J. 沃尔夫、奥托·巴霍夫、罗尔夫·施托贝尔：《行政法》（第 1 卷），高家伟译，商务印书馆 2002 年版。

29. ［德］汉斯·J. 沃尔夫、奥托·巴霍夫、罗尔夫·施托贝尔：《行政法》（第 2 卷），高家伟译，商务印书馆 2002 年版。

30. 王名扬：《法国行政法》，中国政法大学出版社 1988 年版。

31. 杨建顺：《行政规制与权利保障》，中国人民大学出版社 2007 年版。

32. ［日］田村悦一：《自由裁量及其界限》，李哲范译，中国政法大学出版社 2016 年版。

33. 杨建顺：《日本行政法通论》，中国法制出版社 1998 年版。

34. ［日］藤田宙靖：《日本行政法入门》，杨桐译，中国法制出版社 2012 年版。

35. 江利红：《日本行政法学基础理论》，知识产权出版社 2008 年版。

36. ［日］室井力、芝池义一、浜川清主编：《日本行政程序法逐条注释》，朱芒译，上海三联书店 2014 年版。

37. 余凌云：《行政法讲义》（第 3 版），清华大学出版社 2019 年版。

38. 杨伟东：《行政行为司法审查强度研究——行政审判权纵向范围分析》，中国人民大学出版社 2003 年版。

39. ［英］H. L. A. 哈特：《法理学与哲学论文集》，支振锋译，法律出版社 2005 年版。

40. ［英］威廉·韦德、克里斯托弗·福赛：《行政法》（第 10 版），骆梅英等译，中国人民大学出版社 2018 年版。

41. ［英］A. W. 布拉德利、K. D. 尤因：《宪法与行政法》（第 14 版，下册），刘刚等译，商务印书馆 2008 年版。

42. ［英］特伦斯·丹提斯、阿兰·佩兹：《宪制中的行政机关——结构、自治与内部控制》，刘刚、江菁、轲翀译，高等教育出版社 2006 年版。

43. ［英］卡罗尔·哈洛、理查德·罗林斯:《法律与行政》（上卷），杨伟东、李凌波、石红心、晏坤译，商务印书馆 2004 年版。

44. ［英］卡罗尔·哈洛、理查德·罗林斯:《法律与行政》（下卷），杨伟东、李凌波、石红心、晏坤译，商务印书馆 2004 年版。

45. ［美］汉密尔顿、杰伊、麦迪逊:《联邦党人文集》，程逢如、在汉、舒逊译，商务印书馆 1980 年版。

46. ［美］伯纳德·施瓦茨:《行政法》，徐炳译，群众出版社 1986 年版。

47. ［美］罗纳德·德沃金:《认真对待权利》，信春鹰、吴玉章译，上海三联书店 2008 年版。

48. 张文显:《二十世纪西方法哲学思潮研究》，法律出版社 1996 年版。

49. 林立:《法学方法论与德沃金》，中国政法大学出版社 2002 年版。

50. ［美］理查德·J. 皮尔斯:《行政法》（第 5 版，第 1 卷），苏苗罕译，中国人民大学出版社 2016 年版。

51. ［美］理查德·J. 皮尔斯:《行政法》（第 5 版，第 3 卷），苏苗罕译，中国人民大学出版社 2016 年版。

52. 陈新民:《公法学札记》，中国政法大学出版社 2001 年版。

53. 白鹏飞编著:《行政法总论》，商务印书馆 1927 年版。

54. ［英］戴雪:《英宪精义》，雷宾南译，中国法制出版社 2001 年版。

55. 王珉灿、张尚鷟编:《行政法概要》，法律出版社 1983 年版。

56. 章剑生:《现代行政法总论》（第 2 版），法律出版社 2019 年版。

57. ［德］奥托·迈耶:《德国行政法》，刘飞译，商务印书馆 2013 年版。

58. 周佑勇:《行政裁量治理研究:一种功能主义的立场》，法律出版社 2008 年版。

59. 余凌云:《行政自由裁量论》（第 3 版），中国人民公安大学出版社 2013 年版。

60. 章志远主编:《行政法学基本范畴研究——基于经典案例的视角》，北京大学出版社 2018 年版。

61. 周佑勇:《行政裁量基准研究》，中国人民大学出版社 2015 年版。

62. ［法］让·里韦罗、让·瓦利纳:《法国行政法》，鲁仁译，商务印书馆 2008 年版。

63. ［日］市桥克哉、榊原秀训、本多泷夫、平田和一:《日本现行行政法》，田林、钱蓓蓓、李龙贤译，法律出版社 2017 年版。

64. ［日］平冈久:《行政立法与行政基准》，宇芳译，中国政法大学出版社 2014 年版。

65. ［德］亚图·考夫曼:《类推与"事物本质"——兼论类型理论》，吴从周译，新学林出版股份有限公司 1999 年版。

66. 黄茂荣:《法学方法与现代民法》（第 5 版），法律出版社 2007 年版。

67. ［美］德沃金:《法律帝国》，李常青译，中国大百科全书出版社 1996 年版。

68. 吴庚：《行政法之理论与实用》（增订 8 版），中国人民大学出版社 2005 年版。

69. ［英］哈耶克：《通往奴役之路》（修订版），王明毅等译，中国社会科学出版社 1997 年版。

70. ［英］哈耶克：《自由秩序原理》（上册），邓正来译，生活·读书·新知三联书店 1997 年版。

71. ［英］W. Ivor·詹宁斯：《法与宪法》，龚祥瑞、侯健译，生活·读书·新知三联书店 1997 年版。

72. 王名扬：《英国行政法》，中国政法大学出版社 1987 年版。

73. ［美］理查德·B. 斯图尔特：《美国行政法的重构》，沈岿译，商务印书馆 2011 年版。

74. 王名扬：《美国行政法》，中国法制出版社 1995 年版。

75. ［美］朱迪·弗里曼：《合作治理与新行政法》，毕洪海、陈标冲译，商务印书馆 2010 年版。

76. 叶必丰、周佑勇：《行政规范研究》，法律出版社 2002 年版。

77. 李震山：《行政法导论》（修订 11 版），三民书局股份有限公司 2019 年版。

78. 赖恒盈：《行政法律关系论之研究——行政法学方法论评析》，元照出版有限公司 2003 年版。

79. 刘宗德：《行政法基本原理》，学林文化事业有限公司 1998 年版。

80. 陈春生：《行政法之学理与体系》（二），元照出版有限公司 2007 年版。

81. 湛中乐：《现代行政过程论——法治理念、原则与制度》，北京大学出版社 2005 年版。

82. 黄异：《行政法总论》（修订 7 版），三民书局股份有限公司 2013 年版。

83. ［英］L. 赖维乐·布朗、［英］约翰·S. 贝尔：《法国行政法》（第 5 版），高秦伟、王锴译，中国人民大学出版社 2006 年版。

84. ［美］恩斯特·盖尔霍恩、罗纳德·M. 莱文：《行政法》（第 4 版，影印本），法律出版社 2001 年版。

85. ［德］韦伯：《支配社会学》，康乐、简惠美译，广西师范大学出版社 2004 年版。

86. 陈春生：《行政法之学理与体系（一）：行政行为形式论》，三民书局股份有限公司 1996 年版。

87. 叶必丰：《行政行为原理》，商务印书馆 2014 年版。

88. 黄俊杰：《行政法》，三民书局股份有限公司 2005 年版。

89. ［法］古斯塔夫·佩泽尔：《法国行政法》，廖坤明、周洁译，国家行政学院出版社 2002 年版。

90. ［日］南博方：《行政法》（第 6 版），杨建顺译，中国人民大学出版社 2009 年版。

91. 江利红：《日本行政诉讼法》，知识产权出版社 2008 年版。

92. 李建良:《行政法基本十讲》(第 8 版),元照出版有限公司 2018 年版。

93. [英] 彼得·莱兰、戈登·安东尼:《英国行政法教科书》(第 5 版),杨伟东译,北京大学出版社 2007 年版。

94. [英] 马丁·洛克林:《公法与政治理论》,郑戈译,商务印书馆 2002 年版。

95. 胡建淼主编:《行政行为基本范畴研究》,浙江大学出版社 2005 年版。

96. [美] 彼得·H. 舒克编著:《行政法基础》,王诚等译,法律出版社 2009 年版。

97. 何海波:《行政诉讼法》(第 2 版),法律出版社 2016 年版。

98. 张千帆、赵娟、黄建军:《比较行政法:体系、制度与过程》,法律出版社 2008 年版。

99. 何海波:《实质法治:寻求行政判决的合法性》,法律出版社 2009 年版。

100. 解志勇:《论行政诉讼审查标准——兼论行政诉讼审查前提问题》(修订版),中国人民公安大学出版社 2009 年版。

101. 信春鹰主编:《中华人民共和国行政诉讼法释义》,法律出版社 2014 年版。

102. [印] M·P. 赛夫:《德国行政法——普通法的分析》,周伟译,山东人民出版社 2006 年版。

103. [德] 格奥格·耶利内克:《主观公法权利体系》,曾韬、赵天书译,中国政法大学出版社 2012 年版。

104. [日] 原田尚彦:《诉的利益》,石龙潭译,中国政法大学出版社 2014 年版。

105. [德] 弗里德赫尔穆·胡芬:《行政诉讼法》(第 5 版),莫光华译,法律出版社 2003 年版。

106. 胡建淼主编:《法律适用学》,浙江大学出版社 2010 年版。

107. 伍劲松:《行政解释研究》,人民出版社 2010 年版。

108. 应松年主编:《外国行政程序法汇编》,中国法制出版社 2004 年版。

109. [美] 迈克尔·D. 贝勒斯:《程序正义——向个人的分配》,邓海平译,高等教育出版社 2005 年版。

110. [美] 斯科特·夏皮罗:《合法性》,郑玉双、刘叶深译,中国法制出版社 2016 年版。

111. 姜明安等:《行政程序法典化研究》,法律出版社 2016 年版。

112. 蔡茂寅等:《行政程序法实用》(修订 4 版),新学林出版股份有限公司 2013 年版。

113. 苏宇:《走向"理由之治":行政说明理由制度之透视》,中国法制出版社 2019 年版。

114. [德] 考夫曼:《法律哲学》,刘幸义等译,法律出版社 2004 年版。

115. [德] 伯恩·魏德士:《法理学》,丁晓春、吴越译,法律出版社 2013 年版。

116. [英] 麦考密克、[奥] 魏因贝格尔:《制度法论》,周叶谦译,中国政法大学出版社 1994 年版。

117. 王学辉主编：《行政法与行政诉讼法学》（第 2 版），法律出版社 2015 年版。

118. ［德］G. 拉德布鲁赫：《法哲学》，王朴译，法律出版社 2005 年版。

119. 洪兴文：《行政自由裁量权的伦理规治研究》，湖南人民出版社 2015 年版。

120. ［德］哈贝马斯：《在事实与规范之间：关于法律和民主法治国的商谈理论》（修订译本），童世骏译，生活·读书·新知三联书店 2014 年版。

121. 陈金钊、熊明辉主编：《法律逻辑学》，中国人民大学出版社 2012 年版。

122. 郑春燕：《现代行政中的裁量及其规制》，法律出版社 2015 年版。

123. ［德］菲利普·黑克：《利益法学》，傅广宇译，商务印书馆 2016 年版。

124. 陈清秀：《法理学》（第 2 版），元照出版有限公司 2018 年版。

125. ［德］卡尔·拉伦茨：《德国民法通论》（上册），王晓晔等译，法律出版社 2003 年版。

126. 罗传贤：《行政程序法基础理论》，五南图书出版有限公司 1993 年版。

127. 周佑勇：《行政法基本原则研究》，武汉大学出版社 2005 年版。

128. ［美］博西格诺等：《法律之门》，邓子滨译，华夏出版社 2002 年版。

129. 沈岿：《平衡论：一种行政法认知模式》，北京大学出版社 1999 年版。

130. 梁上上：《利益衡量论》（第 2 版），法律出版社 2016 年版。

131. 马涛：《理性崇拜与缺憾——经济认识论批判》，上海社会科学院出版社 2000 年版。

132. ［美］赫伯特·西蒙：《管理行为——管理组织决策过程的研究》，杨砾、韩春立、徐立译，北京经济学院出版社 1988 年版。

133. 陈金钊主编：《法律方法论》，中国政法大学出版社 2007 年版。

134. ［美］罗斯科·庞德：《法理学》（第 3 卷），廖德宇译，法律出版社 2007 年版。

135. 季卫东：《法治秩序的建构》，中国政法大学出版社 1999 年版。

136. 陈林林：《裁判的进路与方法——司法论证理论导论》，中国政法大学出版社 2007 年版。

137. 吴从周：《概念法学、利益法学与价值法学：探索一部民法方法论的演变史》，中国法制出版社 2011 年版。

138. 梁慧星：《裁判的方法》，法律出版社 2003 年版。

139. ［美］本杰明·卡多佐：《司法过程的性质》，苏力译，商务印书馆 1997 年版。

140. ［美］斯蒂文·J. 伯顿主编：《法律的道路及其影响——小奥利弗·温德尔·霍姆斯的遗产》，张芝梅、陈绪刚译，北京大学出版社 2005 年版。

141. ［美］迈克尔·D. 贝勒斯：《法律的原则——一个规范的分析》，张文显等译，中国大百科全书出版社 1996 年版。

142. ［德］罗伯特·阿列克西：《法：作为理性的制度化》，雷磊编译，中国法制出版社 2012 年版。

143. 陈新民：《德国公法学基础理论》（下册），山东人民出版社 2001 年版。

144. 林锡尧：《行政罚法》（第 2 版），元照出版有限公司 2012 年版。

145. 陈清秀：《行政罚法》，法律出版社 2016 年版。

146. ［美］E. 博登海默：《法理学：法律哲学与法律方法》，邓正来译，中国政法大学出版社 1999 年版。

147. ［美］H. 乔治·弗雷德里克森：《公共行政的精神》（中文修订版），张成福等译，中国人民大学出版社 2013 年版。

148. 杨海坤、章志远：《中国行政法基本理论研究》，北京大学出版社 2004 年版。

149. 郑雅方：《行政裁量基准研究》，中国政法大学出版社 2013 年版。

150. 陈金钊：《法律解释学——权利（权力）的张扬与方法的制约》，中国人民大学出版社 2011 年版。

151. ［英］维克托·迈尔–舍恩伯格、肯尼思·库克耶：《大数据时代：生活、工作与思维的大变革》，盛杨燕、周涛译，浙江人民出版社 2013 年版。

152. 孙百昌：《互联网+大数据在执法办案中的应用》（第 2 版），中国工商出版社 2017 年版。

153. ［法］勒内·达维：《英国法与法国法：一种实质性比较》，潘华仿、高鸿钧、贺卫方译，清华大学出版社 2002 年版。

154. ［德］尤尔根·哈贝马斯：《交往行为理论》（第 1 卷·行为合理性与社会合理化），曹卫东译，上海人民出版社 2018 年版。

155. 季卫东：《法律程序的意义——对中国法制建设的另一种思考》，中国法制出版社 2004 年版。

156. ［美］迈克尔·麦金尼斯主编：《多中心体制与地方公共经济》，毛寿龙译，上海三联书店 2000 年版。

157. 刘福元：《行政参与的度量衡——开放式行政的规则治理》，法律出版社 2012 年版。

158. ［澳］皮特·凯恩：《法律与道德中的责任》，罗李华译，商务印书馆 2008 年版。

159. 郑美华、谢瑞智编著：《法律百科全书. Ⅲ，行政法》，谢瑞智发行（三民书局股份有限公司经销）2008 年版。

160. 李惠宗：《行政罚法之理论与案例》，自刊（元照出版有限公司总经销）2005 年版。

161. 高家伟：《行政诉讼证据的理论与实践》，工商出版社 1998 年版。

162. ［德］普维庭：《现代证明责任问题》，吴越译，法律出版社 2006 年版。

163. 马怀德主编：《行政诉讼原理》（第 2 版），法律出版社 2009 年版。

164. 吴东都：《行政诉讼与行政执行之课题》，学林文化事业有限公司 2003 年版。

165. ［德］莱奥·罗森贝克：《证明责任论》（第 5 版），庄敬华译，中国法制出版社 2018 年版。

166. 杨临宏：《行政诉讼法：原理与制度》，云南大学出版社 2011 年版。

167. 陈光中主编：《证据法学》（第 3 版），法律出版社 2015 年版。

168. 徐继敏：《行政程序证据规则研究》，中国政法大学出版社 2010 年版。

169. 姬亚平：《行政证据制度建构研究》，中国政法大学出版社 2015 年版。

170. 甘文：《行政诉讼证据司法解释之评论——理由、观点与问题》，中国法制出版社 2003 年版。

171. 陈峰、张杰：《法治理念下的行政程序证据制度研究》，经济管理出版社 2017 年版。

172. 卞建林译：《美国联邦刑事诉讼规则和证据规则》，中国政法大学出版社 1996 年版。

173. 蔡小雪：《行政诉讼证据规则及运用》，人民法院出版社 2006 年版。

174. 吴东都：《行政诉讼之举证责任——以德国法为中心》，学林文化事业有限公司 2001 年版。

175. 熊樟林：《行政裁量基准运作原理重述》，北京大学出版社 2020 年版。

176. 郎胜主编：《中华人民共和国广告法释义》，法律出版社 2015 年版。

177. ［意］托马斯·阿奎那：《阿奎那政治著作选》，马清槐译，商务印书馆 1963 年版。

178. ［德］阿图尔·考夫曼、温弗里德·哈斯默尔主编：《当代法哲学和法律理论导论》，郑永流译，法律出版社 2002 年版。

179. ［美］富勒：《法律的道德性》，郑戈译，商务印书馆 2005 年版。

180. 吴志光：《行政法》（第 8 版），新学林出版股份有限公司，2017 年版。

181. ［德］康德：《纯粹理性批判》，邓晓芒译，人民出版社 2004 年版。

182. ［日］中西又三：《日本行政法》，江利红译，北京大学出版社 2020 年版。

183. 冷罗生：《日本公害诉讼理论与案例评析》，商务印书馆 2005 年版。

184. 孔祥俊：《法律解释与适用方法》，中国法制出版社 2017 年版。

185. ［德］弗里德里希·卡尔·冯·萨维尼：《法律冲突与法律规则的地域和时间范围》，李双元等译，法律出版社 1999 年版。

186. 高航、俞学劢、王毛路：《区块链与人工智能：数字经济新时代》，电子工业出版社 2018 年版。

187. 黄竹胜：《行政法解释的理论建构》，山东人民出版社 2007 年版。

188. 张弘、张刚：《行政解释论：作为行政法之适用方法意义探究》，中国法制出版社 2007 年版。

189. 高秦伟：《行政法规范解释论》，中国人民大学出版社 2008 年版。

190. 王旭：《行政法解释学研究：基本原理、实践技术与中国问题》，中国法制出版社 2010 年版。

191. 伍劲松：《行政解释研究》，人民出版社 2010 年版。

192. 李洪雷：《行政法释义学：行政法学理的更新》，中国人民大学出版社 2014 年版。

193. ［日］铃木义男等：《行政法学方法论之变迁》，陈汝德等译，中国政法大学出版社 2004 年版。

（二）论文类

194. 郑琦：“行政裁量基准适用技术的规范研究——以方林富炒货店 '最' 字广告用语行政处罚案为例”，载《政治与法律》2019 年第 3 期。

195. 黄竹胜：“法律方法与法学的实践回应能力”，载《法学论坛》2003 年第 1 期。

196. 章志远：“行政裁量基准的理论悖论及其消解”，载《法制与社会发展》2011 年第 2 期。

197. 周佑勇：“建立健全行政裁量权基准制度论纲——以制定《行政裁量权基准制定程序暂行条例》为中心”，载《法学论坛》2015 年第 6 期。

198. 宋国磊：“行政裁量权的授予与阻却——以行政裁量基准制度法制化为视角”，中国政法大学 2009 年硕士学位论文。

199. 周佑勇、周乐军：“论裁量基准效力的相对性及其选择适用”，载《行政法学研究》2018 年第 2 期。

200. 周佑勇：“裁量基准的变更适用是否 '溯及既往'”，载《政法论坛》2018 年第 3 期。

201. 黄学贤：“行政裁量基准：理论、实践与出路”，载《甘肃行政学院学报》2009 年第 6 期。

202. 马怀德、张雨田：“行政法学：面向新的实践需求不断自我更新（2019 年法学理论研究盘点——行政法与行政诉讼法学篇）”，载《检察日报》2020 年 1 月 4 日。

203. 谢晖：“论规范分析方法”，载《中国法学》2009 年第 2 期。

204. 骆梅英：“行政法学的新脸谱——写在读叶俊荣《行政法案例分析与研究方法》之后”，载罗豪才主编：《行政法论丛》（第 9 卷），法律出版社 2006 年版。

205. 陈金钊：“法律思维及其对法治的意义”，载《法商研究》2003 年第 6 期。

206. 胡玉鸿：“法律技术的内涵及其范围”，载《现代法学》2006 年第 5 期。

207. 熊樟林：“非行政处罚类裁量基准制度的反思与重建”，载《法学评论》2019 年第 6 期。

208. 翁岳生：“不确定法律概念、判断余地与独占事业之认定”，载翁岳生：《法治国家之行政法与司法》（第 2 版），元照出版有限公司 2009 年版。

209. 翁岳生：“论 '不确定法律概念' 与行政裁量之关系”，载翁岳生：《行政法与现代法治国家》，三民书局股份有限公司 2015 年版。

210. 郑琦：“论不确定法律概念与行政裁量”，西南政法大学 2005 年硕士学位论文。

211. 陈咏熙：“法国法上的行政裁量及其司法控制”，载朱新力主编：《法治社会与行政裁量的基本准则研究》，法律出版社 2007 年版。

212. 张荣红："行政裁量基准在日本之展开——以裁量基准的法律性质及其控制为视角"，载牟宪魁主编：《日本法研究》（第1卷），中国政法大学出版社2015年版。

213. 杨建顺："行政裁量的运作及其监督"，载《法学研究》2004年第1期。

214. 王贵松："行政裁量基准的设定与适用"，载《华东政法大学学报》2016年第3期。

215. 王贵松译："日本行政程序法"，载《公法研究》2016年第2期。

216. ［日］恒川隆生："审查基准、程序性义务与成文法化——有关裁量自我拘束的一则参考资料"，朱芒译，载《公法研究》2005年第1期。

217. 朱芒："日本《行政程序法》中的裁量基准制度——作为程序正当性保障装置的内在构成"，载《华东政法学院学报》2006年第1期。

218. 陈慈阳："行政裁量及不确定法律概念——以两者概念内容之差异与区分必要性问题为研究对象"，载《行政法争议问题研究》（上），五南图书出版有限公司2000年版。

219. 周佑勇、邓小兵："行政裁量概念的比较观察"，载《环球法律评论》2006年第4期。

220. 余凌云："对行政自由裁量概念的再思考"，载《法制与社会发展》2002年第4期。

221. 姜明安："论行政自由裁量权及其法律控制"，载《法学研究》1993年第1期。

222. 郑春燕："取决于行政任务的不确定法律概念定性——再问行政裁量概念的界定"，载《浙江大学学报（人文社会科学版）》2007年第3期。

223. 王贵松："行政裁量的内在构造"，载《法学家》2009年第2期。

224. 朱新力："行政法律规范中的不确定法律概念及其司法审查"，载《杭州大学学报（哲学社会科学版）》1994年第1期。

225. 王贵松："行政裁量：羁束与自由的迷思"，载《行政法学研究》2008年第4期。

226. 关保英："行政自由裁量基准质疑"，载《法律科学（西北政法大学学报）》2013年第3期。

227. 王天华："裁量标准基本理论问题刍议"，载《浙江学刊》2006年第6期。

228. 余凌云："游走在规范与僵化之间——对金华行政裁量基准实践的思考"，载《清华法学》2008年第3期。

229. 刘杨："正当性与合法性概念辨析"，载《法制与社会发展》2008年第3期。

230. 蔡震荣："论事实认定与裁量基准之适用"，载蔡震荣：《行政制裁之理论与实务》（第2版），蔡震荣出版（元照出版有限公司总经销）2017年版。

231. 余凌云："现代行政法上的指南、手册和裁量基准"，载《中国法学》2012年第4期。

232. 高秦伟："美国行政法上的非立法性规则及其启示"，载《法商研究》2011年第2期。

233. 朱新力、罗利丹："裁量基准本土化的认识与策略——以行政处罚裁量基准为例"，载《法学论坛》2015 年第 6 期。

234. 关保英："论行政法中技术标准的运用"，载《中国法学》2017 年第 5 期。

235. "南京'环保行政处罚自由裁量辅助决策系统'正式运行"，载《领导决策信息》2010 年第 19 期。

236. 王天华："裁量基准与个别情况考虑义务——周文明诉文山交警不按'红头文件'处罚案评析"，载《交大法学》2011 年第 1 期。

237. 王天华："司法实践中的行政裁量基准"，载《中外法学》2018 年第 4 期。

238. 黄源浩："法国战前行政裁量理论：以行政任务与司法审查之范围为中心"，载《台大法学论丛》2007 年第 4 期。

239. 崔卓兰、刘福元："析行政自由裁量权的过度规则化"，载《行政法学研究》2008 年第 2 期。

240. 吴从周："论法学上之'类型'思维"，载杨日然教授纪念论文集编辑委员会：《法理学论丛——纪念杨日然教授学术论文集》，月旦出版社股份有限公司 1997 年版。

241. 李全生："布迪厄场域理论简析"，载《烟台大学学报（哲学社会科学版）》2002 年第 2 期。

242. 周佑勇："裁量基准的正当性问题研究"，载《中国法学》2007 年第 6 期。

243. 许宗力："职权命令是否还有明天？——论职权命令的合宪性及其适用范围"，载《行政法争议问题研究》（上），五南图书出版有限公司 2000 年版。

244. 许宗力："论法律保留原则"，载《法与国家权力》（一），元照出版有限公司 2006 年版。

245. 张莉："法国法上的行政裁量基准问题研究——以 1970 年的'法国地产信贷公司案'为例"，载《中国法学会行政法学研究会 2009 年年会论文集》（下册）。

246. 毛玮："行政法红灯和绿灯模式之比较"，载《法治论丛（上海政法学院学报）》2009 年第 4 期。

247. 田飞龙："美国行政法的模式重构及对中国公共行政改革的启示"，载《研究生法学》2008 年第 5 期。

248. ［美］理查德·斯图尔特："走入 21 世纪的美国行政法"，田雷译，载《南京大学法律评论》2003 年第 2 期。

249. 王锡锌："自由裁量权基准：技术的创新还是误用"，载《法学研究》2008 年第 5 期。

250. 应松年："《立法法》关于法律保留原则的规定"，载《行政法学研究》2000 年第 3 期。

251. 关保英："论行政权的自我控制"，载《华东师范大学学报（哲学社会科学版）》

2003 年第 1 期。

252. ［美］伊丽莎白·麦吉尔："行政机关的自我规制"，安永康译，载姜明安主编：《行政法论丛》（第 13 卷），法律出版社 2011 年版。

253. 崔卓兰、卢护锋："行政自制之途径探寻"，载《吉林大学社会科学学报》2008 年第 1 期。

254. 周佑勇："裁量基准的制度定位——以行政自制为视角"，载《法学家》2011 年第 4 期。

255. 周佑勇："作为行政自制规范的裁量基准及其效力界定"，载《当代法学》2014 年第 1 期。

256. 崔卓兰、刘福元："行政自制——探索行政法理论视野之拓展"，载《法律与社会发展》2008 年第 3 期。

257. 崔卓兰、刘福元："论行政自由裁量权的内部控制"，载《中国法学》2009 年第 4 期。

258. 崔卓兰、刘福元："行政自制的可能性分析"，载《法律科学（西北政法大学学报）》2009 年第 6 期。

259. 崔卓兰、于立深："行政自制与中国行政法治发展"，载《法学研究》2010 年第 1 期。

260. 于立深："现代行政法的行政自制理论——以内部行政法为视角"，载《当代法学》2009 年第 6 期。

261. 朱维究、胡卫列："行政行为过程性论纲"，载《中国法学》1998 年第 4 期。

262. 江利红："行政过程的阶段性法律构造分析——从行政过程论的视角出发"，载《政治与法律》2013 年第 1 期。

263. 王志强："论裁量基准的司法审查"，东吴大学 2005 年硕士学位论文。

264. 朱新力、唐明良："现代行政活动方式的开发性研究"，载《中国法学》2007 年第 2 期。

265. 刘国乾："行政裁量控制的程序安排"，载姜明安主编：《行政法论丛》（第 15 卷），法律出版社 2014 年版。

266. 陈清秀："行政法的法源"，载翁岳生编：《行政法》（上册），中国法制出版社 2002 年版。

267. 刘鑫桢："裁量处分与不确定法律概念之司法审查"，台湾大学 2004 年硕士学位论文。

268. 朱芒："论行政规定的性质——从行政规范体系角度的定位"，载《中国法学》2003 年第 1 期。

269. 陈春生："行政规则外部效力问题"，载《行政法争议问题研究》（上），五南图书出版有限公司 2000 年版。

270. ［日］Yutaka Arai-Takahashi：“德国行政法上之裁量：学说重述”，骆梅英译，载朱新力主编：《法治社会与行政裁量的基本准则研究》，法律出版社 2007 年版。

271. 陈恩仪：“论行政法上之公益原则”，载城仲模主编：《行政法之一般法律原则》（二），三民书局股份有限公司 1997 年版。

272. 李建良：“行政的自主余地与司法控制——翁岳生教授对‘行政裁量及不确定法律概念’理论实践的影响”，载叶俊荣主编：《法治的开拓与传承——翁岳生教授的公法世界》，元照出版有限公司 2009 年版。

273. 张莉：“行政裁量指示的司法控制——法国经验评析”，载《国家行政学院学报》2012 年第 1 期。

274. 汪厚冬：“日本行政裁量的裁判治理研究及其启示”，载《江汉学术》2017 年第 5 期。

275. 李洪雷：“英国法上对行政裁量权的司法审查——兼与德国法比较”，载罗豪才主编：《行政法论丛》（第 6 卷），法律出版社 2003 年版。

276. 何海波：“行政行为的合法要件——兼议行政行为司法审查根据的重构”，载《中国法学》2009 年第 4 期。

277. 周佑勇：“裁量基准司法审查研究”，载《中国法学》2012 年第 6 期。

278. 何海波：“论行政行为‘明显不当’”，载《法学研究》2016 年第 3 期。

279. 周佑勇：“司法审查中的滥用职权标准——以最高人民法院公报案例为观察对象”，载《法学研究》2020 年第 1 期。

280. 杨智杰：“行政行为司法审查之基础理论”，载谢哲胜、林明锵、李仁淼主编：《行政行为的司法审查》，元照出版有限公司 2018 年版。

281. 周佑勇、熊樟林：“裁量基准司法审查的区分技术”，载《南京社会科学》2012 年第 5 期。

282. 周佑勇：“论行政裁量的情节与适用”，载《法商研究》2008 年第 3 期。

283. 余凌云：“论对行政裁量相关考虑的审查”，载《中外法学》2003 年第 6 期。

284. 周佑勇：“裁量基准个别情况考量的司法审查”，载《安徽大学学报（哲学社会科学版）》2019 年第 5 期。

285. 郑琦：“行政不作为探析”，载《行政论坛》2003 年第 5 期。

286. 李惠宗：“主观公权利、法律上利益与反射利益之区别”，载《行政法争议问题研究》（上），五南图书出版有限公司 2000 年版。

287. 王锡锌：“行政自由裁量权控制的四个模型——兼论中国行政自由裁量权控制模式的选择”，载《北大法律评论》2009 年第 2 期。

288. 戴激涛：“通过宪法的商谈：行政裁量的软法规制”，载《厦门大学法律评论》2014

年第 2 期。

289. 林惠瑜："英国行政法上之合理原则"，载城仲模主编：《行政法之一般法律原则》（一），三民书局股份有限公司 1999 年版。

290. 郑琦："比例原则的个案分析"，载《行政法学研究》2004 年第 4 期。

291. 郭佳瑛："论行政法上强制说明理由原则"，载城仲模主编：《行政法之一般法律原则》（二），三民书局股份有限公司 1997 年版。

292. 王贵松："论行政裁量理由的说明"，载《现代法学》2016 年第 5 期。

293. 宋华琳："英国行政决定说明理由研究"，载《行政法学研究》2010 年第 2 期。

294. 宋华琳："英国的行政裁判所制度"，载《华东政法学院学报》2004 年第 5 期。

295. 陈春生："预定裁量（Intendiertes Ermessen）论"，载《民主·人权·正义——苏俊雄教授七秩华诞祝寿论文集》，元照出版有限公司 2005 年版。

296. ［德］迪尔克·埃勒斯："德国行政程序法法典化的发展"，展鹏贺译，载《行政法学研究》2016 年第 5 期。

297. 朱应平："澳大利亚行政说明理由制度及其对我国的启发"，载《行政法学研究》2007 年第 2 期。

298. 章剑生："论行政行为说明理由"，载《法学研究》1998 年第 3 期。

299. 姜明安："新世纪行政法发展的走向"，载《中国法学》2002 年第 1 期。

300. 李春燕："行政行为说明理由制度的构建"，载《行政法学研究》1998 年第 3 期。

301. 姜悌文："行政法上之明确性原则"，载城仲模主编：《行政法之一般法律原则》（二），三民书局股份有限公司 1997 年版。

302. 郑春燕："论行政行为补充说明理由"，载《行政法学研究》2004 年第 2 期。

303. 宗婷婷："论美国行政法上说明理由即时性原则"，载《行政法学研究》2019 年第 3 期。

304. 徐文星："行政裁量权行使之理由说明——以法律论证为分析视角"，载《时代法学》2006 年第 4 期。

305. 陈金钊："把法律作为修辞——讲法说理的意义及其艺术"，载《扬州大学学报（人文社会科学版）》2012 年第 2 期。

306. ［日］加藤一郎："民法的解释与利益衡量"，梁慧星译，载梁慧星主编：《民商法论丛》（第 2 卷），法律出版社 1994 年版。

307. 甘雯："行政法的平衡理论研究"，载罗豪才主编：《行政法论丛》（第 1 卷），法律出版社 1998 年版。

308. 叶俊荣："行政裁量与司法审查"，台湾大学 1985 年硕士学位论文。

309. 马纬中："应予衡量原则之研究——以行政计划为中心"，载城仲模主编：《行政法之一般法律原则》（二），三民书局股份有限公司 1997 年版。

310. 梁上上："利益的层次结构与利益衡量的展开——兼评加藤一郎的利益衡量论"，载《法学研究》2002 年第 1 期。

311. 章剑生："论利益衡量方法在行政诉讼确认违法判决中的适用"，载《法学》2004 年第 6 期。

312. 陈淳文："比例原则"，载《行政法争议问题研究》（上），五南图书出版有限公司 2000 年版。

313. 谢世宪："论公法上之比例原则"，载城仲模主编：《行政法之一般法律原则》（一），三民书局股份有限公司 1999 年版。

314. 周佑勇："行政裁量的均衡原则"，载《法学研究》2004 年第 4 期。

315. 邱基峻、邱铭堂："论行政法上之平等原则"，载城仲模主编：《行政法之一般法律原则》（二），三民书局股份有限公司 1997 年版。

316. 张锟盛："析论禁止恣意原则"，载城仲模主编：《行政法之一般法律原则》（一），三民书局股份有限公司 1999 年版。

317. 林国彬："论行政自我拘束原则"，载城仲模主编：《行政法之一般法律原则》（一），三民书局股份有限公司 1999 年版。

318. 谢孟瑶："行政法学上之诚实信用原则"，载城仲模主编：《行政法之一般法律原则》（二），三民书局股份有限公司 1997 年版。

319. 吴坤城："公法上信赖保护原则初探"，载城仲模主编：《行政法之一般法律原则》（二），三民书局股份有限公司 1997 年版。

320. 洪家殷："信赖保护及诚信原则"，载《行政法争议问题研究》（上），五南图书出版有限公司 2000 年版。

321. 陈林林："基于法律原则的裁判"，载《法学研究》2006 年第 3 期。

322. 洪家殷："行政制裁"，载翁岳生编：《行政法》（下册），中国法制出版社 2002 年版。

323. 章剑生："论'行政惯例'在现代行政法法源中的地位"，载《政治与法律》2010 年第 6 期。

324. 张怡静、陈越峰："公正适当裁量中的'相关考虑'——从对中国行政审判案例第 71 号的讨论切入"，载《法律适用（司法案例）》2019 年第 4 期。

325. 马长山："AI 法律、法律 AI 及'第三道路'"，载《浙江社会科学》2019 年第 12 期。

326. 周佑勇、尹建国："论个人社会资本对行政裁量正义的影响"，载《华东政法大学学报》2007 年第 3 期。

327. 宋功德："行政裁量法律规制的模式转换——从单一的硬法或软法模式转向软硬并举的混合法模式"，载《法学论坛》2009 年第 5 期。

328. 莫于川："行政权行使的条理法规制"，载《现代法治研究》2017 年第 4 期。

329. 郑春燕："行政裁量中的政策考量——以'运动式'执法为例"，载《法商研究》2008 年第 2 期。

330. 叶俊荣："论裁量瑕疵及其诉讼上的问题"，转引自郑春燕："行政裁量中的政策考量——以'运动式'执法为例"，载《法商研究》2008 年第 2 期。

331. 白建军："大数据对法学研究的些许影响"，载《中外法学》2015 年第 1 期。

332. 王学辉："超越程序控权：交往理性下的行政裁量程序"，载《法商研究》2009 年第 6 期。

333. 余凌云："行政裁量的治理——以警察盘查为线索的展开"，载《北大法律评论》2009 年第 2 期。

334. 卢护锋："论行政自由裁量权的内部控制"，吉林大学 2009 年博士学位论文。

335. 关保英："行政相对人介入行政行为的法治保障"，载《法学》2018 年第 12 期。

336. 张淑芳："行政声明异议制度研究"，载《法律科学（西北政法学院学报）》2005 年第 2 期。

337. 鲍亚飞："卖卖瓜子栗子，只因一个'最'字罚 20 万 杭州方林富起诉市场监管局"，载《钱江晚报》2016 年 10 月 27 日。

338. 王潇潇："用一颗香甜软糯的糖炒栗子 率先打开秋天的味蕾"，载《都市快报》2015 年 9 月 23 日。

339. 徐继敏："行政程序中的证据制度论"，载何家弘主编：《证据学论坛》（第 7 卷），中国检察出版社 2004 年版。

340. 李红枫："行政处罚证据原理研究——兼论与行政诉讼证据的比较"，中国政法大学 2004 年博士学位论文。

341. 翁岳生："行政的概念与种类"，载翁岳生编：《行政法》（上册），中国法制出版社 2002 年版。

342. 葛克昌："行政罚之裁处程序"，载廖义男主编：《行政罚法》（第 2 版），元照出版有限公司 2008 年版。

343. 洪家殷："论行政调查中职权调查之概念及范围——以行政程序法相关规定为中心"，载《东吴法律学报》2010 年第 3 期。

344. 江必新、徐庭祥："行政诉讼客观证明责任分配的基本规则"，载《中外法学》2019 年第 4 期。

345. 杨解君："行政处罚证据及其规则探究"，载《法商研究》1998 年第 1 期。

346. 雷磊："指导性案例法源地位再反思"，载《中国法学》2015 年第 1 期。

347. 朱新力、唐明良："尊重与戒惧之间——行政裁量基准在司法审查中的地位"，载《北大法律评论》2009 年第 2 期。

348. 章剑生："行政程序中证据制度的若干问题探讨"，载《法商研究》1997 年第 6 期。

349. 毕玉谦："论诉讼中的认证"，载《人民司法》2000 年第 5 期。

350. 张斌："英美刑事证明标准的理性基础——以'盖然性'思想解读为中心"，载《清华法学》2010 年第 3 期。

351. 何家弘："论司法证明的目的和标准——兼论司法证明的基本概念和范畴"，载《法学研究》2001 年第 6 期。

352. 马怀德、刘东亮："行政诉讼证据问题研究"，载何家弘主编：《证据学论坛》（第 4 卷），中国检察出版社 2002 年版。

353. 周佑勇、钱卿："裁量基准在中国的本土实践——浙江金华行政处罚裁量基准调查研究"，载《东南大学学报（哲学社会科学版）》2010 年第 4 期。

354. 朱新力、骆梅英："论裁量基准的制约因素及建构路径"，载《法学论坛》2009 年第 4 期。

355. 罗名威："论行政法上之便宜原则"，载城仲模主编：《行政法之一般法律原则》（二），三民书局股份有限公司 1997 年版。

356. 洪家殷："行政罚上便宜原则之研究"，载《东吴公法论丛》2007 年第 1 卷。

357. 陈清秀："依法行政与法律的适用"，载翁岳生编：《行政法》（上册），中国法制出版社 2002 年版。

358. 骆静怡："4 月 5 日起杭州实行'优驾自动容错'"，载《每日商报》2019 年 4 月 3 日。

359. 江必新："在法律之内寻求社会效果"，载《中国法学》2009 年第 3 期。

360. 邵曼璠："论公法上之法安定性原则"，载城仲模主编：《行政法之一般法律原则》（二），三民书局股份有限公司 1997 年版。

361. 程明修："论行政目的"，载城仲模主编：《行政法之一般法律原则》（二），三民书局股份有限公司 1997 年版。

362. 余凌云："论对行政裁量目的不适当的审查"，载《法制与社会发展》2003 年第 5 期。

363. 洪家殷："行政罚调查程序中之当事人协力义务"，载《当事人协力义务/行政调查/国家赔偿》，元照出版有限公司总经销 2006 年版。

364. 柯岚："拉德布鲁赫公式的意义及其在二战后德国司法中的运用"，载《华东政法大学学报》2009 年第 4 期。

365. 雷磊："再访拉德布鲁赫公式"，载《法制与社会发展》2015 年第 1 期。

366. 王贵松："行政裁量收缩论的形成与展开——以危险防止型行政为中心"，载《法学家》2008 年第 4 期。

367. 李建良："论行政裁量之缩减"，载翁岳生教授祝寿论文编辑委员会：《当代公法新论（中）——翁岳生教授七秩诞辰祝寿论文集》，元照出版有限公司 2002 年版。

368. 王贵松："行政裁量权收缩之要件分析——以危险防止型行政为中心"，载《法学评论》2009 年第 3 期。

369. 杨建顺："论给付行政裁量的规制完善"，载《哈尔滨工业大学学报（社会科学版）》2014 年第 5 期。

370. ［德］卡尔–埃博哈特·海因、福尔克·施莱特、托马斯·施米茨："裁量与裁量收缩——一个宪法、行政法结合部问题"，曾韬译，载《财经法学》2017 年第 4 期。

371. 王贵松："行政裁量权收缩的法理基础——职权职责义务化的转换依据"，载《北大法律评论》2009 年第 2 期。

372. 陈兴良："期待可能性问题研究"，载《法律科学（西北政法学院学报）》2006 年第 3 期。

373. 王天华："裁量收缩理论的构造与边界"，载《中国法学》2014 年第 1 期。

374. 刘艳红："人工智能法学研究的反智化批判"，载《东方法学》2019 年第 5 期。

375. 蔡志方："论行政自动化所衍生的法律问题"，载蔡志方：《行政救济与行政法学》（三）（修订 1 版），正典出版文化有限公司 2004 年版。

376. 查云飞："人工智能时代全自动具体行政行为研究"，载《比较法研究》2018 年第 5 期。

377. 胡敏洁："自动化行政的法律控制"，载《行政法学研究》2019 年第 2 期。

378. 马颜昕："自动化行政方式下的行政处罚：挑战与回应"，载《政治与法律》2020 年第 4 期。

379. 陈金钊："法律方法的概念及其意义"，载《求是学刊》2008 年第 5 期。

380. 陈金钊："决策行为'于法有据'的法之塑造"，载《东南大学学报（哲学社会科学版）》2015 年第 2 期。

381. 陈金钊："法律方法论课程开发研究"，载陈金钊、谢晖主编：《法律方法》（第 14 卷），山东人民出版社 2013 年版。

（三）其他类

382. 最高人民法院（2014）行提字第 14 号行政判决书。

383. 最高人民法院（2018）最高法行再 6 号行政判决书。

384. 最高人民法院（2016）最高法行申 1286 号行政裁定书。

385. 最高人民法院（2018）最高法行申 6115 号行政裁定书。

386. 浙江省高级人民法院（2019）浙行申 64 号行政裁定书。

387. 北京市第一中级人民法院（2005）一中行初字第 362 号行政判决书。

388. 北京市第一中级人民法院（2018）京 01 行终 763 号行政判决书。

389. 北京市第一中级人民法院（2019）京 01 行终 1189 号行政判决书。

390. 上海市第一中级人民法院（2003）沪一中行终字第 194 号行政判决书。

391. 浙江省杭州市中级人民法院（2018）浙 01 行终 511 号行政判决书。

392. 杭州市西湖区人民法院（2016）浙 0106 行初 240 号行政判决书。

393. 江苏省南通市中级人民法院（2016）苏 06 行终 602 号行政判决书。

394. 广东省珠海市中级人民法院（2015）珠中法城终字第 34 号行政判决书。

395. 安徽省宿松县人民法院（2019）皖 0826 行初 19 号、（2019）皖 0826 行初 20 号行政判决书。

396. 四川省成都市中级人民法院（2004）成行终字第 30 号行政判决书。

397. 山东省东营市中级人民法院（2004）东行终字第 53 号行政判决书。

398. 云南省文山壮族苗族自治州中级人民法院（2008）文行终字第 3 号行政判决书。

399. 云南省文山县人民法院（2007）文行初字第 22 号行政判决书。

400. 杭州市市场监督管理局（杭）市管复决字〔2016〕139 号行政复议决定书。

401. 杭州市西湖区市场监督管理局（杭西）市管罚处字〔2015〕534 号行政处罚决定书。

402. 杭州市西湖区市场监督管理局（杭西）市管罚听告字〔2015〕534 号行政处罚听证告知书。

403. 杭州市西湖区市场监督管理局（杭西）市管法听字〔2016〕1 号行政处罚听证通知书。

404. 《全国人民代表大会常务委员会关于全面禁止非法野生动物交易、革除滥食野生动物陋习、切实保障人民群众生命健康安全的决定》（2020 年 2 月 24 日第十三届全国人民代表大会常务委员会第十六次会议通过）。

405. 《中共中央关于全面推进依法治国若干重大问题的决定》（2014 年 10 月 23 日中国共产党第十八届中央委员会第四次全体会议通过）。

406. 中共中央办公厅、国务院办公厅《关于预防和化解行政争议健全行政争议解决机制的意见》（中办发〔2006〕27 号）。

407. 《国务院关于加强市县政府依法行政的决定》（国发〔2008〕17 号）。

408. 《国务院关于加强法治政府建设的意见》（国发〔2010〕33 号）。

409. 《国务院办公厅关于全面推行行政执法公示制度执法全过程记录制度重大执法决定法制审核制度的指导意见》（国办发〔2018〕118 号）。

410. 《最高人民法院关于印发〈关于审理行政案件适用法律规范问题的座谈会纪要〉的通知》（法〔2004〕96 号）。

411. 《最高人民法院印发〈关于加强和规范裁判文书释法说理的指导意见〉的通知》（法发〔2018〕10 号）。

412. 《最高人民法院关于统一法律适用加强类案检索的指导意见（试行）》（2020 年 7 月发布）。

413. 《最高人民法院印发〈关于行政案件案由的暂行规定〉的通知》（法发〔2020〕44

号）。

414. 《湖南省行政程序规定》（湖南省人民政府令第 222 号，2008 年 4 月 17 日发布；湖南省人民政府令第 289 号，2018 年 7 月 10 日发布）。

415. 《山东省行政程序规定》（山东省人民政府令第 238 号，2011 年 6 月 22 日发布）。

416. 《宁夏回族自治区行政程序规定》（宁夏回族自治区政府令第 73 号，2015 年 1 月 10 日发布）。

417. 《江苏省行政程序规定》（江苏省人民政府令第 100 号，2015 年 1 月 6 日发布）。

418. 《兰州市行政程序规定》（兰州市人民政府令〔2015〕第 1 号）。

419. 《中华人民共和国行政程序法专家建议稿（征求意见稿）》，北京大学宪法与行政法研究中心《行政程序法典化》课题组。

420. 《环境保护部办公厅关于印发有关规范行使环境行政处罚自由裁量权文件的通知》（环办〔2009〕107 号）。

421. 《公安部关于印发〈公安机关对部分违反治安管理行为实施处罚的裁量指导意见〉的通知》（公通字〔2018〕17 号）。

422. 《规范农业行政处罚自由裁量权办法》（中华人民共和国农业农村部公告第 180 号，2019 年 5 月 31 日发布）。

423. 《浙江省行政处罚裁量基准办法》（浙江省人民政府令第 335 号，2015 年 4 月 30 日发布）。

424. 《杭州市人民政府关于印发杭州市规范行政处罚自由裁量权规定的通知》（杭政函〔2009〕274 号）。

425. 《关于印发〈杭州市市场监督管理局规范行政处罚自由裁量权的若干规定〉及 20 个行政处罚裁量基准的通知》（杭市管〔2016〕64 号）。

426. 《关于印发〈杭州市旅游委员会旅游行政处罚裁量规则〉的通知》（杭旅政法〔2018〕112 号）。

427. 《金华市公安局关于印发〈关于推行行政处罚自由裁量基准制度的意见〉的通知》（金市公通字〔2004〕23 号）。

428. 《银川市人民政府办公厅关于进一步规范行政处罚裁量基准的通知》（银政办发〔2017〕172 号）。

429. 《排污许可证申请与核发技术规范 水处理（试行）》（HJ 978-2018）。

430. 《上海市环境保护局关于印发〈上海市环境保护行政处罚裁量基准规定〉的通知》（沪环规〔2017〕3 号）。

431. 《上海市食品药品监督管理局关于印发〈食品行政处罚裁量指南（一）—（十一）〉的通知》（沪食药监规〔2018〕3 号）。

432. 《哈尔滨市人民政府办公厅关于印发哈尔滨市规范行政处罚自由裁量权工作实施方

案的通知》（哈政办综〔2008〕54号）。

433. 《深圳市市场和质量监督管理委员会关于印发〈深圳市市场和质量监督管理委员会
行政处罚裁量权适用规则〉的通知》（深市质规〔2018〕2号）。

434. 杭州市人民政府法制办公室《关于在全市推行说理性行政处罚决定书的通知》（杭
府法〔2010〕9号）。

435. 嘉兴市《南湖区环境行政处罚案件公众参与制度实施办法（试行）》（2009年7月
15日）。

436. 《合肥市人民政府办公厅关于印发合肥市行政处罚案件群众公议暂行办法的通知》
（合政办〔2010〕10号）。

437. 《合肥市人民政府办公厅关于印发合肥市行政处罚案件群众公议办法的通知》（合
政办〔2011〕18号）。

438. 《合肥市行政处罚案件群众公议办法》（合肥市人民政府令第179号，2015年4月
28日发布）。

439. 浙江省市场监督管理局、浙江省司法厅《关于印发〈关于在市场监管领域实施轻微
违法行为告知承诺制的意见〉的通知》（浙市监法〔2019〕24号）。

440. 《浙江省交通运输厅 浙江省综合行政执法指导办公室关于在交通运输领域推行轻微
违法行为告知承诺制的意见（试行）》（浙交〔2020〕40号）。

441. 杭州市公安局交通警察支队《关于实施交通违法整治三项管理措施的通知》（杭公
交明发〔2019〕1号）。

442. 上海市司法局、上海市市场监督管理局、上海市应急管理局《关于印发〈市场轻微
违法违规经营行为免罚清单〉的通知》（沪司规〔2019〕1号）。

443. 《上海市市场监督管理局 上海市司法局关于印发〈市场监管领域轻微违法违规经营
行为免罚清单（二）〉的通知》（沪市监规范〔2021〕6号）。

444. 《关于印发〈广州市市场轻微违法经营行为免处罚免强制清单〉的通知》（穗司发
〔2020〕7号）。

445. 《深圳市人民政府办公厅关于印发深圳市推广"秒批"模式工作方案的通知》（深
府办〔2018〕22号）。

446. 王剑华、封云、周芳："无证驾驶一律行政拘留"，载 https://jiangxi.jxnews.com.cn/
system/2009/06/24/011142227.shtml。

447. 董豆豆、张景勇："公安部消防局：坚持'六个一律'做好国庆安保工作"，载
http://www.gov.cn/jrzg/2009−08/20/content_ 1397579.htm。

二、外文类参考文献

(一) 著作类

448. 塩野宏『行政過程とその統制』（有斐閣，1989 年）。

449. 佐々木惣一『日本行政法総譜』（有斐閣，1924 年）。

450. 美濃部達吉『行政裁判法』（千倉書房，1929 年）。

451. 小早川光郎『行政法講義下Ⅰ』（弘文堂，2002 年）。

452. 原田尚彦『行政責任と國民の権利』（弘文堂，1979 年）。

453. 遠藤博也『行政法Ⅱ各論』（青林書院新社，1987 年）。

454. Henry M. Hart, Jr. & Albert M. Sacks, *The Legal Process: Basic Problems in the Making and Application of Law*, Foundation Press, 1994.

455. Denis J. Galligan, *Discretionary Powers: A Legal Study of Official Discretion*, Clarendon Press, 1986.

456. Paul P. Craig, *Administrative Law*, 3nd edition, Sweet & Maxwell, 1994.

457. Kenneth Culp Davis & Richard J. Pierce, Jr., *Administrative Law Treatise*, Vol. 3, 3nd edition, Little, Brown and Company, 1994.

458. J. Beatson & M. H. Matthews, *Administrative Law: Cases and Materials*, 2nd edition, Clarendon Press, 1989.

459. Justice-All Souls Review Committee, *Administrative Justice: Some Necessary Reforms: Report of the Committee of the Justice-All Souls Review of Administrative Law in the United Kingdom*, Clarendon Press, 1988.

(二) 论文类

460. Winfried Brohm, Ermessen und beurteilungsspielraum im Grundrechtsbereich, JZ 50 (1995).

461. 塩野宏「行政作用法論」公法研究第 34 号（1972 年）。

462. 山村恒年「現代行政過程論の諸問題（七）」自治研究第 60 巻第 7 号（1985 年）。

463. 市原昌三郎「行政行為の理由付記と行政續」市原昌三郎＝杉原泰雄編『田上穣治先生喜壽記念（公法の基本問題）』（有斐閣，1984 年）。

464. 南博方「處分の理由付記」南博方＝原田尚彦＝田村悦一編『新版行政法（二）（行政手續、行政爭訟）』（有斐閣，1989 年）。

465. Peter L. Strauss, "The Rulemaking Continuum", *Duke Law Journal*, vol. 41, iss. 6, 1992.

466. Ronald Dworkin, "Judicial Discretion", *The Journal of Philosophy*, vol. 60, iss. 21, 1963.

467. Edward L. Rubin, "Discretion and Its Discontents", *Chicago-Kent Law Review*, vol. 72,

iss. 4, 1997.

468. Charles H. Koch, Jr. , "Judicial Review of Administrative Discretion", *George Washington Law Review*, vol. 54, iss. 4, 1986.

469. Michael Asimow, "Nonlegislative Rulemaking and Regulatory Reform", *Duke Law Journal*, vol. 34, iss. 2, 1985.

470. Lorne Sossin & Charles W. Smith, "Hard Choices and Soft Law: Ethical Codes, Policy Guidelines and the Role of the Courts in Regulating Government", *Alberta Law Review*, vol. 40, no. 4, 2003.

471. William R. Andersen, "Judicial Review of State Administrative Action—Designing the Statutory Framework", *Administrative Law Review*, vol. 44, no. 3, Summer 1992.

(三) 其他类

472. BVerfGE 83, 130.

473. BVerfGE 84, 34.

474. BVerfGE 84, 59.

475. BVerfGE 6, 32 (44).

476. CE Sect. , 11 déc. 1970, Crédit foncier de France, Rec.

477. CE Sect. , 9 juillet 1943, Tabouret et Laroche, Rec.

478. CE Sect. , 29 juin 1973, Société Géa, Rec.

479. [1968] AC 997.

480. 401 U. S. 402 (1971).

481. 470 U. S. 821 (1985).

482. 467 U. S. 837 (1984).

483. 323 U. S. 134 (1944). .

484. 529 U. S. 576 (2000).

485. 533 U. S. 218 (2001).

486. 318 U. S. 80 (1943).

POSTSCRIPT

后 记

在 2005 年年初完成硕士学位论文《论不确定法律概念与行政裁量》[1]之后，有两个论题一直萦绕在我的心中，一是"行政法上不确定法律概念具体化"问题，二是"行政裁量基准适用"问题。在 2004 年撰写硕士学位论文之初，从文献梳理中发现中原大学盛子龙[2]老师对行政法上不确定法律概念的研究较为深入后，周折联系到盛老师求解相关疑惑，盛老师欣然作答并慷慨相赠其博士学位论文《行政法上不确定法律概念具体化之司法审查密度》[3]，在仔细研读之后受益匪浅，彼时即萌生了研究行政法上不确定法律概念具体化问题的念头。在硕士学位论文写作的同年，2004 年 2 月，浙江省金华市公安局率先在全国推出了《关于推行行政处罚自由裁量基准制度的意见》[4]，作为我国行政裁量基准制度的发轫，金华的实践引起了我对裁量基准制度进行研究的极大兴趣。因毕业当年母校宪法学与行政法学专业博士学位授予点甫设立，还未开始招收博士生，遂报考中国政法大学，设想在攻读博士学位期间完成以上两个论题，但考博失败使我不得不放下原先的计划而步入工作岗位。后自 2006 年至 2017 年，十二年间，陆续报考浙江大学、华东政法大学，辗转于中山大学、山东大学求学，虽又以 4 次考博失败告终，但有幸受教于著名学者陈金钊教授的答疑解惑，特别是陈教授从法律

---

[1] 参见郑琦："论不确定法律概念与行政裁量"，西南政法大学 2005 年硕士学位论文。指导教师为王学辉教授，该论文系当时国内第一篇就行政法上不确定法律概念展开研究的硕士学位论文。

[2] 现任中正大学财经法律学系教授。

[3] 参见盛子龙："行政法上不确定法律概念具体化之司法审查密度"，台湾大学 1998 年博士学位论文。指导教师为翁岳生教授。

[4] 参见《金华市公安局关于印发〈关于推行行政处罚自由裁量基准制度的意见〉的通知》（金市公通字〔2004〕23 号）。

解释学、法律方法论学科视角的悉心指导，使我对行政法上不确定法律概念具体化问题、行政裁量基准适用问题的思索豁然开朗，也增加了我实现学术抱负的信心。2018年5月，在恩师王学辉教授多年以来的勉励与极大的支持、帮助之下，我终于第6次考博取得了成功，得以回到母校继续未竟的学术理想。

自盛子龙教授于2000年10月发表最新研究成果《行政法上不确定法律概念具体化之司法审查密度——德国实务发展与新趋势之分析》[1]之后，余凌云教授在《对不确定的法律概念予以确定化之途径——以警察盘查权的启动条件为例》[2]一文中也对不确定法律概念具体化的主要途径进行了比较研究与考察，武汉大学法学院宪法学与行政法学2006级博士研究生尹建国在其博士学位论文《行政法中的不确定法律概念研究》[3]一文中对不确定法律概念具体化的模式构建、基本方法、专属方法等进行了初步阐述，王贵松教授在《行政法上不确定法律概念的具体化》[4]中就不确定法律概念具体化的过程进行了专门概述，我也在《攻读博士学位研究计划书》中雄心勃勃地将《行政法上不确定法律概念具体化的路径分析——从行政法律方法论的角度》列为选题，拟在读博期间在前见的基础上着手就行政法上不确定法律概念具体化问题进行全面、深入、系统的研究，但不确定法律概念及其具体化的议题历来属于法学研究中较为深邃的课题，着手起来才方知难度之巨大，下笔之窘迫，非具有包含法学在内多学科坚实的理论功底与深厚的实务阅历难以完成，加之我属于定向的全日制博士研究生，还需兼顾繁重的工作，因此对行政法上不确定法律概念具体化问题的研究深感力不从心，于是转向重点研究行政裁量基准适用技术问题。

2016年年底，浙江大学章剑生教授受我所在单位原杭州市人民政府法制办公室之邀讲授《浙江省行政程序办法》，期间章教授提及方林富案，我深感此案所涉及的就是行政裁量基准适用技术的命题，故在2017年春节假期

---

〔1〕 参见盛子龙："行政法上不确定法律概念具体化之司法审查密度——德国实务发展与新趋势之分析"，载《法令月刊》2000年第10期，第738~753页。

〔2〕 参见余凌云："对不确定的法律概念予以确定化之途径——以警察盘查权的启动条件为例"，载《法商研究》2009年第2期，第60~66页。

〔3〕 参见尹建国："行政法中的不确定法律概念研究"，武汉大学2009年博士学位论文。指导教师为周佑勇教授；尹建国：《行政法中的不确定法律概念研究》，中国社会科学出版社2012年版。

〔4〕 参见王贵松："行政法上不确定法律概念的具体化"，载《政治与法律》2016年第1期，第144~152页。

期间完成了《行政裁量基准适用技术的规范研究——以方林富炒货店"最"字广告用语行政处罚案为例》初稿。之后搁置近两年，期间经《浙江学刊》编辑部王莉老师、尊师王学辉教授、陈金钊教授、谭清值老师、苏海雨博士、周乐军博士等的指导，在吸收了大家所提出的宝贵修改意见之后，分别于 2018 年春节假期期间及 2018 年 9 月入学后的前三个月对初稿进行了反复修改与论证，后在《政治与法律》编辑部与姚魏老师的青睐之下，得以在该刊 2019 年第 3 期发表，并被人大复印报刊资料《宪法学、行政法学》2019 年第 7 期转载。

然而，文章在见刊之后，即饱受争议与诟病，我虽坚持自己的观点，但却逐渐意识到文章本身所存在的问题似乎比所要解决的问题更多。2020 年年初，马怀德教授等在"2019 年法学理论研究盘点——行政法与行政诉讼法学篇"中将该文归入"行政行为基本原理方面"的年度理论研究成果，并对文章"应以行政法律方法论为基础构建裁量基准适用技术，并以此为核心建构起行政法律方法论的研究体系与框架"的观点给予了肯定，[1]在这一鼓舞之下，在尊师王学辉教授的激励与期许之下，我对文章的立论更加信心坚定，并决心将文章朝着博士学位论文的方向扩写，以对论题进行全面、纵深研究并对接踵而至的质疑作出回应。随后，2020 年一整年在与病痛、每天不足 5 小时睡眠、工作及生活上各种分外忙碌的抗争与和解中，终将其扩展成为博士学位论文初稿。后经 2021 年 1 月预答辩、5 月毕业答辩之后的进一步修改、完善、扩充，直至今日驻笔成书，完成我为自己所设定的学术使命。

掩卷伫笔，本书的完成以及学业的进益，要感谢众位师友的帮助，尤其要感激授业恩师王学辉教授二十多年以来的谆谆教诲与深切关爱，感怀王老师的知遇之恩！王老师学识之渊博，治学之严谨，人格之魅力，高山仰止、景行行止，王老师的言传身教、潜移默化，是学生终身为之学习的楷模。师恩难忘，师情永存！

衷心感谢负笈西南政法大学攻读博士学位期间的导师谭宗泽教授、张震教授、喻少如教授、温泽彬教授、汪太贤教授、曾哲教授、邹东升教授、廖

---

[1]　参见马怀德、张雨田："行政法学：面向新的实践需求不断自我更新"，载《检察日报》2020 年 1 月 4 日。

秀健教授的无私指导，各位老师学高为师、身正为范，是学生智识的源泉与通达于仁义的鞭策！感谢各位授课老师的辛勤耕耘，使我收获了知识的硕果。

特别需要铭谢的是谭清值老师、徐庭祥老师，在预答辩之后，论文的修改遇到了瓶颈，二位老师不嫌烦扰，不辞工作、家事之辛劳，鼎力相助，指点迷津，使论文的完善走出了困境，柳暗花明，也使我再接再厉，终破难关。

诚挚感激原杭州市人民政府法制办公室主任、现杭州市委副秘书长涂冬山对我得以实现学业梦想的悉力支持与盈多帮助，感念原杭州市司法局局长、现杭州市司法局一级巡视员吴声华对我完成学业的悉心关怀与殷切期望，感谢杭州市司法局局长徐前对我完竟学业的悉意重视与深切鼓励，也感谢领导的栽培与提携之恩！感谢身边各位领导、同事、挚友、校友对我工作、学业、生活上的各种倾情关心与各样默默帮助！

感谢 2018 级同窗程怡、乐巍、付大峰、陈昶、杨茗皓、李昱辰、周泽中和 2015 级同门师兄苏海雨博士、2017 级师兄兼室友杨庆博士、2017 级同门师姐刘昕苗博士、2017 级 2018 级同门诸位硕士师弟师妹以及"第十三届全国公法学博士生论坛"有缘结识的一众学友，相遇、相识、相知、相伴，志同道合，受益良多！

感谢中国政法大学出版社责任编辑丁春晖老师为本书付梓所给予的竭力帮助与所做出的大量细致入微的工作，唯此，我的研究成果与本书才能以这样一个我所认为完满的面貌呈现于大家面前。遥想 16 年前首次考博中国政法大学受挫，此后风雨兼程，念念不忘，终在母校西南政法大学学有所获，而本书又回到起点得以在中国政法大学出版社刊行，夙愿兹慰。

最后，要感谢的是对我永远无条件支持的父亲郑万春、母亲王玉梅和家人，没有他们作为强大的后盾，没有他们无怨无悔的辛劳付出，本书及我的学业绝不可能如期完成，在此向他们致以我最诚挚的感恩与谢意！

是为记。

凡是过去，皆为序章。

郑　琦

2021 年 6 月 23 日于杭州